Das Einsteigerseminar

Datenbankprogrammierung mit MySQL 4 und PHP

Helma Spona

Das Einsteigerseminar

Datenbankprogrammierung mit MySQL 4 und PHP

Dieses Buch wurde der Umwelt zuliebe auf chlorfrei gebleichtem Papier gedruckt.

verlag moderne industrie Buch AG & Co. KG, Landsberg
Königswinterer Str. 418
D-53227 Bonn
www.vmi-Buch.de

07 06 05 04 03
10 9 8 7 6 5 4 3 2 1

1. Auflage

ISBN 3-8266-7211-9

Printed in Italy

Inhalt

Vorwort

PHP und MySQL sind beides Themen, zu denen es Bücher wie Sand am Meer gibt. Warum als noch eines? Im Gegensatz zu anderen Büchern, die sich ausschließlich mit PHP oder mit MySQL beschäftigen, lernen Sie in diesem Buch vor allem die Zusammenarbeit beider Programme kennen. Es geht hier also vorwiegend um PHP-Programme zum Zugriff auf MySQL-Datenbanken und das einsteigergerecht und aktuell. Behandelt wird PHP 4.x und die neueste Version 4.0 von MySQL.

Schritt für Schritt führt Sie dieses Buch in die Programmiergrundlagen mit PHP ein. Dies beschränkt sich jedoch auf die Teile der PHP-Befehle und -Syntax, die Sie benötigen, um Datenbankanwendungen zu erstellen. Es werden also nicht alle PHP-Befehle breitgetreten, die Sie dann doch nie wieder brauchen. Nach den PHP-Grundlagen lernen Sie die Bedienung und Syntax der MySQL-Abfragesprache SQL sowie den Zugriff auf die Datenbanken über PHP-Befehle kennen. Im letzten Kapitel werden die Kenntnisse der vorherigen Kapitel noch einmal überprüft, indem sie in komplexeren Beispielen genutzt werden.

Jedes Kapitel schließt mit einer Zusammenfassung der wichtigsten Kapitelinhalte und einem Fragen- bzw. Übungskatalog ab, mit denen Sie Ihr Wissen prüfen und vertiefen können. Die Lösungen zu den Aufgaben finden Sie am Buchende in einem eigenen Kapitel.

Nach der Lektüre des Buchs sind Sie in der Lage, auch ohne Vorkenntnisse in PHP und My(SQL) datenbankgestützte Anwendungen zu erstellen. Vorausgesetzt wird allerdings, dass Sie zumindest über grundlegende HTML- und CSS-Kenntnisse verfügen und in der Lage sind Dateien, auf dem Server Ihres Providers per FTP zu veröffentlichen. Möchten Sie die PHP-Seiten zunächst nur lokal auf Ihrem Rechner testen, werden die dazu notwendigen Kenntnisse im ersten Kapitel vermittelt.

Viel Spaß also und viel Erfolg bei der Programmierung mit PHP und MySQL.

Helma Spona

1 Systemanforderungen und Vorbereitungen

Bevor Sie mit der Programmierung beginnen können, müssen Sie Ihren Rechner natürlich so einrichten, dass Sie PHP-Skripte ausführen und SQL-Datenbanken mit MySQL verwalten und erstellen können. Wie Sie diese Voraussetzungen schaffen, zeigt Ihnen dieses Kapitel. Am Ende steht dann der erste Test einer einfachen PHP-Seite.

HINWEIS

Die Beispiele in diesem Buch wurden mit dem IIS, PHP 4.2.3 und MySQL 4.0.4 unter Windows XP getestet. Bei Verwendung anderer PHP- und/oder MySQL-Versionen ergeben sich dadurch eventuell geringfügige Unterschiede. Auch die Verwaltung des Apache-Servers erfolgt natürlich anders als die des IIS und ist auch Betriebssystemabhängig.

1.1 Webserver, PHP und MySQL installieren

Was brauchen Sie, um PHP-Seiten zu erstellen und zu testen? Ganz einfach, das Gleiche wie Ihr Provider, bei dem Sie diese Seiten veröffentlichen, nämlich einen Webserver, den PHP-Interpreter, der die PHP-Seiten auf dem Server ausführt und zum Verwalten der MySQL-Datenbanken natürlich MySQL. Der Webserver ist ein Programm, also keine Hardware, das dafür sorgt, dass http-Anforderungen des Browsers ausgeführt werden und die angeforderte Seite zurückgegeben wird.

Wenn Sie bspw. in Ihrem Browser in die Adresszeile eine Adresse wie `http://www.helma-spona.de/homepag1.htm` eintippen und [↵] drücken, lösen Sie eine solche http-Anforderung aus. Der Browser ruft dann nämlich von dem Webserver, der sich hinter der Domain *http://www.helma-spona.de* verbirgt, die Seite *homepag1.htm* ab. Enthält die abgerufene Seite Code, der auf dem Server ausgeführt werden muss, ruft der Webserver den dazu notwendigen Interpreter auf, der den Code ausführt und den erzeugten HTML-Code zurückgibt. Der gesamte HTML-Code, also der vom Skript in der Seite erzeugte und der zuvor schon vorhandene HTML-Code wird dann an den Browser zurückgegeben, der die Seite angefordert hat.

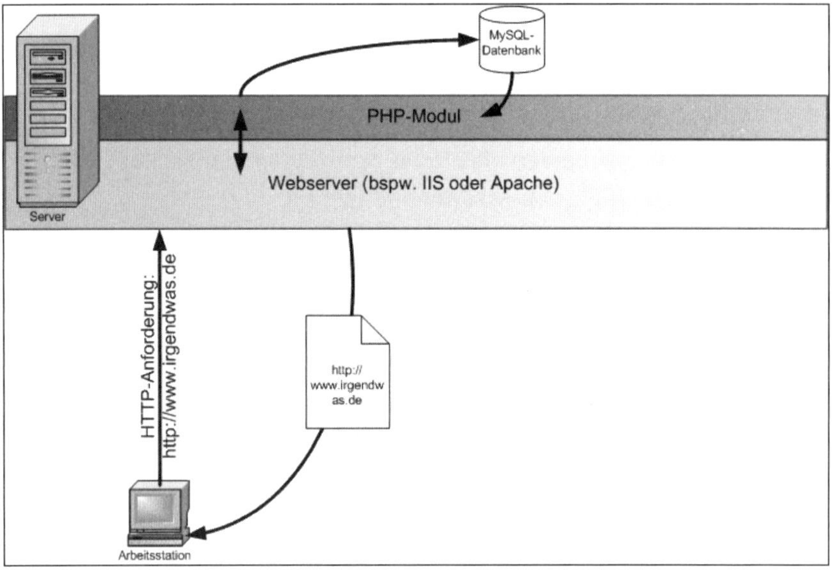

Abb 1.1: Bearbeitung einer http-Anforderung auf dem Webserver

Sie brauchen also drei Softwarepakete, um PHP-Anwendungen mit Datenbankzugriff auf eine MySQL-Datenbank zu erstellen und zu testen:

- einen Webserver
- das PHP-Modul für den Webserver
- einen MySQL-Datenbankserver, auf dem Sie die Datenbank anlegen und verwalten

Widmen wir uns zunächst dem Webserver.

Der Webserver zur Ausführung der PHP-Seiten

Es gibt zahlreiche Kombinationen aus Betriebssystem, Webserver, PHP und MySQL. Die Installation und Konfiguration der einzelnen Varianten zu beschreiben, würde hier eindeutig zu weit führen und keinen Platz für die wirklich wichtigen Infos zu PHP und MySQL lassen. Aus diesem Grund wird nachfolgend nur die Installation eines vorkonfigurierten Apache-Pakets und die Konfiguration des IIS unter Windows beschrieben. Für alle anderen Installationsvarianten gibt es auch massig Informationen im Internet. Webadressen und Hinweise auf ergänzende Literatur finden Sie im Anhang.

Als Webserver für die Ausführung von PHP-Seiten kommen verschiedene Server in Frage, unter anderem der IIS von Microsoft und der Apache-Webserver. Darüber hinaus gibt es aber auch noch eine Reihe von Freeware- und Shareware-Servern. Der Apache-Server steht aber außer für Windows auch für Linux und Mac OS (einschließlich Mac OS X) zur Verfügung.

> **HINWEIS**
> Den Apache-Webserver für das von Ihnen favorisierte Betriebssystem können Sie sich von der Apache-Webseite *http://www.apache.org* herunterladen. Bevor Sie das tun, lesen Sie aber bitte erst noch die folgenden Abschnitte. Es gibt nämlich Alternativen, die Sie unter Umständen in Erwägung ziehen sollten.

Alternativ können Sie auch den IIS (Internet Information Server) von Microsoft einsetzen. Er steht für Windows 98/98SE als PWS (Personal Webserver) zur Verfügung. Dabei handelt es sich um eine abgespeckte Version des IIS. Den finden Sie im Windows-NT-4.x-Option-Pack sowie bei Windows 2000/XP Professional auf der Windows-CD. Für Windows Me und Windows XP Home steht er nicht zur Verfügung und kann auch nicht bei Microsoft von der Webseite heruntergeladen werden, mit einer Ausnahme. Wenn auf Ihrer Windows-NT-CD noch kein Option-Pack vorhanden ist, können Sie das von der Microsoft-Webseite *http://www.microsoft.de* herunterladen. Der hier vorhandene IIS lässt sich aber nur unter Windows NT installieren. Besser ist allerdings die Verwendung des IIS 5 bzw. 5.1, die mit Windows 2000 und Windows XP Professional mitgeliefert werden.

> **HINWEIS**
> Wenn Sie als Betriebssystem Windows XP Home, Windows Me oder Linux einsetzen, sind Sie auf Apache oder einen anderen Webserver bspw. OmniHttp oder Xitami angewiesen. Apache sollte hier Ihre erste Wahl sein.

NuSphere-Apache-PHP-MySQL-Paket installieren

Die Installation des Apache-Webservers incl. PHP und MySQL erfordert schon eine Menge Konfigurationsarbeit, die gerade für Apache-unerfahrene Anwender nicht ganz einfach ist. Wenn Sie sich nicht ohnehin näher mit Apache auseinander setzen möchten, ist es daher sinnvoll, ein Komplett-Paket von NuSphere zu installieren, das einen vorkonfigurierten Apache-Server nebst PHP 4 und MySQL enthält.

> **HINWEIS**
>
> Sie finden das Paket zum Download für Linux und Windows auf der Seite *http://www.nusphere.com/cgi-bin/nsp.cgi/custsrvc/utils/free_download.htm*. Für den Download ist eine Registrierung erforderlich, der Download ist aber kostenlos. In der derzeit vorliegenden Version ist allerdings nur PHP 4.0.6 und MySQL 3.23 enthalten. Für die Nutzung von PHP 4.2.x und MySQL 4.x müssen Sie diese beiden Komponenten noch aktualisieren. Es ist jedoch zu erwarten, dass auch zukünftige NuSphere-Apache-MySQL-PHP-Pakete diese aktuellen Versionen schon beinhalten. Wenn das Paket noch nicht die aktuellen Versionen PHP und MySQL enthält, können Sie diese recht einfach aktualisieren. Das sollten Sie vor dem Start des Webservers und des MySQL-Servers machen, am besten gleich nach deren Installation. PHP 4.2.3 finden Sie auf der Webseite *http://www.php.net* über den Link *Downloads*. Dem Download ist eine Datei beigefügt, der Sie entnehmen können, wie Sie PHP unter den verschiedenen Betriebssystemen und Webservern einrichten. Zum Aktualisieren des MySQL-Servers laden Sie sich von der Webseite *http://www.mysql.org* die aktuelle Version des MySQL-Servers für Ihr Betriebssystem herunter. Auch diese Datei müssen Sie in der Regel entpacken und können dann die Installation über das Installationsprogramm starten. Unter Windows ist dies die Datei *Setup.Exe* des Zip-Archivs.

Bevor Sie den Apache-Server aus dem Komplettpaket von NuSphere installieren können, müssen Sie allerdings den IIS beenden, falls Sie ihn installiert und gestartet haben. Das können Sie feststellen, indem Sie prüfen, ob es unter Windows NT/2000/XP das Snap-In *Internet-*

Informationsdienste in der Rubrik *Verwaltung* der Systemsteuerung gibt. Über dieses Programm können Sie dann den Webserver auch beenden. Details dazu finden Sie im Abschnitt "*IIS bzw. PWS installieren*" etwas weiter unten. Den PWS können Sie deaktivieren, indem Sie den entsprechenden Startmenüeintrag des Personal Webservers auswählen und dann auf den Button *Stoppen* klicken.

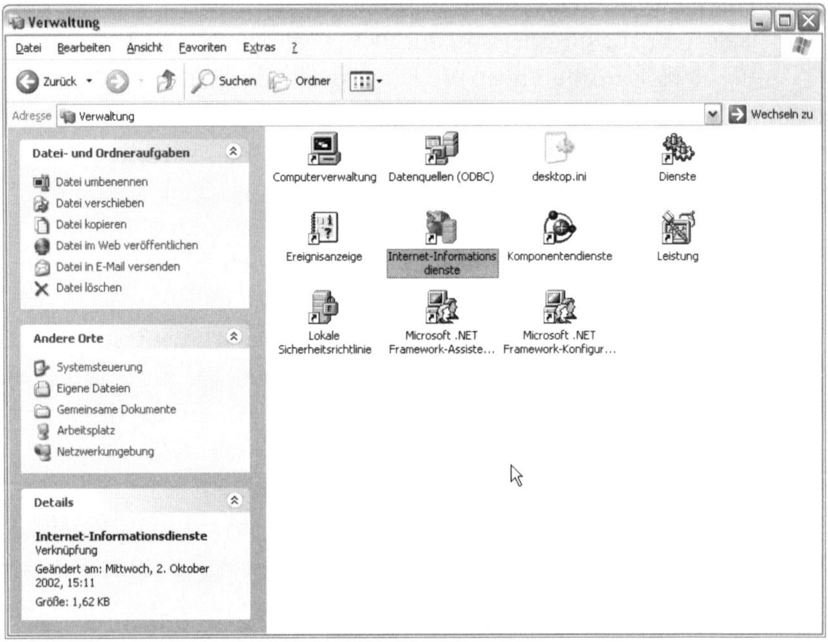

Abb 1.2: Wenn das Symbol *Internet-Informationsdienste* vorhanden ist, ist der IIS installiert

Wenn Sie den IIS/PWS beendet haben, entpacken Sie einfach die heruntergeladene ZIP-Datei *NuSphere-freetechplat-3.0.1-Win32.zip* in ein Verzeichnis Ihrer Wahl. Wenn Sie das Paket für Linux heruntergeladen haben, heißt die Datei selbstverständlich anders und ist auch mit einem anderen Tool gepackt. Aber auch diese Datei müssen Sie dann entpacken und danach das Installationsprogramm ausführen.

HINWEIS

Unter Windows Me/XP bringt Windows das ZIP-Programm gleich mit. Ansonsten können Sie eine Testversion von der Webseite *http://www.winzip.de* herunterladen.

Unter den entpackten Dateien für Windows finden Sie eine mit dem Namen *Setup.Exe*. Die führen Sie einfach aus, indem Sie doppelt darauf klicken. Daraufhin wird Ihr Standardbrowser gestartet und eine Webseite angezeigt, in der Sie auf die Schaltfläche *Start Installation* klicken. Auf der nächsten angezeigten Webseite finden Sie eine Schaltfläche *Quick Install*, auf die Sie klicken, um eine möglichst unkomplizierte Installation durchzuführen.

HINWEIS

Wenn Sie allerdings nicht möchten, dass die Programme im Verzeichnis *C:\Program Files* installiert werden, müssen Sie noch einen neuen Pfad für die Installation angeben. Dazu wird am Seitenende ein Eingabefeld mit dem Installationspfad angezeigt. Hier können Sie einfach das Verzeichnis eingeben. Mit Klicken auf den Button *Quick Install* wird das Verzeichnis übernommen.

Liegen alle Voraussetzungen für die Installation vor, wird das Softwarepaket nun installiert. Ansonsten wird eine Seite mit Fehlerinformationen angezeigt, so dass Sie die Fehler beseitigen können. Das Ende der Installation wird Ihnen durch die Meldung *Installation Complete* am Ende der letzten Seite angezeigt. Damit ist die Installation abgeschlossen.

Abb 1.3: Apache starten

> **HINWEIS**
>
> Um den Apache-Webserver zu starten, gibt es einen Startmenüeintrag *NuSpere/Apache Start Server* im Windows-Startmenü. Diesen brauchen Sie nur auszuwählen. Wenn Sie das nun geöffnete DOS-Fenster schließen, wird damit auch wieder der Webserver gestoppt. Sie dürfen das Fenster also nicht schließen, solange Sie ihn benötigen. Über den Eintrag *MySQL - Start Server* des gleichen Menüs können Sie auch den MySQL-Server bei Bedarf starten.

Wenn Sie nun einen Browser starten und `http://localhost` [↵] als Adresse eingeben, sollte die Startseite des (NuSphere)-Apache-Webservers angezeigt werden.

Sollte der Start des MySQL-Servers nicht klappen und haben Sie MySQL nach der Installation des NuSphere-Pakets aktualisiert, müssen Sie oft zunächst dessen Konfiguration ändern, wenn Sie MySQL nicht im gleichen Pfad wie den Server der NuSphere-Installation installiert haben. Dann wird nämlich über das Startmenü weiterhin der alte MySQL-Server gestartet. Gehen Sie dazu wie folgt vor:

- Starten Sie Ihren Rechner neu.
- Kopieren Sie nun den Inhalt des MySQL-Verzeichnisses der neuen Version einschließlich Unterverzeichnisse in das Verzeichnis *\mySQL* der NuSphere-Installation. Die sollten Sie im Verzeichnis *C:\Program Files\NuSphere* finden.

HINWEIS

Sollte es beim Kopieren der Dateien zu Fehlermeldungen kommen, dass einzelne Dateien nicht kopiert werden können, weil sie verwendet werden, bedeutet dies, dass der alte MySQL-Server gerade ausgeführt wird. In diesem Fall müssen Sie ihn unbedingt erst beenden, entweder über das Menü *Start/ (Alle) Programme / Nusphere / MySQL Stop Server* oder über die Prozessliste von Windows NT/2000/XP. Die erreichen Sie über [Strg] + [Alt] + [Entf]. Wenn Sie anschließend auf *Task-Manager* klicken, können Sie auf der Registerkarte *Prozesse* alle MySQL-Prozesse nacheinander anklicken und mit *Task beenden* schließen.

Wenn Sie feststellen möchten, ob auch MySQL und PHP funktionieren, starten Sie dazu phpMyAdmin. Das ist ein PHP-Tool, mit dem Sie MySQL-Datenbanken verwalten können. Geben Sie dazu bei gestartetem Apache-Server die Adresse *http://localhost:9000/phpMyAdmin/index.php* im Browser ein. Hier können Sie dann auf *Administration* und anschließend auf *phpMyAdmin* klicken. Damit wird die Start-Seite des *phpMyAdmin* angezeigt, die auch Auskunft über die verwendete MySQL-Version gibt.

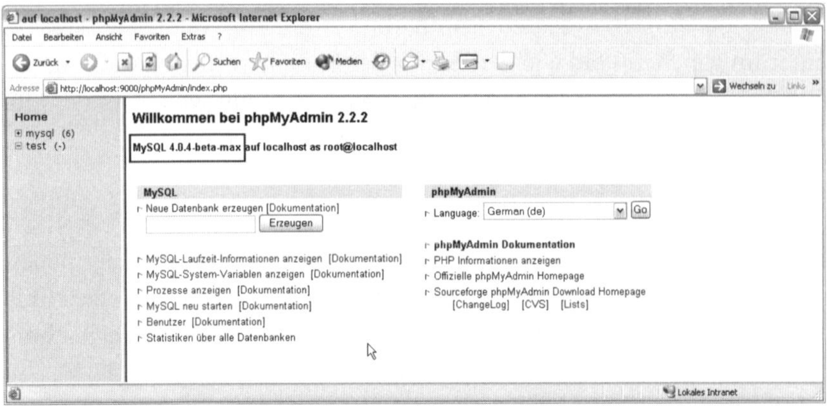

Abb 1.4: Nur wenn PHP und MySQL funktionieren, wird auch die Startseite von phpMyAdmin korrekt angezeigt

IIS, PHP und MySQL installieren

Wenn Sie die IIS oder PWS als Webserver verwenden möchten, müssen Sie alle Bestandteile einzeln installieren, also erst den Webserver, dann PHP und anschließend MySQL.

IIS bzw. PWS installieren

Auch der IIS lässt sich im Prinzip ganz einfach installieren. Unter Windows NT starten Sie die Datei *\I386\INETSRV\INETSTP.EXE* von der Windows-NT-Workstation-CD und folgen den Anweisungen des Assistenten.

HINWEIS

Hatten Sie vor der Installation des IIS schon ein Service-Pack für Windows NT installiert, müssen Sie dieses anschließend erneut installieren.

Verwenden Sie Windows 2000/XP Professional oder Windows 2000 Server beziehungsweise den Nachfolger Windows XP als Betriebssystem, funktioniert die Installation jedoch etwas anders. Hierzu brauchen Sie die Installations-CD von Windows, da die Dateien von dort installiert werden. Legen Sie die CD bereit und verfahren Sie dann wie folgt.

> **HINWEIS**
>
> Bei den Server-Versionen von Windows 2000/XP wird der IIS automatisch installiert. Hier können Sie also davon ausgehen, dass der IIS installiert ist.

- Wählen Sie *Start / Einstellungen / Systemsteuerung* aus bzw. unter Windows XP *Start / Systemsteuerung*.
- Doppelklicken Sie auf das Symbol *Software*. Unter Windows XP reicht ein einfacher Klick aus.
- Klicken Sie auf das Symbol *Windows-Komponenten hinzufügen/entfernen*.

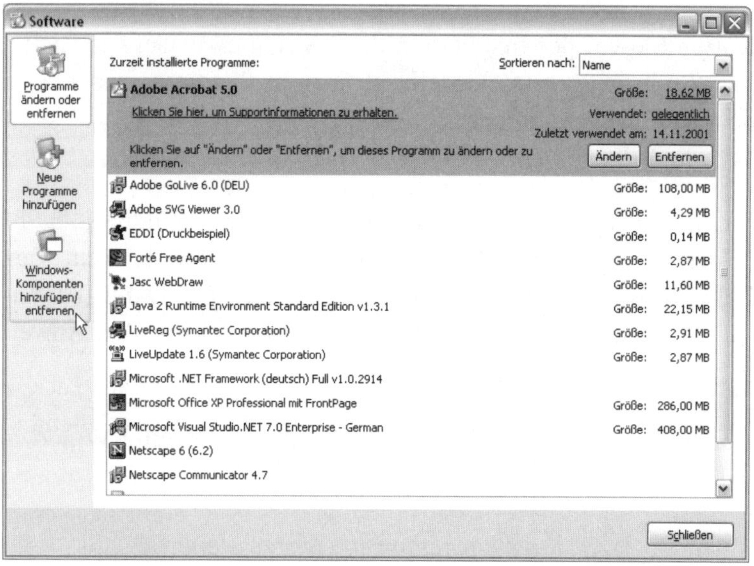

Abb 1.5: Aktivieren des Software-Setup für Windows-Komponenten

- Aktivieren Sie das Kontrollkästchen vor dem Eintrag *Internet-Informationsdienste (IIS)* und klicken Sie auf *Weiter*, um die Installation zu starten.

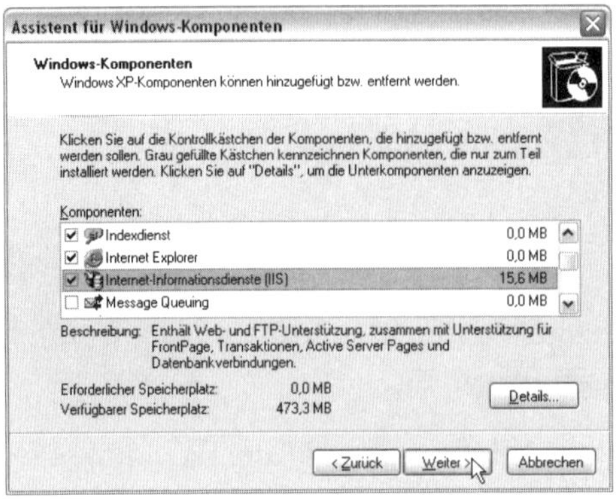

Abb 1.6: IIS-Installation starten

- Folgen Sie nun den Anweisungen des Assistenten.

> **HINWEIS**
>
> Hatten Sie vor der Installation des IIS schon ein Service-Pack für Windows 2000/XP installiert, müssen Sie dieses anschließend erneut installieren.

Die Installation des PWS ist abhängig von der Windows-95/98-Version, die Sie verwenden. Gibt es auf Ihrer Windows-CD ein Verzeichnis *\add-ons\pws*, finden Sie dort eine einzige Exe-Datei. Führen Sie diese Datei per Doppelklick aus und folgen Sie dann den Anweisungen.

Gibt es dieses Verzeichnis nicht, können Sie den PWS unter Windows 98 über die Systemsteuerung installieren.

- Wählen Sie dazu *Start / Einstellungen / Systemsteuerung* aus.
- Doppelklicken Sie auf das Symbol *Software*.

- Wählen Sie die Registerkarte *Windows-Setup* aus.
- Markieren Sie den Eintrag *Internet-Programme* und klicken Sie auf *Details*.
- Aktivieren Sie das Kontrollkästchen vor dem Eintrag *Personal Web Server* und klicken Sie dann auf *OK*.
- Schließen Sie nun auch das andere Dialogfenster mit *OK*.

Abb 1.7: Die Installation des PWS starten

Windows installiert nun den PWS. Folgen Sie einfach den Anweisungen des Assistenten.

Starten des Webservers

Sowohl der PWS als auch der IIS werden nach der Installation zwar gestartet, aber nicht beim Starten von Windows automatisch aktiviert. Einzige Ausnahme bildet da Windows XP, hier wird der IIS automatisch beim Start von Windows gestartet, wenn er installiert wurde. Sie müssen also unter Umständen den Webserver erst starten, wenn Sie ihn benötigen.

Den PWS starten Sie unter Windows 98 über *Start / Programme / Zubehör / Internet-Programme / Personal Web Server*. Klicken Sie anschließend auf *Starten*.

Unter Windows NT müssen Sie den IIS über die NT-Dienste in der Systemsteuerung starten. Dort können Sie auch festlegen, dass der IIS automatisch beim Systemstart gestartet werden soll. Sie finden einen Eintrag unter *Start / Einstellungen / Systemsteuerung / Verwaltung / Dienste*.

Unter Windows 2000 starten Sie den IIS ebenfalls über die Systemsteuerung. Dazu gehen Sie wie folgt vor:

- Wählen Sie *Start / Einstellungen / Systemsteuerung* aus.
- Doppelklicken Sie auf das Symbol *Verwaltung*.
- Doppelklicken Sie auf das Symbol des *Personal Web-Managers*.
- Klicken Sie auf *Starten*.

Da Windows XP den Webserver automatisch startet, brauchen Sie ihn manuell nur zu starten, wenn Sie ihn zuvor beendet hatten, um beispielsweise den Apache-Webserver zu verwenden oder zu installieren. Unter Windows XP Professional gehen Sie wie folgt vor, um den Server zu starten:

- Wählen Sie *Start / Systemsteuerung* aus.
- Klicken Sie auf *Leistung und Wartung*.
- Klicken Sie auf *Verwaltung*.
- Klicken Sie auf *Internet-Informationsdienste*.
- Markieren Sie den Eintrag *Standardwebsite* der Verzeichnishierarchie und klicken Sie dann auf *Starten*.

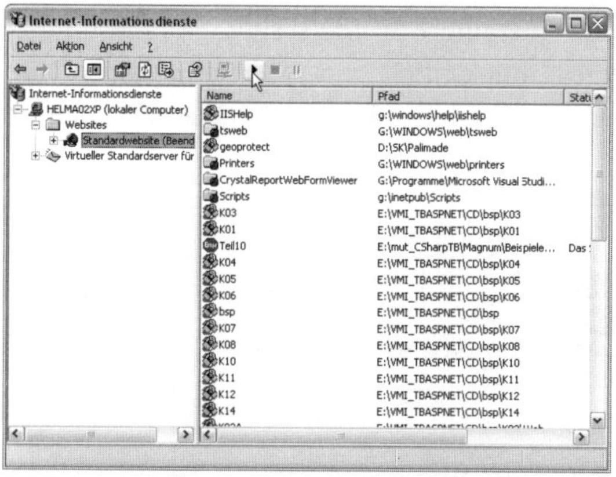

Abb 1.8: Starten des Webservers unter Windows XP

> **HINWEIS**
> Auf gleiche Weise können Sie den Webserver in der Regel auch wieder stoppen. Das ist notwendig, wenn Sie beispielsweise statt des IIS den Apache-Webserver verwenden möchten.

PHP installieren

Um PHP-Seiten mit dem IIS ausführen zu können, müssen Sie den PHP-Interpreter noch installieren. Nachfolgend wird die Version 4.2.3 von PHP verwendet. Den dazu notwendigen Download finden Sie auf der Seite *http://www.php.net*. Wichtig ist, dass Sie nicht nur den passenden Interpreter für Ihr Betriebssystem herunterladen, sondern auch den für den von Ihnen verwendeten Webserver. Der Download für den IIS ist ein anderer als der für den Apache-Webserver unter Windows.

Führen Sie die heruntergeladene Datei *php-4.2.3-installer.exe* nun einfach per Doppelklick aus. Das erste Dialogfenster des Assistenten beenden Sie mit *Next*, das zweite mit *I Agree*. Damit stimmen Sie den Lizenzbedingungen zu. Im dritten Schritt können Sie die vorgeschlagene Option *Standard* für eine Standardinstallation übernehmen und einfach auf *Next* klicken. Nun können Sie das Verzeichnis bestimmen, in dem der PHP-Interpreter installiert werden soll. Standardmäßig schlägt das Setup das Verzeichnis *C:\PHP* vor. Sie können über die Schaltfläche *Browser* jedoch ein anderes Laufwerk oder Verzeichnis auswählen.

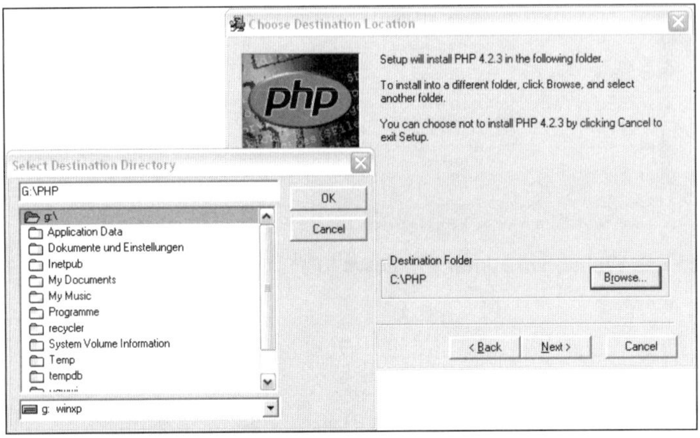

Abb 1.9: Auswählen des Installationsverzeichnisses

Nach Auswahl des Zielverzeichnisses klicken Sie erneut auf *Next*, um fortzufahren. Im nächsten Schritt können Sie die Einstellungen für die PHP-E-Mail-Funktionen festlegen. Sie müssen dazu die Adresse des Postausgangsservers festlegen. Wenn Sie keinen eigenen Mailserver in Ihrem lokalen Netzwerk oder auf Ihrem lokalen Rechner betreiben, können Sie dazu bspw. die Adresse des SMTP-Servers Ihres E-Mail-Providers angeben. Bei den meisten Providern funktioniert das problemlos. Im zweiten Eingabefeld müssen Sie die E-Mail-Adresse angeben, die als Absenderadresse angezeigt werden soll. Anschließend beenden Sie auch diesen Schritt mit *Next*.

Jetzt kommt das Wichtigste. Sie müssen den Webserver auswählen, für den PHP konfiguriert werden soll. Für den IIS unter Windows 2000/XP wählen Sie *IIS 4 or higher* aus. Haben Sie den IIS von Windows NT installiert, kommt es auf die Version an, die Sie installiert haben. Es gibt hier abhängig von der Version des Option-Packs sowohl den IIS 3 als auch den IIS 4. Wenn Sie Ihren Webserver ausgewählt haben, klicken Sie auf *Next*. Genauso verfahren Sie mit dem nächsten Dialogfenster. Danach beginnt der Kopiervorgang und die Konfiguration von PHP.

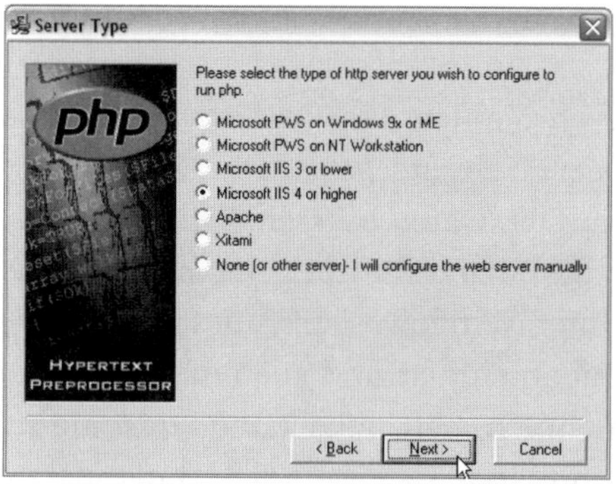

Abb 1.10: Auswählen des installierten Webservers

Nachdem die Dateien kopiert sind, erfolgt die Konfiguration. Dazu blendet das Setup-Programm ein neues Fenster ein, in dem Sie die Knoten der IIS-Verzeichnisstruktur auswählen müssen, für die PHP eingerichtet werden können. Wenn Sie in allen Web-Sites und virtuellen Verzeichnissen PHP-Seiten verwenden möchten, klicken Sie auf *Select all* um alle auszuwählen und schließen Sie das Dialogfenster dann mit *OK*.

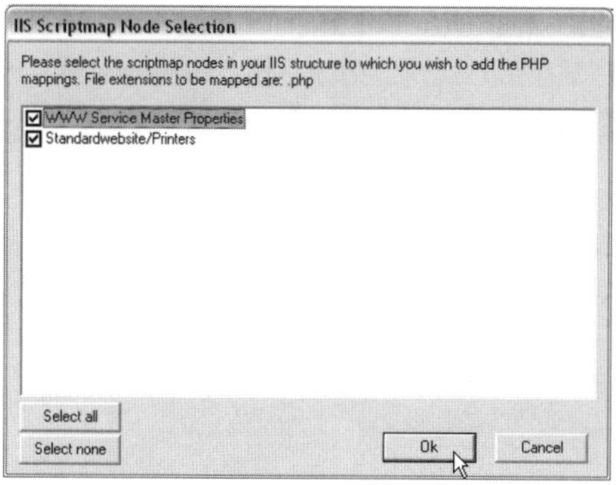

Abb 1.11: Auswählen der Verzeichnisse des IIS, für die PHP aktiviert werden soll

Wenn die Installation vollständig ist, erscheint eine entsprechende Meldung. Damit ist PHP im Prinzip einsatzbereit. Nun fehlt aber noch die Installation von MySQL, bevor Sie richtig loslegen können.

MySQL einrichten

Um MySQL zu installieren, müssen Sie den MySQL-Server zunächst downloaden. Sie finden ihn auf der Webseite *http://www.mySQL.org* für verschiedene Betriebssysteme. Die Datei müssen Sie entpacken und können anschließend das Setup-Programm über eine ausführbare Datei oder Skriptdatei starten. Unter Windows heißt diese Datei *Setup.Exe*. Wenn Sie alle Vorgaben übernehmen und auch die Installation im Verzeichnis *C:\MySQL* vornehmen, haben Sie keine Probleme zu befürchten. Möchten Sie MySQL in einem anderen Verzeichnis installieren, wählen Sie das einfach im Setup-Assistenten aus. Nach dem Setup müssen Sie dann allerdings noch dafür sorgen, dass der MySQL-Server auch gefunden wird. Erstellen Sie dazu eine einfache Textdatei mit dem Namen *my.cnf* und speichern Sie diese im Stammverzeichnis von Laufwerk C:.

In der Datei fügen Sie die drei Zeilen der folgenden Abbildung ein, wobei Sie natürlich die Pfadangaben entsprechend Ihres MySQL-Installationsverzeichnisses anpassen müssen. Hinter `basedir` geben Sie das Verzeichnis an, in dem sich das *bin*-Verzeichnis der MySQL-Installation befindet. Das gleiche Verzeichnis geben Sie hinter `datadir` an, nur ergänzen Sie die Angabe um das Unterverzeichnis *data*.

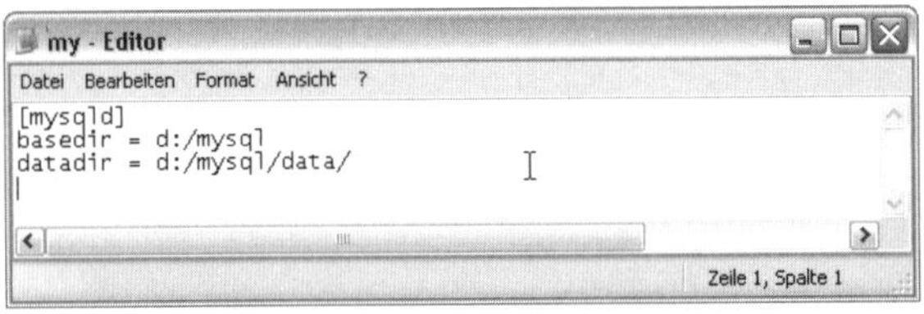

Abb 1.12: Inhalt der *my.cnf*-Datei

Jetzt müssen Sie nur noch dafür sorgen, dass die CNF-Datei eingelesen wird und deren Inhalt die MySQL-Konfiguration vervollständigt. Öffnen Sie dazu einfach das *bin*-Verzeichnis Ihres MySQL-Verzeichnisses und führen Sie dort die Datei *winmysqladmin.exe* aus.

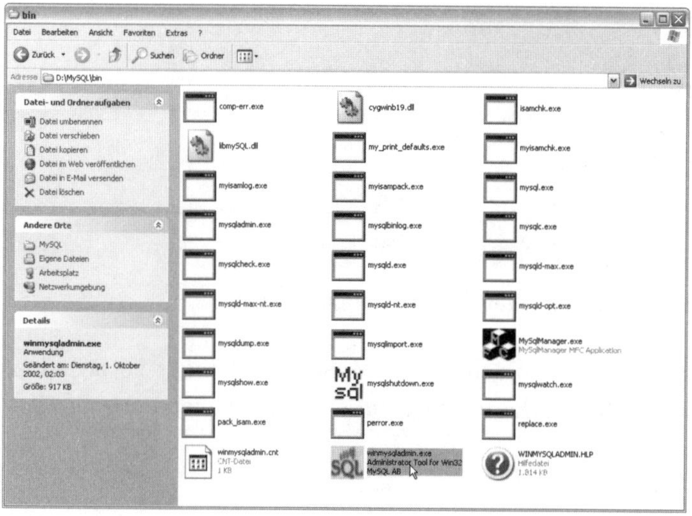

Abb 1.13: Starten des MySQL-Administrators

Sie blendet zuerst ein Fenster ein, das dann aber wieder verschwindet. Stattdessen erscheint eine kleine Ampel in der Statusleiste von Windows, links neben der Uhrzeit. Klicken Sie dort mit der rechten Maustaste drauf und wählen Sie aus dem Kontextmenü den Eintrag *Show me* aus. Das Fenster wird nun wieder eingeblendet und auf der Registerkarte *my.ini Setup* können Sie feststellen, ob Ihre Pfadangaben korrekt übernommen wurden. Dann sollte im Feld *Base Dir* der Installationspfad angegeben sein.

HINWEIS

Über die Schaltfläche *Create ShortCut in Start Menu* können Sie einen Startmenüeintrag erstellen, über den Sie MySQL starten können.

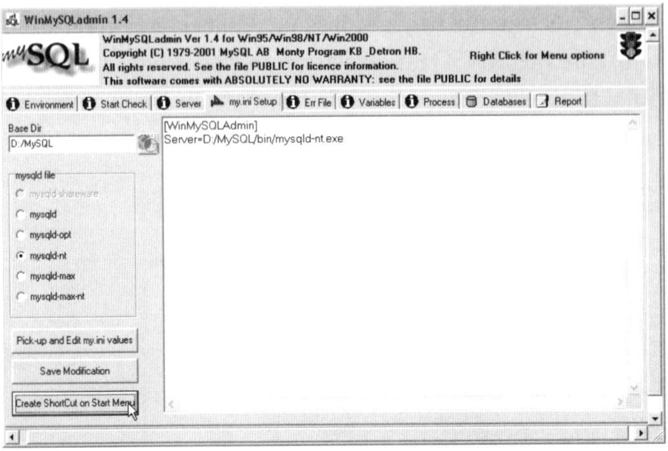

Abb 1.14: Anzeigen und Verwalten der Konfigurationsdaten

Um das Fenster wieder zu schließen, MySQL aber nicht zu beenden, aktivieren Sie die Registerkarte *Environment* und klicken dort auf *Hide me*.

1.2 Virtuelle Verzeichnisse einrichten

Virtuelle Verzeichnisse sind Verzeichnisse, die als Unterverzeichnis des Webserver-Stammverzeichnisses in Erscheinung treten, dies aber nicht sind. Wenn Sie bspw. die Adresse *http://localhost/* eingeben, rufen Sie damit die Startseite des Webservers in seinem Stammverzeichnis auf. Beim IIS ist das bspw. das Verzeichnis *c:\inetpub\wwwroot*, beim PWS *c:\pws\wwwroot* und beim Apache-Server im NuSphere-Paket *C:\Program Files\nusphere\apache\htdocs*. Alles natürlich unter der Voraussetzung, dass der Webserver auf Laufwerk C: installiert wurde. Möchten Sie eine Datei in einem Unterverzeichnis aufrufen, bspw. *http://localhost/beispiele/bsp1.htm*, kann das Verzeichnis *beispiele* wirklich ein Unterverzeichnis des Stammverzeichnisses sein, oder aber auch ein virtuelles Verzeichnis. Dann kann es überall im Netzwerk oder auf dem lokalen Rechner liegen und ist nur mit einem

Alias, in diesem Fall *beispiele* verknüpft. Der Vorteil dabei ist, dass das Zielverzeichnis jederzeit auf ein anderes Laufwerk oder einen anderen Rechner umziehen kann und die Adresse, über die die Seiten auf dem Webserver abgerufen werden können, bleibt gleich. Sie müssen dann nur einmal die Verknüpfung zwischen Alias und physischem Verzeichnis aktualisieren. Wie Sie virtuelle Verzeichnisse für den Apache-Webserver, den IIS und PWS einrichten, wird nachfolgend beschrieben.

Zunächst sollten Sie ein Verzeichnis erstellen, in dem Sie Ihre Beispiele speichern. Das kann auf jedem beliebigen Laufwerk im Netzwerk liegen. Befindet es sich aber nicht auf dem gleichen Rechner, der den Webserver ausführt, muss natürlich eine Netzwerkverbindung bestehen und das Laufwerk, das übergeordnete Verzeichnis oder das Verzeichnis selbst muss freigegeben sein. Den Freigabenamen benötigen Sie nämlich, um das virtuelle Verzeichnis zu erstellen, das auf diesen Ordner verweist.

Virtuelle Verzeichnisse im IIS und PWS

Der IIS 5.0 für Windows 2000 Professional und der PWS für Windows 95/98 weisen beide die gleiche Benutzeroberfläche auf und lassen sich auch ganz ähnlich einrichten. Auf einem Windows-NT/2000-Server und unter Windows XP funktioniert die Konfiguration etwas anders. Eine genaue Beschreibung folgt weiter unten.

Unter Windows 95/98 und Windows 2000 Professional starten Sie zuerst den IIS, falls er nicht schon gestartet ist, und danach das Verwaltungsprogramm des IIS wie folgt.

- Wählen Sie *Start / Einstellungen / Systemsteuerung* aus.
- Doppelklicken Sie auf das Symbol *Verwaltung*.
- Doppelklicken Sie auf das Symbol *Personal Web-Manager*.

Wenn Sie den PWS verwenden, klicken Sie *Start / Programme / Zubehör / Internet-Programme / Personal Web Server* an. In Windows XP Professional wird der Webserver genauso verwaltet, wie bei Windows 2000/NT Server etwas weiter unten beschrieben.

Klicken Sie im Dialogfenster des PWS/IIS auf *Weitere Optionen* und anschließend auf *Hinzufügen* und wählen Sie über den *Durchsuchen*-Button das zuvor erstellte Verzeichnis aus, mit dem der Alias verknüpft werden soll. Im Feld *Alias* können Sie einen Alias-Namen eingeben. Über diesen Namen können Sie später auf das Verzeichnis zugreifen. Aktivieren Sie nun das Kontrollkästchen *Skriptzugriff* und die Option *Ausführen (einschließlich Skripts)* und schließen Sie dann das Dialogfenster.

HINWEIS

Sie haben damit festgelegt, dass Skripte auf das Verzeichnis zugreifen können und dass innerhalb des Verzeichnisses Skripte ausgeführt werden können.

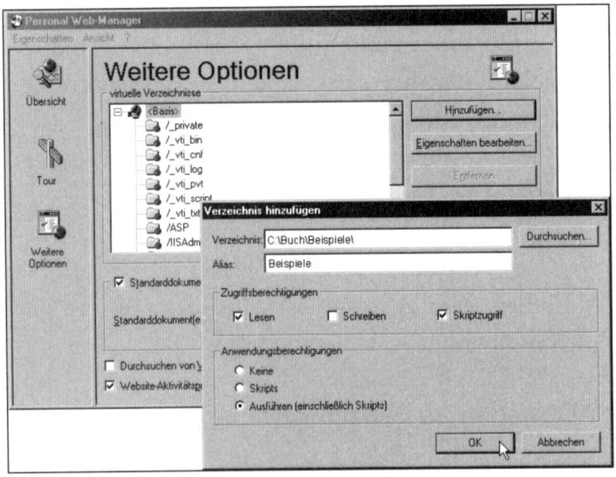

Abb 1.5: Hier wird das physische Verzeichnis *C:\Buch\Beispiele* mit dem Alias *Beispiele* verknüpft und ist damit über die Adresse *http://localhost/Beispiele* im Browser erreichbar.

> **HINWEIS**
>
> Wenn Sie ein Netzwerklaufwerk bzw. einen Ordner auf einer Netzwerkfreigabe mit dem Alias verbinden möchten, müssen Sie den UNC-Pfad des Ordners in das Verzeichnis eingeben. Wenn der Rechner, auf dem das Verzeichnis liegt, den Namen *Rechner1* hat, das Laufwerk oder das übergeordnete Verzeichnis den Freigabenamen *PHP* hat und Verzeichnis weiterhin *Beispiele* heißt, müssten Sie dazu *\\Rechner1\PHP\Beispiele* angeben. Unter Umständen folgt dann noch eine Abfrage des Benutzernamens und des Kennworts, das für den Zugriff auf die Netzwerkressource erforderlich ist. Das hängt aber im Einzelfall von Ihrer Netzwerkkonfiguration ab.

Verwenden Sie einen Windows NT Small Business Server, Windows XP Professional oder einen Windows 2000 Server, gibt es zur Verwaltung des Webservers ein separates Programm, mit dem Sie die Verzeichnisse einrichten und Rechte vergeben können. Dieses Programm bietet sehr viel mehr Möglichkeiten. Sie könnten dort sogar ein FTP-Verzeichnis einrichten, mit dem Sie die Webseite veröffentlichen können.

> **HINWEIS**
>
> Die nachfolgende Beschreibung orientiert sich an Windows XP Professional. Unter Windows 2000 Server und Windows NT funktioniert dies aber ganz ähnlich, vorausgesetzt, Sie haben dort eine aktuelle Version des IIS (4.0 oder 5.0) installiert. Das Verwaltungsprogramm für den IIS 3.0 sieht noch ein bisschen anders aus.

Um das virtuelle Verzeichnis einzurichten, wählen Sie *Start / Programme / Verwaltung / Internetdienste-Manager* aus. Gibt es den Menüeintrag *Start / Programme / Verwaltung* nicht, liegt das an einer anders konfigurierten Installation von Windows 2000. Wählen Sie in diesem Fall *Start / Einstellungen / Systemsteuerung* aus und doppelklicken Sie auf das Symbol *Verwaltung* und danach auf das Symbol *Inter-*

netdienste-Manager. Bei Windows XP finden Sie das Verwaltungsprogramm unter *Start / Systemsteuerung / Leistung und Wartung / Verwaltung / Internet Informationsdienste*. Das nun angezeigte Fenster enthält auf der linken Seite eine Liste aller Internet-Informationsdienste. Im einfachsten Fall wird zunächst nur der Rechner angezeigt, auf dem der IIS installiert ist. Klicken Sie einfach auf das Plus-Zeichen vor dem Rechnernamen, um den Verzeichnisbaum zu öffnen. Sie sehen dann die untergeordneten Dienste. Klicken Sie hier auf das Plus-Zeichen vor dem Eintrag *Standardwebsite*. Dies ist das Verzeichnis, das das Stammverzeichnis des Webservers repräsentiert. Markieren Sie diesen Eintrag und klicken Sie dann mit der rechten Maustaste auf das Verzeichnis. Wählen Sie aus dem Kontextmenü den Eintrag *Neu / Virtuelles Verzeichnis* aus. Es startet dann ein Assistent, der Ihnen dabei hilft, ein solches Verzeichnis einzurichten.

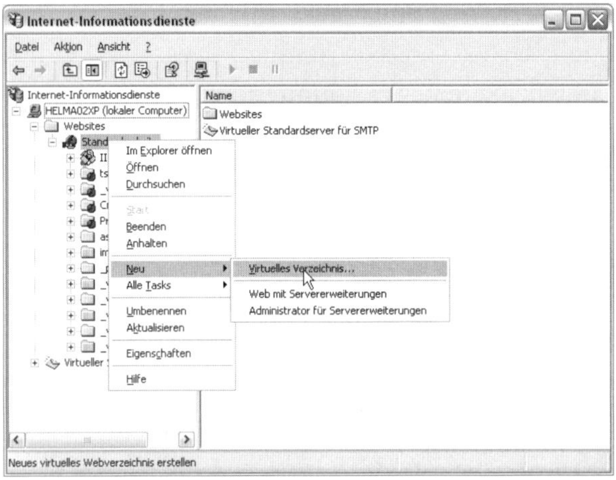

Abb 1.16: Virtuelles Verzeichnis anlegen

Sie müssen nun als Erstes den Alias bzw. Namen des virtuellen Verzeichnisses bestimmen. Geben Sie hier beispielsweise `Beispiele` an und wählen Sie im nächsten Schritt das Verzeichnis *Beispiele* auf Ihrer Festplatte mit der *Durchsuchen*-Schaltfläche aus, das Sie zuvor erstellt haben. Befindet sich dieses Verzeichnis auf einem Netzwerklaufwerk, müssen Sie dessen UNC-Adresse in der Form *\\Rechnername\Freigabename\Verzeichnisname* angeben. In diesem Fall müssen Sie im dritten Schritt den Benutzernamen und das Kennwort für das Netzwerklaufwerk bzw. Verzeichnis eintippen.

HINWEIS Die Auswahl von Netzwerklaufwerken, die mit einem Laufwerkbuchstaben verknüpft sind, oder die Eingabe eines solchen Verzeichnisnamens ist nicht möglich. Zwar funktioniert eine solche Eingabe zunächst, der Assistent wird auch ordnungsgemäß beendet, aber spätestens nach einem Neustart des Rechners funktioniert das virtuelle Verzeichnis nicht mehr und es wird mit einem roten Stop-Symbol im Snap-In *Internet-Informationsdienste* angezeigt. Im letzten Schritt richten Sie die Rechte des virtuellen Verzeichnisses ein.

Im letzten Schritt müssen Sie die Rechte für das virtuelle Verzeichnis bestimmen. Damit Sie PHP und Perl-Skripte über die CGI-Schnittstelle ausführen können, müssen Sie das Kontrollkästchen *Ausführen (z.B. ISAPI-Anwendungen oder CGI)* aktivieren, die anderen beiden *Lesen* und *Skripts ausführen* sind standardmäßig aktiviert. Klicken Sie anschließend auf *Weiter*.

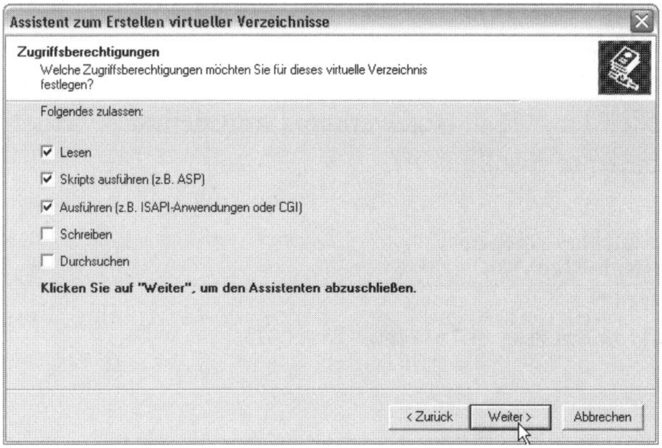

Abb 1.17: Einstellen der Rechte für das virtuelle Verzeichnis

Damit haben Sie alle erforderlichen Einstellungen vorgenommen und können den Webserver nun testen. Wie das geht und wie Sie dazu eine erste PHP-Seite erstellen, erfahren Sie etwas weiter unten im Abschnitt *Die erste PHP-Seite erstellen und ausführen*.

Virtuelle Verzeichnisse für Apache einrichten

Auch für Apache können Sie natürlich virtuelle Verzeichnisse einrichten, das heißt, einer URL des Webservers ein anderes, lokales Laufwerk oder eine Netzwerkfreigabe zuweisen.

Allerdings erfolgt das nicht ganz so komfortabel wie beim IIS. Sie müssen dazu nämlich eine Konfigurationsdatei bearbeiten. Dazu brauchen Sie einen einfachen ASCII-Editor wie den Windows-Editor oder Notepad.

Öffnen Sie dazu die Datei *httpd.conf*, die sich im Verzeichnis *program files\nusphere\apache\conf* befindet, in Ihrem Editor. Suchen Sie dort das Ende der Datei.

Vor dem Abschnitt, der mit *## BEGIN PHP CONFIG* eingeleitet wird, fügen Sie dann für jedes virtuelle Verzeichnis, das Sie erstellen möchten, den nachfolgend fett hervorgehobenen Code ein. Dabei müssen Sie natürlich das Wort *MeinAlias* durch den gewünschten Namen für das virtuelle Verzeichnis ersetzen und *H:\MeinPfad* durch das Verzeichnis auf Ihrem Rechner oder dem UNC-Netzwerkpfad, mit dem das virtuelle Verzeichnis verbunden sein soll.

```
...
Alias /MeinAlias "H:\MeinPfad\"
<Directory "H:\MeinPfad">
  Options Indexes FollowSymLinks MultiViews ExecCGI
  AllowOverride All
  Order allow,deny
  Allow from all
</Directory>
```

```
## BEGIN PHP CONFIG
ScriptAlias /php3/ "H:/nusphere/apache/php/"
ScriptAlias /php/ "H:/nusphere/apache/php/"
AddType application/x-httpd-php3 .phtml
AddType application/x-httpd-php3 .php3
AddType application/x-httpd-php3 .php
AddType application/x-httpd-php3-source .phps
Action application/x-httpd-php3 /php/php.exe
## END PHP CONFIG
```

Wenn Sie die Änderungen durchgeführt und die Datei gespeichert und geschlossen haben, funktioniert das virtuelle Verzeichnis allerdings noch nicht. Änderungen, die Sie in dieser Datei vornehmen, treten erst beim nächsten Start des Webservers in Kraft. Sie sollten nun also den Apache-Server beenden und neu starten.

Um den Apache-Server zu beenden, wählen Sie aus dem Startmenü *Start / Programme / nusphere / Apache Stop Server* aus. Unter Windows XP wählen Sie entsprechend *Start / Alle Programme / nusphere / Apache Stop Server*.

Wenn Sie ein virtuelles Verzeichnis erstellt haben, können Sie es nutzen, indem Sie einfach nach der URL des Webservers die Adresse Ihres virtuellen Verzeichnisses angeben, also beispielsweise:

```
http://localhost/Beispiele
```

1.3 Die erste PHP-Seite erstellen und ausführen

Um eine PHP-Seite zu erstellen, benötigen Sie natürlich auch noch einen Editor, mit dem Sie den Quellcode erfassen. Dazu eignet sich jeder Texteditor, der in der Lage ist, ASCII-Textdateien zu speichern und diese mit der Dateinamenerweiterung .PHP zu speichern. Wenn

Sie zunächst erst einmal PHP antesten möchten, bevor Sie größere Projekte damit realisieren, können Sie somit auch den Windows-Editor verwenden.

Editoren im Überblick

Es gibt jedoch schon eine große Zahl Editoren, die sehr viel mehr können und Sie bei der Erfassung des Quellcodes mit intelligenten Hilfen unterstützen, Code farbig formatieren und automatisch einrücken.

Editor	Webseite zum Download des Editors oder einer Testversion
Proton kostenlos, Syntaxhervorhebung auch für HTML, Perl, C++	*http://www.meybohm.de/proton/*
ScriptWorx kostenlos, kann außerdem HTML, XML und ASP	*http://www.softlite.net/products/scriptworx/*
TextPad preiswert, Syntaxhervorhebung, Makros, Suchen-Ersetzen	*http://www.textpad.com/*
PHP Coder Pro kostenlos, Syntaxhervorhebung	*http://www.phpide.de/*
Scribe! kostenlos, Syntaxhervorhebung, aber nicht alle PHP-Befehle werden unterstützt, FTP, XHTML-Support	*http://www.scribe.de/*
WebDevs Projektverwaltung, Veröffentlichen-Funktion	*http://www.dmcsoft.com/webdev/*

Editor	Webseite zum Download des Editors oder einer Testversion
HTML-Kit kostenlos, Syntaxhervorhebung mit voller PHP4-Syntax-Unterstützung, Projektverwaltung	*http://www.chami.com/html-kit/*
EditPlus preiswert, Syntaxhervorhebung, Projektverwaltung, Fehlersuche	*http://www.editplus.com/*
HomeSite Syntaxhervorhebung	*http://www.allaire.com/products/homesite/*
PHPGate 2001 preiswert, Syntaxhervorhebung	*http://mps.uoe.org/software_php.htm*
PHPEd Syntaxhervorhebung, Debugger	*http://www.nusphere.com*
Dreamweaver MX Syntaxhervorhebung und Parameterlisten für PHP-Befehle und HTML-Tags, Projektverwaltung	*http://www.macromedia.com*
Adobe® GoLive 6 Syntaxhervorhebung und Syntaxcheck nur für HTML/XML/XHTML, grafische Entwicklungsoberfläche für PHP-Seiten mit Datenbankanbindung, keine Syntaxhervorhebung oder besondere Unterstützung für manuelle PHP-Codierung	*http://www.adobe.de*

Tab 1.1: Wichtige PHP-Editoren

HINWEIS

Die vorstehende Liste ist keinesfalls als vollständig anzusehen. Sie gibt nur einen Überblick über die wichtigsten und mir bekannten Programme.

Nachfolgend wird als Editor Dreamweaver MX verwendet, da er neben der Codeeinrückung und farbigen Darstellung auch die Parameter von PHP-Anweisungen sehr schön anzeigt. Da nachfolgend nur auf den Code eingegangen wird, nicht jedoch darauf, wie Sie ihn erzeugen, spielt es keine Rolle, wenn Sie einen anderen Editor verwenden. Nur einige Screenshots bilden dann natürlich Dreamweaver ab.

HINWEIS

Sie sollen sich spätestens jetzt, unbedingt mit den grundlegenden Funktionen des von Ihnen verwendeten Editors vertraut machen, damit Sie wissen, wie neue Dateien erzeugt werden, mit der Endung PHP gespeichert werden und wie Sie diese Dateien später wieder öffnen und bearbeiten können.

Die PHP-Seite erstellen und ausführen

Um eine erste PHP-Seite zum Testen des Webservers und des virtuellen Verzeichnisses zu erstellen, gehen Sie wie folgt vor: Erstellen Sie mit Ihrem Editor eine neue HTML- oder PHP-Datei und nennen Sie diese *Index.php*. Bietet Ihr Editor keine Vorlage für PHP-Dateien an, erstellen Sie eine HTML-Datei und speichern diese mit der Dateinamenerweiterung *.PHP* ab. Geben Sie zwischen `<body>` und `</body>` den folgenden Code ein. Er sorgt dafür, dass ein <p>-Element mit dem Inhalt "Hallo Welt" ausgegeben wird.

```
...
<body>
<? echo "<p>Hallo Welt</p>" ?>
</body>
...
```

Speichern Sie die Datei nun in dem Verzeichnis, das mit dem Alias verbunden ist, oder in einem Unterverzeichnis davon. Sie können dann Ihren Browser starten und die Adresse der Seite eingeben, also bspw. `http://localhost/Beispiele/index.php` ↵ oder falls sich die Datei im Unterverzeichnis *K01* des virtuellen Verzeichnisses befindet, `http://localhost/Beispiele/K01/index.php` ↵. Als einziger Text der Seite sollte "Hallo Welt" angezeigt werden.

Abb 1.18: So sollte das Ergebnis aussehen

Wenn die Ausgabe wie in vorstehender Abbildung aussieht, ist alles OK. Der Webserver funktioniert und führt die PHP-Seite auch in einem virtuellen Verzeichnis aus. Es kann aber auch zu Problemen kommen. Sehr häufig erhalten Sie bei Nutzung des IIS nämlich folgende Fehlermeldung:

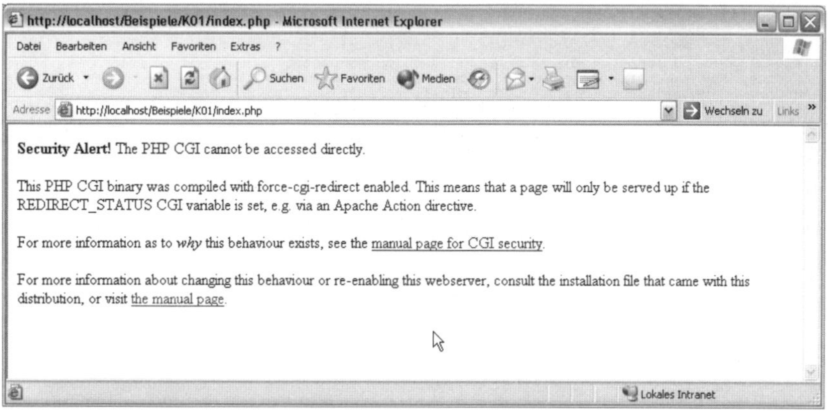

Abb 1.19: Möglicherweise erhalten Sie diese Fehlermeldung

In diesem Fall müssen Sie PHP anders konfigurieren und das Sicherheitsfeature, das diese Meldung verursacht, abschalten. Für einen reinen Testserver ist das kein Problem, so dass Sie dies zum Testen Ihrer Anwendung problemlos machen können.

Suchen Sie dazu auf Ihrem Rechner die Datei *PHP.INI*. Sie finden sie in aller Regel im Windows-Verzeichnis, also bspw. *C:\Windows* oder *C:\Winnt*, wenn Sie Windows von Laufwerk C: starten. Wenn Sie die Datei gefunden haben, öffnen Sie diese mit einem Texteditor ihrer Wahl und fügen unterhalb der Zeile `[PHP]` eine neue Zeile ein. Dort geben Sie dann `cgi.force_redirect=0` ein, wie dies die folgende Abbildung zeigt.

> **HINWEIS**
>
> Achten Sie dabei unbedingt auf Groß- und Kleinschreibung und geben Sie wirklich eine Null und nicht etwas ein großes O ein.

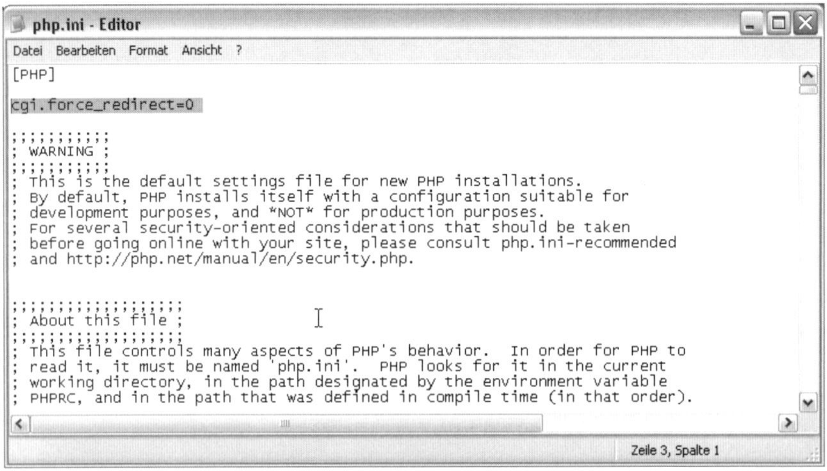

Abb 1.20: Notwendige Ergänzung der *PHP.INI*

Wenn Sie sich vergewissert haben, dass Sie keine Eingabefehler gemacht haben, speichern Sie die Datei und schließen Sie sie. Danach können Sie die Seite über den *Reload*-Button Ihres Browsers neu laden und sie sollte nun korrekt ausgeführt werden.

1.4 Zusammenfassung, Fragen und Übungen

Zusammenfassung

- Zur Ausführung von PHP-Dateien ist ein Webserver incl. des PHP-Interpreters notwendig.
- Als Webserver kommen neben vielen anderen Freeware und Shareware-Webservern vor allem der Apache und IIS/PWS in Frage.
- Um den Datenbankzugriff auf MySQL-Datenbanken zu gewährleisten, ist neben dem Webserver + PHP auch noch ein MySQL-Server zu installieren.
- Virtuelle Verzeichnisse sind Aliasnamen auf dem Webserver, die mit physischen Verzeichnissen auf anderen Laufwerken oder Rechnern verknüpft sind.
- Bei Apache werden virtuelle Verzeichnisse über die Apache-Konfigurationsdatei erstellt.
- Beim IIS können Sie virtuelle Verzeichnisse über das Snap-In (also das Verwaltungsprogramm) in der Systemsteuerung anlegen. Dazu steht ein Assistent zur Verfügung.

Fragen und Übungen

1. Was ist ein Webserver?
2. Wozu dient der PHP-Interpreter?
3. Was ist das Stammverzeichnis des Webservers?
4. Was unterscheidet ein Unterverzeichnis des Stammverzeichnisses von einem virtuellen Verzeichnis?
5. Mit welcher URL lässt sich das virtuelle Verzeichnis *Beispiele* auf dem lokal installierten Webserver abrufen?

2 PHP-Grundlagen

PHP ist die derzeit interessanteste serverseitige Skriptsprache. Das liegt daran, dass PHP von vielen, auch preiswerten Providern angeboten wird und die Datenbankanbindung an eine MySQL- oder ODBC-Datenbank recht einfach und sicher bewerkstelligt werden kann. Zudem ist PHP nicht allzu schwer zu lernen. In diesem Kapitel lernen Sie die Grundlagen kennen. Diese beschränken sich allerdings, wie im Vorwort schon angekündigt, auf den Teil von PHP, den Sie benötigen, um datenbankgestützte Anwendungen zu erstellen. Der Schwerpunkt wird somit auf den Operatoren und grundlegenden Anweisungen zur Programmablaufsteuerung und den Anweisungen zur Zeichenkettenbearbeitung liegen.

2.1 Der Aufbau eines PHP-Skriptes

Eine PHP-Seite ist zunächst einmal eine HTML-Seite, die Sie unter der Dateinamenerweiterung .PHP gespeichert haben. Im einfachsten Fall, brauchen sie also nichts Besonderes zu beachten. Wenn Sie PHP-Code in eine solche Seite einfügen, kann der überall stehen, also innerhalb eines HTML-Elements, vor `<head>` oder nach `</body>`. Der PHP-Code wird in die Zeichen <? und ?> eingefasst. Das haben Sie im vorherigen Kapitel bereits gemacht, als Sie die Seite zum Testen des Webservers erstellt haben.

Das folgende Listing zeigt den Aufbau einer PHP-Seite, die zunächst nichts weiter macht als drei PHP-Skript-Element mit <? ?> zu definieren und dort eine Kommentarzeile einzufügen. Der PHP-Code ist fett hervorgehoben.

```
<?
// An dieser Stelle könnte PHP-Code stehen
?>
<html>
<head>
<title>Unbenanntes Dokument</title>
<meta http-equiv="Content-Type" content="text/html; charset=iso-8859-
1">
</head>
<body>
<?
// und hier natürlich ebenso.
?>
</body>
</html>
<?
// Aber auch hier ist PHP-Code zulässig
?>
```

Es gibt aber außerdem auch die Möglichkeit, eine PHP-Datei mit reinem PHP-Code, also ohne HTML-Code, mit einer PHP-Datei zu verknüpfen. Die verknüpfte Datei sollte die Dateinamenerweiterung .INC haben. In diese Datei fügen Sie nur den Code ein. Dieser muss statt in <? und ?> in die Zeichenketten `<?PHP` und ?> eingefasst werden. Dies ist notwendig, weil sonst der Webserver nicht erkennen kann, mit welchem Interpreter der Code auszuführen ist. Die Angabe `<?PHP` sagt ihm, dass es sich um PHP-Code handelt.

HINWEIS

Bei "normalen" PHP-Dateien erkennt der Webserver das an der Dateinamenerweiterung .PHP. Deshalb ist es auch ganz wichtig, dass Sie HTML-Seiten, die PHP-Code enthalten, auch mit der Dateinamenerweiterung .PHP versehen.

Die INC-Datei verknüpfen Sie dann mit der PHP-Datei, die vom Browser angezeigt und vom Webserver ausgeführt wird, indem Sie die PHP-Anweisung `include` verwenden.

Folgendes Beispiel soll dies verdeutlichen. Es gibt ein <p>-Element mit der echo-Anweisung aus, die in der INC-Datei definiert ist. Erstellen Sie dazu eine Textdatei mit dem Namen *code.inc* und speichern Sie die Datei in einem Verzeichnis auf dem Webserver. In diese Datei fügen Sie dann folgenden Code ein.

```
<?PHP
 echo "<p>Diese Ausgabe erfolgt in der INC-Datei</p>"
?>
```

Der vorstehende Code leitet mit <?PHP den PHP-Code ein und schließt ihn mit ?> ab. Der PHP-Code besteht aus einer einzelnen Anweisung. Mit der echo-Anweisung wird der in Anführungszeichen eingefasste Text ausgegeben. Wenn er wie hier auch HTML-Tags enthält, werden diese ebenso ausgegeben und vom Browser dargestellt, als wenn sie fest im HTML-Code stünden.

Speichern Sie die Datei nach der Eingabe des Codes ab. Erzeugen Sie außerdem eine PHP-Datei wie im folgenden Listing. Wie Sie diese nennen, spielt keine Rolle. Sie sollten sie aber im gleichen Verzeichnis speichern wie die INC-Datei zuvor.

> **HINWEIS**
> Die Anweisung include bewirkt, dass der Inhalt der dahinter angegebenen INC-Datei an der Stelle eingefügt wird, an der die include-Anweisung ausgeführt wird. Nachdem der Inhalt eingefügt wurde, wird er ausgeführt, als wenn er direkt in der PHP-Datei erstellt worden wäre.

```
<html>
<head>
<title>Unbenanntes Dokument</title>
<meta http-equiv="Content-Type"
  content="text/html; charset=iso-8859-1">
</head>
<body>
```

```
<?
include "code.inc";
?>
</body>
</html>
```

Wenn Sie die PHP-Datei nun ausführen, wird der Absatz in der Seite ausgegeben.

Abb. 2.1: Das Ergebnis im Browser

HINWEIS

Das Einbinden von INC-Dateien eignet sich vor allem dann, wenn Sie gleichen PHP-Code in mehreren Webseiten oder an verschiedenen Stellen in einer PHP-Seite benötigen, bspw. wenn Sie gleiche Ausgaben für Navigationsleisten, Fußzeilen etc. in mehreren Dateien benötigen. Beispiele für den praktischen Einsatz folgen in den nächsten Kapiteln noch mehrfach.

Innerhalb eines Skriptes im HTML-Code einer PHP-Seite oder in einer INC-Datei können aber natürlich nicht nur einfache Anweisungen stehen, wie die bisher gezeigte `echo`-Anweisung. Zusätzlich können auch Variablen, Konstanten, Konstrukte zur Programmablaufsteuerung wie Schleifen und Verzweigungen sowie Funktionsdefinitionen verwendet werden. Näheres dazu erfahren Sie in den folgenden Abschnitten.

2.2 Wichtige Syntaxregeln

Die PHP-Syntax, also der Aufbau der Anweisungen, aus denen PHP-Skripte bestehen, ist recht einfach. Es gibt nur wenige Regeln zu beachten:

- Jede Anweisung endet mit einem Semikolon. Das heißt, eine Anweisung kann über mehrere Zeilen gehen. Sie ist dort zu Ende, wo das Semikolon steht.
- Groß- und Kleinschreibung wird bei Variablennamen, Schlüsselwörtern und Anweisungen beachtet. `Echo` ist also nicht gleich `echo`.
- Zeichenfolgen werden in Anführungszeichen (") oder Hochkommata (') eingefasst. Es gibt da allerdings Unterschiede, die nachfolgend noch näher erläutert werden.
- Bei Zahlen mit Dezimalzeichen wird der Punkt als Dezimaltrennzeichen verwendet. Die Zahl 10,5 muss also als 10.5 im Code angegeben werden.
- Codeblöcke, also zusammengehörende Anweisungen, werden in geschweifte Klammern "{" und "}" eingefasst. Diese werden vor allem bei der Programmablaufsteuerung verwendet.

2.3 Kommentare

Damit Ihr PHP-Code auch noch nach mehreren Wochen, Monaten oder gar Jahren verständlich ist und damit sich auch andere Entwickler darin zurecht finden, sollten Sie ihn ausreichend kommentieren. Dazu gibt es mehrere Möglichkeiten. Kommentare, die am Zeilenende enden, können Sie mit zwei Schrägstrichen // einleiten. Solche Kommentare können sowohl am Zeilenanfang beginnen als auch hinter der Anweisung, die in einer Zeile steht. Sie enden dann automatisch am Ende der Zeile. Bei den folgenden beiden Codezeilen handelt es sich um gültige Kommentare. Die erste Zeile enthält die echo-Anweisung mit einem anschließenden Kommentar, die zweite Zeile besteht nur aus einem Kommentar.

```
echo "Hallo Welt!"; //Gibt den Text "Hallo Welt" aus.
//Dies ist eine Kommentarzeile
```

> **HINWEIS**
>
> Kommentare dürfen natürlich auch gültige PHP-Anweisungen enthalten. Diese Anweisungen werden dann allerdings nicht ausgeführt, sondern beim Ausführen der Seite übersprungen. Sie können so einfach Zeilen vorübergehend zu Testzwecken "entfernen", indem Sie einfach das Kommentarzeichen // an den Zeilenanfang setzen. Die Zeile
>
> ```
> //echo "Hallo Welt!";
> ```
>
> ist bspw. ein Kommentar und wird daher nicht ausgeführt.

Wenn Sie längere Texte als Kommentare einfügen oder gleichzeitig mehrere Zeilen auskommentieren möchten, können Sie auch mehrzeilige Kommentare verwenden. Sie werden mit /* eingeleitet und enden mit */. Alles was dazwischen steht, wird als Kommentar angesehen.

> **HINWEIS**
>
> Innerhalb von Kommentaren dürfen Sie daher die Zeichenketten /* und */ nicht verwenden. Sollte dies notwendig sein, müssen Sie das Zeichen "/" "escapen". Damit ist gemeint, dass Sie den PHP-Interpreter anweisen müssen, das Zeichen "/" in seiner normalen Bedeutung als Schrägstrich zu sehen und nicht in der Bedeutung, die es als Bestandteil des Kommentar-Anfang- oder Endezeichens hat. Damit im folgenden Beispielkommentar bei "*/" nicht das Kommentarende angenommen wird, müssen Sie vor dem "/" das Escape-Zeichen "\" angeben. Weitere Escape-Zeichen und Sonderzeichen, die Sie in Texten und im Quellcodes "escapen" müssen, werden im Abschnitt *Zeichenketten ver- und bearbeiten* beschrieben.

```
/* Dies ist ein Kommentar, der
über mehrere Zeilen geht. Er endet
mit dem Zeichen "*\/" */
```

2.4 Arbeiten mit Ausdrücken, Variablen und Datentypen

Eine Programmiersprache besteht im Wesentlichen aus Schlüsselwörtern, Operatoren und Ausdrücken. Die Schlüsselwörter sind die wesentlichen Elemente der Sprache, vergleichbar mit dem Basiswortschatz einer natürlichen Sprache. Diese Schlüsselwörter sind vordefiniert und können nicht verändert werden. Darüber hinaus kennt PHP aber noch einfache Anweisungen, wie bspw. die Anweisung `echo`. Während Schlüsselwörter den Code strukturieren, dienen Anweisungen dazu, etwas zu tun, wie bspw. eine Ausgabe zu erzeugen. Die Anweisungen von PHP sind vergleichbar mit den Methoden objektorientierter Programmiersprachen.

> **HINWEIS**
> Wenn Sie einen PHP-Editor mit Syntaxhervorhebung verwenden, werden Schlüsselwörter farblich besonders hervorgehoben. Dreamweaver stellt Schlüsselwörter in Olivgrün dar, Anweisungen, wie bspw. `echo` jedoch in Blau.

Mit Hilfe von Operatoren können Sie Werte in Beziehung setzen und so Ausdrücke zu komplexeren Ausdrücken zusammensetzen. Am einfachsten lässt sich das an den mathematischen Operatoren darstellen. Es gibt aber noch eine ganze Reihe mehr, die nachfolgend näher dargestellt werden.

Zunächst einmal stellt eine Zahl wie 5 einen Ausdruck dar. Dieser Ausdruck hat den Wert 5. Auch die Zahl 7 ist ein Ausdruck mit dem Wert 7. Beide Ausdrücke können Sie nun mit einem Operator verbinden. Wenn Sie bspw. den Operator + für eine Addition verwenden und die beiden Ausdrücke damit verbinden, ergibt sich ein neuer, komplexerer Ausdruck, nämlich `5+7`. Auch dieser Ausdruck hat wieder einen Wert, nämlich das Ergebnis der Addition, also 12.

In diesem Fall setzt sich der Ausdruck also aus zwei Teilausdrücken und einem Operator zusammen. Der zusammengesetzte Ausdruck kann nun aber wieder Teil eines noch komplexeren Ausdrucks sein, bspw. `(5+7)-3`. In diesem Fall besteht der Ausdruck aus zwei Ausdrücken `(5+7)` und `3` sowie einem Operator, dem Subtraktionsoperator. Der erste Ausdruck ist aber wiederum ein Ausdruck, der aus Teilausdrücken zusammengesetzt ist. Auf diese Weise lässt sich ein Ausdruck bis hin zu einfachen Ausdrücken ohne Operator zerlegen. Auf diese Weise wird er auch ausgewertet, von innen nach außen. Zunächst werden also die beiden Teilausdrücke berechnet und dann der Gesamtausdruck.

Was aber sind nun Variablen und was haben sie mit Ausdrücken zu tun? Sicherlich wird Ihnen der Gedanke gekommen sein, welchen Sinn ein Ausdruck wie `(5+7)-3` überhaupt hat. Man könnte gleich seinen Wert, also 9, verwenden. In diesem Fall stimmt das. Nicht immer sind aber alle Werte eines Ausdrucks konstante Werte. Es kann sein, dass Teile des Ausdrucks von Benutzereingaben abhängen, aus Datenbanken ermittelt werden oder von der aktuellen Uhrzeit oder dem Datum abhängen. Hier kommen Variablen ins Spiel. Dabei handelt es sich um benannte Werte, die jedoch zur Laufzeit des Skriptes, wenn also die Webseite ausgeführt wird, ihren Wert ändern können. Welche Art von Daten in einer Variablen gespeichert werden können, definieren in anderen Programmiersprachen die Datentypen. In PHP gibt es zwar auch Datentypen, diese werden aber nicht vom Programmierer einer Variablen zugewiesen, sondern erst zur Laufzeit des Skriptes vom PHP-Interpreter. Weisen Sie einer Variablen mit dem Namen *Wert* eine Zahl wie 5 zu, bekommt die Variable einen numerischen Typ zugewiesen. Weisen Sie ihr eine Zeichenkette, also bspw. eine Zeichenfolge "abc" zu, bekommt sie den Datentyp `String`.

Nachdem Sie nun die wichtigsten Begriffe kennen, die für die Erläuterung der Sprachgrundlagen erforderlich sind, folgen nun einfache Beispiele, die Ihnen zeigen, wie Sie Variablen und Ausdrücke definieren und einsetzen.

Variablen definieren und verwenden

Variablen werden in PHP nicht extra deklariert. Das heißt, es gibt keine Anweisung, die PHP mitteilt, es gibt die Variable XYZ. Sie können also einfach einer Variablen einen Wert zuweisen. Damit wird die Variable erstellt und bekommt einen ersten Wert.

> **HINWEIS**
> Die erste Wertzuweisung wird als Initialisierung bezeichnet, die Erstellung einer Variablen als Deklaration. In PHP fällt beides zwingend zusammen.

Variablennamen werden immer mit einem Dollarzeichen ($) eingeleitet. Danach folgt der eigentliche Variablenname. Er muss nur wenige Regeln einhalten und darf sogar einem Schlüsselwort oder einer PHP-Anweisung entsprechen, da er ja durch das Dollarzeichen als Variablenname zu erkennen ist.

Variablennamen müssen zwingend mit einem Buchstaben oder einem Unterstrich "_" beginnen. Danach können beliebig viele Zeichen, aber auch Ziffern und Unterstriche folgen. Nicht zulässig sind Sonderzeichen und Satzzeichen in Variablennamen. Zudem wird Groß- und Kleinschreibung berücksichtigt. Die Variablen `$Wert` und `$wert` sind somit zwei verschiedene Variablen und nicht die gleiche.

Um das zu testen, sollten Sie eine leere PHP-Seite erstellen und dort im `<body>`-Tag ein PHP-Skript einfügen. Das sollte dann wie im folgenden Listing aussehen.

Mit der Anweisung `$Wert1=1` wird eine Variable `Wert1` definiert, die den Wert 1 zugewiesen bekommt. Im Anschluss wird die Variable `Wert2` definiert, der hier der Wert 9 zugewiesen wird. Die dritte Zeile definiert die Variable `Ausdruck`. Ihr Wert ergibt sich aus der Aktion der beiden zuvor definierten Variablen. Dazu wird der Additions-Operator "+" verwendet. Wie in der Mathematik stehen die beiden zu addierenden Werte links und rechts vom Operator. Der Ausdruck `$Wert1+$Wert2` hat somit den Wert 10 (1+9).

Die Ausgabe erfolgt dann in der letzten Zeile, wieder mit der `echo`-Anweisung. Dazu wird der auszugebende HTML-Code in Anführungszeichen eingefasst. Das bewirkt, dass im Text enthaltene Variablen ausgewertet und ihr Wert ausgegeben wird. Es wird also hier `<p>10<p>` in die HTML-Seite geschrieben und nicht etwa `<p>$Ausdruck</p>`.

```
...
<body>
<?
$Wert1=1;
$Wert2=9;
$Ausdruck=$Wert1+$Wert2;
echo "<p>$Ausdruck</p>";
?>
</body>
...
```

Führen Sie nun die Seite im Browser auf dem Webserver aus, wird tatsächlich das Ergebnis 10 in der Webseite ausgegeben.

Abb. 2.2: Ausgabe des Ergebnisses

> **HINWEIS**
> Sie könnten die auszugebende Zeichenkette auch in Hochkommata einfassen. Dann wird aber die Variable innerhalb der Zeichenkette nicht ausgewertet und die Ausgabe würde folglich *$Ausdruck* lauten. Um damit eine korrekte Ausgabe zu erzielen, müssen Sie HTML-Code und Wert der Variablen mit dem Verkettungs-Operator . zu einer Zeichenkette zusammensetzen: `echo '<p>' . $Ausdruck . '</p>';`

Enthält eine Variable Zahlen, werden diese bei Verwendung von + addiert, enthält sie jedoch Zeichenketten, werden die Zeichenketten in Zahlen konvertiert, wenn das möglich ist. Auch in folgendem Fall würde also nicht etwa die Zeichenkette "19.5" ausgegeben werden, sondern eine Addition mit dem Ergebnis 10.5 erfolgen. Eine Addition erfolgt auch dann, wenn der zweite Wert nicht in eine Zahl konvertiert werden kann. Dann wird er als 0 behandelt.

```
<?
$Wert1="1";
$Wert2="9.5";
$Ausdruck=$Wert1+$Wert2;
echo "<p>$Ausdruck</p>";
echo '<p>' . $Ausdruck . '</p>';
?>
```

Datentypen ermitteln und ausgeben

Gerade wenn Formulareingaben verarbeitet werden, ist nicht immer sichergestellt, dass der Benutzer wirklich nur Zahlen eingibt, wo Zahlen für Berechnungen erforderlich sind. Dann ist es wichtig, dass Sie vor der Verwendung der Eingaben prüfen, welchen Datentyp die Variable mit dem eingegebenen Wert hat. Dazu gibt es in PHP zwei Möglichkeiten, die Funktion `gettype` und die Funktion `is_type`. Die Funktion `gettype` gibt eine Zeichenkette zurück, die den Datentyp der Variablen angibt. Den Typ der Variablen `Ausdruck` können Sie ausgeben, wie im weiter unten folgenden Listing gezeigt wird. Sie sehen dann auch, dass es einen Unterschied macht, ob der Operator . zum Verketten von Zeichenfolgen oder der Operator + zur Addition verwendet wird. Nach der schon im vorherigen Listing definierten Ausgabe der Variablen Ausdruck wird deren Datentyp mit der Funktion gettype ermittelt. Die Funktion liefert eine Zeichenkette mit dem Namen des Datentyps zurück, die mit dem Verkettungsoperator . in den Code für den Absatz eingefügt wird.

HINWEIS

Die Funktion gettype erwartet die zu prüfende Variable als Parameter. Das heißt, die Variable wird in Klammern hinter den Funktionsnamen gesetzt. Parameter sind Werte, die an eine Funktion übergeben werden und die dann innerhalb der Funktion weiterverarbeitet werden. Funktionen sind einfach benannte Codeblöcke, die eine bestimmte Aufgabe bewältigen und in vielen Fällen einen Wert, das Berechnungsergebnis, zurückgeben.

Anschließend wird im Beispiel eine neue Variable Wert3 definiert, die den Wert "Text", also eine Zeichenkette bekommt. Der Variablen Ausdruck wird dann ein neuer Ausdruck als Wert zugewiesen, nämlich eine Verkettung der Variablen Wert3 und Wert1. Der Ausdruck hat dann den Wert "Text1". Dies bestätigen auch die beiden nachfolgenden Ausgaben. Die Funktion gettype liefert nun den Wert "string" für die Variable Ausdruck.

```
<?
$Wert1="1";
$Wert2="9.5";
$Ausdruck=$Wert1+$Wert2;
echo "<p>$Ausdruck</p>";
echo '<p>' . $Ausdruck . '</p>';
echo '<p>Die Variable $Ausdruck hat ' .
    'den Datentyp ' . gettype($Ausdruck)
    . '</p>';
```

```
$Wert3="Text";
$Ausdruck=$Wert3 . $Wert1;
echo "<p>$Ausdruck</p>";
echo '<p>Die Variable $Ausdruck hat ' .
    'den Datentyp ' . gettype($Ausdruck)
    . '</p>';
?>
```

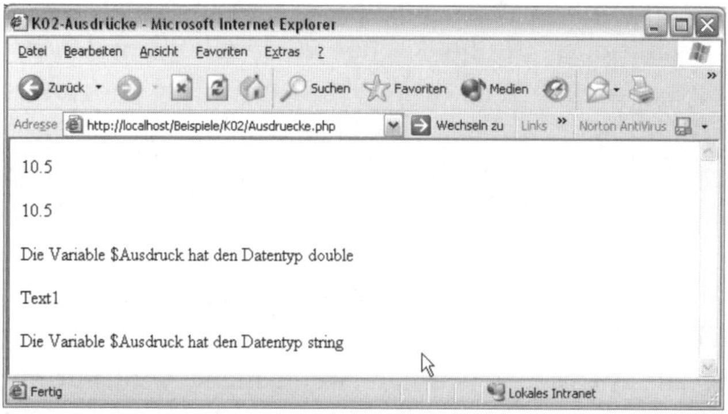

Abb. 2.3: Ausgabe des Listings

HINWEIS

Das vorstehende Beispiel zeigt auch, dass Sie einer Variablen jederzeit einen neuen Wert zuweisen können. Bei einer Ausgabe oder bei Verwendung der Variablen in einem anderen Ausdruck wird dann immer der zuletzt zugewiesene Wert genutzt. Außerdem können Sie durch eine erneute Zuweisung auch den Datentyp ändern. Sie sind also nicht daran gebunden, einer Variablen, die einmal einen numerischen Datentyp hatte, auch nur numerische Werte zuzuweisen.

Möchten Sie nur prüfen, ob eine Variable einen bestimmten Datentyp hat, um abhängig davon unterschiedliche Aktionen auszuführen, können Sie auch die `is_`*type*-Funktionen verwenden. Dabei handelt es sich um eine Funktionssammlung, die für jeden Datentyp eine Funktion bereitstellt. Um zu prüfen, ob eine Variable den Typ `string` hat, verwenden Sie bspw. die Funktion `is_string()`. Sie gibt `True` zurück, wenn die Variable den Typ `string` hat, und `False`, wenn dies nicht der Fall ist.

> **HINWEIS**
>
> `True` und `False` sind so genannte boolesche Werte. Sie repräsentieren zwei mögliche Zustände, die ein Bit haben kann, nämlich 0 (`False`) und 1 (`True`). Boolesche Variablen und Ausdrücke bzw. Funktionen mit booleschen Werten können daher nur zwei Werte, nämlich `True` oder `False` liefern. Bei der Ausgabe in der HTML-Seite mit `echo` wird der Wert `False` als leere Zeichenfolge ausgegeben und `True` als 1.

Wenn Sie das Skript wie folgt ändern, wird nach jeder Zuweisung an die Variable `Ausdruck` geprüft, ob sie den Datentyp `string` hat. Wenn ja, wird dies durch die Ausgabe 1 deutlich, wenn nicht, wird nur ein leerer Absatz <p></p> ausgegeben.

```
<?
$Wert1="1";
$Wert2="9.5";
$Ausdruck=$Wert1+$Wert2;
echo "<p>$Ausdruck</p>";
echo '<p>' . $Ausdruck . '</p>';
echo '<p>Die Variable $Ausdruck hat ' .
    'den Datentyp ' . gettype($Ausdruck)
    . '</p>';
echo '<p>' . is_string($Ausdruck) . '</p>';
$Wert3="Text";
$Ausdruck=$Wert3 . $Wert1;
echo "<p>$Ausdruck</p>";
echo '<p>Die Variable $Ausdruck hat ' .
    'den Datentyp ' . gettype($Ausdruck)
    . '</p>';
echo '<p>' . is_string($Ausdruck) . '</p>';
?>
```

HINWEIS

Der Einsatz der `is_type`-Funktionen bietet sich vor allem in Verzweigungen zur Programmablaufsteuerung an. Ohne die entsprechenden Sprachkonstrukte lassen sich damit kaum sinnvolle Beispiele erstellen.

Um sinnvoll mit Datentypen arbeiten zu können, müssen Sie natürlich zunächst einmal einen Überblick über die verfügbaren Typen haben. Die folgende Tabelle listet die wichtigsten Datentypen, die zugehörige `is_`*type*-Funktion und das Ergebnis der `gettype`-Funktion auf.

Datentyp	**Wertebereich**	**Rückgabewert von `gettype`**	**`is_type`-Funktion, die bei diesem Typ True zurückgibt**
`boolean`	Boolesche Werte `True` und `False`.	"boolean"	`is_bool`
`integer`	ganze Zahlen im Bereich von $-2,15e^{+9}$ bis $-2,15e^{+9}$	"integer"	`is_int`
`float`	Fließkommazahlen. Der Wertebereich ist abhängig vom Betriebssystem des Webservers.	"double"	`is_double`
`string`	Zeichenketten beliebiger Länge	"string"	`is_string`
`array`	Datenfelder oder Arrays, das sind tabellarische oder listenförmige Datenstrukturen mit Daten eines anderen Datentyps.	"array"	`is_array`

Datentyp	Wertebereich	Rückgabewert von gettype	is_type-Funktion, die bei diesem Typ True zurückgibt
NULL	Stellt einen leeren Wert dar. Variablen, die noch keinen Wert haben, mit der unset-Funktion gelöscht oder explizit auf NULL gesetzt wurden, haben diesen Datentyp.	"unknown type"	is_null

Tab. 2.1: Wichtige Datentypen

Operatoren

Operatoren sind Zeichen und Schlüsselwörter, die eine bestimmte Operation auf die übergebenen Werte (Operanden) ausführen. Einen mathematischen Operator "+" für die Addition sowie den Verkettungsoperator " . " haben Sie bereits kennen gelernt. Es gibt aber noch eine ganze Reihe anderer Operatoren. Wichtig sind für die nachfolgenden Beispiele drei Operatorengruppen

- mathematische oder arithmetische Operatoren für Berechnungen
- Vergleichsoperatoren für Vergleiche von Werten
- Zuweisungsoperatoren, um Wertzuweisungen durchzuführen

Mathematische Operatoren

Die mathematischen Operatoren funktionieren im Prinzip, wie Sie es aus der Mathematik kennen. Die Operanden werden vor und nach dem Operator angegeben. Lediglich der Modulo ist aus der Mathematik eher weniger bekannt. Er gibt den Rest zurück, der bei einer ganzzahligen Division übrig bleibt. Wenn Sie bspw. wie in der Tabelle 5 % 3 berechnen, wird 5 durch 3 geteilt. Ohne eine Kommazahl zu berechnen, passt die 3 einmal in 5. Dann bleibt ein Rest von 2. Dieser Rest ist der Wert des Ausdrucks. Die folgende Tabelle listet die wichtigsten mathematischen Operatoren von PHP auf.

HINWEIS

Nützlich ist der `Modulo`-Operator vor allem, um zu prüfen, ob eine Zahl gerade oder ungerade ist. Bei geraden Zahlen ist `$Zahl % 2 = 0`, bei ungeraden hat der Ausdruck `$Zahl % 2` den Wert 1. Beispiele dazu folgen noch, wenn es um die Ausgabe und Darstellung von Datensätzen und die Formatierung von Tabellen geht.

Beispiel	Beschreibung	Ergebnis
5 + 3	Addition	8
5 – 3	Subtraktion	2
5 * 3	Multiplikation	15
5 / 3	Division, teilt den linken Operanden durch den rechten	1.66666666667
5 % 3	Modulo, gibt den Rest der ganzzahligen Division zurück.	2

Tab. 2.2: Mathematische Operatoren

Die vorstehende Tabelle können Sie auch sehr einfach mit PHP ausgeben und dabei auch gleich die Operatoren testen. Dazu erstellen Sie eine PHP-Seite und fügen in deren `<body>`-Element die folgende Tabelle ein. In der dritten Spalte jeder Zeile müssen Sie den PHP-Code unterbringen, der einfach nur mit `echo` den Wert des Ausdrucks ausgibt. Im Listing ist der PHP-Code, der besseren Übersicht wegen, fett hervorgehoben.

```
...
<body>
<table width="100%" border="1" cellspacing="5">
  <tr>
    <th>Beispiel</th>
    <th>Beschreibung</th>
    <th>Ergebnis</th>
  </tr>
  <tr>
    <td>5 + 3</td>
    <td>Addition</td>
    <td><? echo 5 + 3 ?></td>
  </tr>
  <tr>
    <td>5 - 3</td>
    <td>Subtraktion</td>
    <td><? echo 5 - 3 ?></td>
  </tr>
  <tr>
    <td>5 * 3</td>
    <td>Multiplikation</td>
    <td><? echo 5 * 3 ?></td>
  </tr>
  <tr>
    <td>5 / 3</td>
    <td>Division, teilt den linken
       Operanden durch den rechten
    </td>
    <td><? echo 5 / 3 ?></td>
  </tr>
  <tr>
    <td>5 % 3</td>
    <td>Modulo, gibt den Rest der ganzzahligen
      Division zur&uuml;ck.
    </td>
    <td><? echo 5 % 3 ?></td>
  </tr>
</table>
</body>
...
```

Vergleichsoperatoren

Vergleichsoperatoren benötigen Sie um boolesche Ausdrücke zu erstellen, die bspw. bei Verzweigungen und Schleifen zum Einsatz kommen. Ein boolescher Ausdruck ist ein Ausdruck, der einen booleschen Wert hat. Alle diese Ausdrücke enthalten logische oder Vergleichsoperatoren.

Vergleichsoperatoren dienen dazu, zwei Werte oder Ausdrücke zu vergleichen. Das Ergebnis ist immer vom Typ `boolean`. Die folgende Tabelle listet die verfügbaren Operatoren auf.

Beispiel	Beschreibung	Wert des Ausdrucks für `$a="1"` und `$b=1`
`$a == $b`	Gleichheit; der Ausdruck hat den Wert `True`, wenn beide Variablen den gleichen Wert, unabhängig vom Datentyp, haben.	`True`
`$a === $`	Identität; der Ausdruck ist `True`, wenn sowohl die Werte beider Teilausdrücke als auch deren Datentypen gleich sind.	`False`
`$a != $b`	Ungleich; der Ausdruck ist wahr, wenn die Teilausdrücke nicht gleich sind.	`False`
`$a <> $b`	Ungleich; der Ausdruck ist wahr, wenn die Teilausdrücke nicht gleich sind.	`False`
`$a !== $b`	Nicht identisch; der Ausdruck ist wahr, wenn die beiden Variablen nicht identisch sind.	`True`

Beispiel	Beschreibung	Wert des Ausdrucks für $a="1" und $b=1
`$a < $b`	Kleiner als; der Ausdruck ist wahr, wenn die linke Variable kleiner als die rechte ist.	`False`
`$a > $b`	Größer als; der Ausdruck ist wahr, wenn die linke Variable größer als die rechte ist.	`False`
`$a <= $b`	Kleiner oder gleich; der Ausdruck ist wahr, wenn die linke Variable kleiner oder gleich der rechten ist.	`True`
`$a >= $b`	Größer oder gleich; der Ausdruck ist wahr, wenn die linke Variable größer oder gleich der rechten ist.	`True`

Tab. 2.3: Die Vergleichsoperatoren von PHP

Die vorstehende Tabelle mit den Vergleichsoperatoren, die PHP kennt, können Sie ebenso ausgeben wie zuvor schon die Tabelle mit den mathematischen Operatoren. Den dazu notwendigen Code enthält das folgende Listing.

> **HINWEIS**
>
> Das Listing funktioniert zwar, gibt aber für den Wert `False` nur eine leere Zeichenkette aus, die dann folglich in der Tabelle nicht angezeigt wird. Das lässt sich aber nur mit Hilfe einer Verzweigung abstellen, die erst später im Abschnitt zur Programmablaufsteuerung erläutert wird. Alle leeren Zellen repräsentieren daher den Wert `False`.

Damit die Ergebnisse ausgegeben werden können und auch die Identität von zwei Werten korrekt festgestellt werden kann, benötigen Sie hier jedoch Variablen anstelle von konstanten Werten, weil nur Variablen überhaupt einen Datentyp haben können. Diese beiden Variablen werden am Anfang der Tabelle in einem eigenen PHP-Skript definiert und initialisiert. In den Tabellenzellen der dritten Spalte müssen Sie dann nur noch den Ausdruck formulieren und mit echo ausgeben.

```
...
<table width="100%" border="1" cellspacing="5">
<?
    $a="1";
    $b=1;
?>
  <tr>
    <th width="16%">Beispiel</th>
    <th width="64%">Beschreibung</th>
    <th width="20%">Wert des Ausdrucks
        f&uuml;r $a=&quot;1&quot; und $b=1
    </th>
  </tr>
  <tr>
    <td>$a == $b</td>
    <td>Gleichheit; der Ausdruck hat den Wert
        True, wenn beide Variablen den gleichen
        Wert, unabh&auml;ngig vom Datentyp, haben.
    </td>
    <td><? echo $a==$b ?></td>
  </tr>
  <tr>
    <td>$a === $</td>
    <td>Identit&auml;t; der Ausdruck ist True,
        wenn sowohl die Werte beider
        Teilausdr&uuml;cke als auch deren Datentypen
        gleich sind.
    </td>
    <td><? echo $a===$b ?></td>
  </tr>
  <tr>
    <td>$a != $b</td>
    <td>Ungleich; der Ausdruck ist wahr, wenn
        die Teilausdr&uuml;cke nicht gleich
      sind. </td>
```

```
  <td><? echo $a!=$b ?></td>
</tr>
<tr>
  <td>$a &lt;&gt; $b</td>
  <td>Ungleich; der Ausdruck ist wahr, wenn
      die Teilausdr&uuml;cke nicht gleich
      sind.
  </td>
  <td><? echo $a<>$b ?></td>
</tr>
<tr>
  <td>$a !== $b</td>
  <td>Nicht identisch; der Ausdruck ist wahr,
      wenn die beiden Variablen nicht
    identisch sind.
  </td>
  <td><? echo $a!==$b ?></td>
</tr>
<tr>
  <td>$a &lt; $b</td>
  <td>Kleiner als; der Ausdruck ist wahr, wenn
     die linke Variable kleiner als die rechte
     ist.
  </td>
  <td><? echo $a<$b ?></td>
</tr>
<tr>
  <td>$a &gt; $b </td>
  <td>Gr&ouml;&szlig;er als; der Ausdruck ist
      wahr, wenn die linke Variable gr&ouml;&szlig
      ;er als die rechte ist.
  </td>
  <td><? echo $a>$b ?></td>
</tr>
<tr>
  <td>$a &lt;= $b </td>
  <td>Kleiner oder gleich; der Ausdruck ist wahr,
      wenn die linke Variable kleiner oder gleich
      der rechten ist.
  </td>
```

```
    <td><? echo $a<=$b ?></td>
  </tr>
  <tr>
    <td>$a &gt;= $b</td>
    <td>Gr&ouml;&szlig;er oder gleich; der Ausdruck
        ist wahr, wenn die linke Variable
        gr&ouml;&szlig;er oder gleich der rechten
        ist.
    </td>
    <td><? echo $a>=$b ?></td>
  </tr>
</table>
...
```

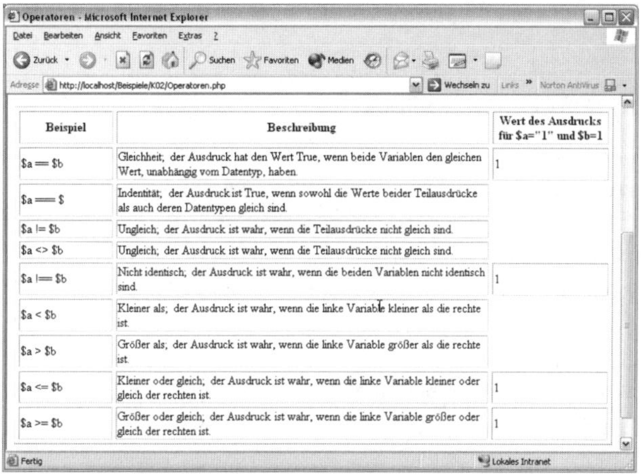

Beispiel	Beschreibung	Wert des Ausdrucks für $a="1" und $b=1
$a == $b	Gleichheit; der Ausdruck hat den Wert True, wenn beide Variablen den gleichen Wert, unabhängig vom Datentyp, haben.	1
$a === $	Indentität; der Ausdruck ist True, wenn sowohl die Werte beider Teilausdrücke als auch deren Datentypen gleich sind.	
$a != $b	Ungleich; der Ausdruck ist wahr, wenn die Teilausdrücke nicht gleich sind.	
$a <> $b	Ungleich; der Ausdruck ist wahr, wenn die Teilausdrücke nicht gleich sind.	
$a !== $b	Nicht identisch; der Ausdruck ist wahr, wenn die beiden Variablen nicht identisch sind.	1
$a < $b	Kleiner als; der Ausdruck ist wahr, wenn die linke Variable kleiner als die rechte ist.	
$a > $b	Größer als; der Ausdruck ist wahr, wenn die linke Variable größer als die rechte ist.	
$a <= $b	Kleiner oder gleich; der Ausdruck ist wahr, wenn die linke Variable kleiner oder gleich der rechten ist.	1
$a >= $b	Größer oder gleich; der Ausdruck ist wahr, wenn die linke Variable größer oder gleich der rechten ist.	1

Abb. 2.4: Die erzeugte Tabelle im Browser

Logische Operatoren

Logische Operatoren können Sie verwenden, um Ausdrücke mit booleschen Werten zu verknüpfen. Wenn Sie bspw. wissen möchten, ob eine Zahl in einem bestimmten Wertebereich liegt, ist dies so ein Fall. Zum Beispiel könnte der Ausdruck `($Zahl>0)&&($Zahl<=10)` lauten. Er wäre wahr (`True`), wenn die Variable `Zahl` einen Wert hat, der größer als 0 und gleichzeitig kleiner oder gleich 10 ist.

Ausdrücke mit logischen Operatoren haben immer auch einen booleschen Wert. Die beteiligten Teilausdrücke oder Werte sollten boolesche Werte sein, müssen es aber nicht. Wenn sie nicht den Datentyp `boolean` haben, werden sie vor Auswertung des Ausdrucks konvertiert. Dabei werden alle Werte zu `True` konvertiert, die nicht `False` sind. Zu `False` werden die folgenden Werte konvertiert:

- der Integer-Wert 0
- die Fließkomma-Zahl 0.0
- eine leere Zeichenkette "" oder '' oder die Zeichenkette "0" und '0'
- ein Array ohne Elemente
- ein leeres Objekt
- eine Variable mit dem Datentyp `NULL`

<table>
<tr><th>Operator</th><th>Beschreibung</th><th>Syntax</th></tr>
<tr><td>&& oder and</td><td>Ein Ausdruck mit diesem Operator ist wahr, wenn beide Teilausdrücke wahr sind.</td><td>(Ausdruck 1) && (Ausdruck 2)</td></tr>
<tr><td>|| oder or</td><td>Der Ausdruck ist wahr, wenn mindestens einer der beiden Teilausdrücke wahr ist.</td><td>(Ausdruck 1) || (Ausdruck 2)</td></tr>
<tr><td>xor</td><td>Der Ausdruck ist wahr, wenn genau einer der beiden Teilausdrücke wahr ist.</td><td>(Ausdruck 1) xor (Ausdruck 2)</td></tr>
<tr><td>!</td><td>Dieser Operator negiert den nachfolgend angegebenen Ausdruck. Der Gesamtausdruck ist wahr, wenn der Teilausdruck unwahr (False) ist.</td><td>!(Ausdruck 1)</td></tr>
</table>

Tab. 2.4: Die logischen Operatoren von PHP

HINWEIS

Die Operatoren `and` und `&&` bzw. `or` und `||` sind unterschiedliche Operatoren und nicht nur Synonyme. Der Unterschied liegt aber immer nur im Operatorvorrang. Das ist die Reihenfolge, in der Operatoren bei der Auswertung von Ausdrücken berücksichtigt werden. Die Operatoren `or` und `and` haben vor `||` und `&&` Vorrang. Der Ausdruck `$A && $B or $C` würde damit wie folgt ausgewertet: Zunächst wird der Teilausdruck `$B or $C` ausgewertet, weil der Operator `or` Vorrang vor `&&` hat. Danach wird geprüft, ob das Ergebnis von `$B or $C` und `$A` wahr ist. Das Resultat ist dann der Wert des Ausdrucks. In der Regel empfiehlt es sich jedoch, den Operatorvorrang durch Klammersetzung auszuschalten. Damit werden Ausdrücke wesentlich übersichtlicher, weil die Klammern wie in der Mathematik von innen nach außen ausgewertet werden. Dies wird nachfolgend auch so gehandhabt.

Die Wirkung der logischen Operatoren lässt sich am einfachsten in einer so genannten Wahrheitstabelle darstellen. Dabei werden neben den Ausgangswerten für die Teilausdrücke auch die Ergebnisse der einzelnen Operatoren nebeneinander dargestellt.

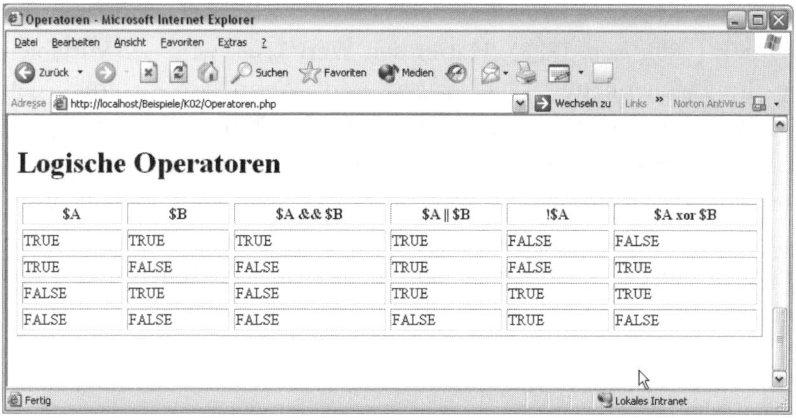

Abb. 2.5: Die fertige, generierte Wahrheitstabelle

Wenn Sie die oben dargestellte Wahrheitstabelle ausgeben möchten, stehen Sie aber immer noch vor dem geschilderten Problem, dass der Wert `False` nicht ausgegeben wird. Die Lösung dafür ist die einfachste Form einer Verzweigung, die dazu auch einen Ausdruck mit einem booleschen Wert prüft. Hat dieser Ausdruck den Wert `True`, wird die nachfolgend angegebene Anweisung ausgeführt, ansonsten die übernächste Anweisung. Die Syntax der hier verwendeten Verzweigung lautet:

```
(Ausdruck) ? True-Zweig : False-Zweig
```

In den Anweisungen nach dem Operator ? dürfen allerdings nur einfache Wertzuweisungen an Variablen erfolgen. Komplexere Anweisungen oder direkte Ausgaben mit `echo` sind nicht zulässig. Die müssen Sie dann im Anschluss angeben. Für das Beispiel bedeutet dies, dass Sie eine Variable benötigen, der Sie abhängig vom Wert des Ausdrucks den auszugebenden Text zuweisen. Im folgenden Listing wird daher zur Ausgabe der Berechnungsergebnisse für die Wahrheitstabelle folgender Code verwendet:

```
<? (TRUE xor TRUE)? $erg="TRUE": $erg="FALSE";echo $erg ?>
```

Zunächst wird also der Ausdruck ausgewertet. In diesem Fall ist es der Ausdruck `(TRUE xor TRUE)`. Hat er den Wert `True`, wird der Variablen `$erg` die Zeichenkette `"TRUE"` zugewiesen. Wenn der Ausdruck den Wert `False` hat, wird der Variablen die Zeichenkette `"FALSE"` zugewiesen. Diese Anweisung wird dann wie jede PHP-Anweisung mit einem Semikolon abgeschlossen. Danach folgt die Ausgabe des Variablenwertes mit `echo`. Mit Anweisungen wie dieser, die sich nur in dem auszuwertenden Ausdruck unterscheiden, werden in alle Zellen der Wahrheitstabelle die entsprechenden Ergebniswerte geschrieben.

```
...
<h1>Logische Operatoren</h1>
<table width="100%" border="1" cellspacing="5">
```

```
<tr>
  <th>$A</th>
  <th>$B</th>
  <th>$A &amp;&amp; $B</th>
  <th>$A || $B</th>
  <th>!$A</th>
  <th>$A xor $B</th>
</tr>
<tr>
  <td>TRUE</td>
  <td>TRUE</td>
  <td>
    <? (TRUE && TRUE)? $erg="TRUE":
    $erg="FALSE";echo $erg ?>
  </td>
<td>
  <? (TRUE || TRUE)? $erg="TRUE":
  $erg="FALSE";echo $erg ?>
</td>
<td>
  <? (!TRUE)? $erg="TRUE": $erg="FALSE";
  echo $erg ?>
</td>
<td>
  <? (TRUE xor TRUE)? $erg="TRUE":
  $erg="FALSE";echo $erg ?>
</td>
</tr>
<tr>
<td>TRUE</td>
<td>FALSE</td>
<td>
  <? (TRUE && FALSE)? $erg="TRUE":
  $erg="FALSE";echo $erg ?>
</td>
<td>
  <? (TRUE || FALSE)? $erg="TRUE":
  $erg="FALSE";echo $erg ?>
</td>
<td>
```

```
  <? (!TRUE)? $erg="TRUE": $erg="FALSE";
  echo $erg ?>
</td>
<td>
  <? (TRUE xor FALSE)? $erg="TRUE":
  $erg="FALSE";echo $erg ?>
</td>
</tr>
<tr>
<td>FALSE</td>
<td>TRUE</td>
<td>
  <? (FALSE && TRUE)? $erg="TRUE":
  $erg="FALSE";echo $erg ?>
</td>
<td>
  <? (FALSE || TRUE)? $erg="TRUE":
  $erg="FALSE";echo $erg ?>
</td>
<td>
  <? (!FALSE)? $erg="TRUE": $erg="FALSE";
  echo $erg ?>
</td>
<td>
  <? (FALSE xor TRUE)? $erg="TRUE":
  $erg="FALSE";echo $erg ?>
</td>
</tr>
<tr>
<td>FALSE</td>
<td>FALSE</td>
<td>
  <? (FALSE && FALSE)? $erg="TRUE":
  $erg="FALSE";echo $erg ?>
</td>
<td>
  <? (FALSE || FALSE)? $erg="TRUE":
  $erg="FALSE";echo $erg ?>
</td>
<td>
```

```
    <? (!FALSE)? $erg="TRUE": $erg="FALSE";
    echo $erg ?>
  </td>
  <td>
    <? (FALSE xor FALSE)? $erg="TRUE":
    $erg="FALSE";echo $erg ?>
  </td>
  </tr>
</table>
...
```

Zuweisungsoperatoren

Die letzte wichtige Gruppe von Operatoren sind die Zuweisungsoperatoren. Dazu gehört auch der Operator "=", den Sie schon kennen gelernt haben, um einer Variablen einen Wert zuzuweisen. PHP kennt aber wie viele mit C und C++ verwandte Sprache, eine ganze Reihe besonderer Zuweisungsoperatoren, wie bspw. Increment- und Decrement-Operatoren.

Alle Zuweisungsoperatoren haben die gleiche Syntax:

```
Variable Operator Wert;
```

Der links vom Operator stehenden Variablen wird der rechts vom Operator stehende Wert zugewiesen. Die Art und Weise, wie dieser Wert auf der rechten Seite zu interpretieren ist, richtet sich jedoch nach dem verwendeten Operator.

Im Falle des Operators = haben Sie das schon mehrfach gemacht. Mit der Anweisung `$Wert=10;` weisen Sie bspw. der Variablen `Wert` den Wert 10 zu. Ein Zuweisungsoperator muss aber nicht zwingend einen definierten Wert zuweisen, sondern kann auch einfach den Wert einer Variablen um einen anderen Wert ändern. Hierfür können die kombinierten Zuweisungsoperatoren verwendet werden. Dazu wird der Zuweisungsoperator = mit einem mathematischen Operator kombiniert.

Der mathematische Operator steht links vom Gleichheitszeichen. Die Anweisung `$Zahl+=6;`. sorgt bspw. dafür, dass der aktuelle Werte der Variablen `$Zahl` um 6 erhöht wird. Der Wert rechts vom Operator wird also zu dem Wert links des Operators addiert und der Variablen auf der linken Seite neu zugewiesen. Somit entspricht die obige Anweisung auch der folgenden: `$Zahl=$Zahl+6;` Analog funktionieren auch die anderen Operatoren `*=`, `/=` ,`-=` und `%=`.

Außerdem gibt es auch noch Increment- und Decrement-Operatoren. Sie dienen dazu den Wert einer Variablen um eins zu erhöhen oder zu erniedrigen. Der Increment-Operator erhöht den Wert um 1. Wenn die Variable I den Wert 1 hat und Sie dann `$I++;` ausführen, sorgt der Increment-Operator dafür, dass die Variable anschließend den Wert 2 hat.

Genauso funktioniert der Decrement-Operator. Er erniedrigt den Wert der Variablen um 1. Hat die Variable I nun den Wert 2, bewirkt `$I--`, dass sie anschließend wieder den Wert 1 hat.

Ausgaben formatieren und steuern

Bisher wurden Ausgaben immer mit der `echo`-Anweisung gemacht. Das ist aber nicht zwangsläufig notwendig. Sie können auch die Anweisungen `print` und `printf` verwenden. Aber auch die `echo`-Anweisung bietet noch einiges, das bisher nicht verwendet und erläutert wurde. Nachfolgend erfahren Sie alles Wichtige, was es bei der Ausgabe von Daten und Texten in die HTML-Seite zu beachten gibt.

Textausgaben mit echo

Mit der `echo`-Anweisung können Sie Ausgaben in die HTML-Seite vornehmen. Bisher wurden lediglich einfache Zeichenfolgen als Parameter übergeben, die dann in die Seite geschrieben werden.

Abhängig davon, ob Sie die Zeichenkette in Anführungszeichen oder Hochkommata einfassen, erfolgt die Ausgabe aber unterschiedlich.

Wenn in Zeichenketten mit Anführungszeichen Variablen enthalten sind, werden deren Werte ausgegeben. Bei der gleichen Zeichenkette, in Hochkommata eingefasst, werden nur die Variablennamen ausgegeben. Das folgende Listing zeigt das.

Die erste echo-Anweisung im Listing gibt den Text "*Die Variable hat den Wert 1.*" aus, der Zweite hingegen "*Die Variable hat den Wert $Wert.*".

```
...
<body>
<?
    $Wert=1;
    echo "<p>Die Variable hat den Wert $Wert.</p>";
    echo '<p>Die Variable hat den Wert $Wert.</p>';

?>
</body>
...
```

Nur wenn Sie die Zeichenkette in Anführungszeichen einfassen, ersparen Sie sich also die Zusammensetzung der Zeichenkette aus einzelnen Teilen, um Variablenwerte auszugeben.

Sie können aber auch mehr als einen Parameter angeben und so bspw. einfach die einzelnen Textteile, Variablen oder Ausdrücke nacheinander an die echo-Anweisung übergeben. Um die gleiche Ausgabe, diesmal aber mit mehreren Parametern, zu erzeugen, müssten Sie die Anweisung `echo '<p>','Die Variable hat den Wert ',$Wert,'.</p>';` verwenden.

> **HINWEIS** Wenn mehrere Parameter an eine Anweisung oder Funktion übergeben werden müssen, werden diese mit Kommata voneinander getrennt.

Abb. 2.6: Die Ausgaben, die mit echo erzeugt wurden

Texte und Werte formatieren mit print und printf

Anstelle von `echo` können Sie auch die Anweisungen `print` und `printf` verwenden. `print` funktioniert analog zu `echo`. Folglich können Sie im vorstehenden Listing `echo` durch `print` ersetzen und erhalten die gleiche Ausgabe. Lediglich die Ausgabe mehrerer Werte gleichzeitig ist nicht möglich. Die dritte `echo`-Anweisung des vorherigen Beispiels funktioniert mit `print` daher nicht.

```
...
<body>
<?
    $Wert=1;
    print "<p>Die Variable hat den Wert $Wert.</p>";
    print '<p>Die Variable hat den Wert $Wert.</p>';
?>
</body>
...
```

Die `printf`-Anweisung bietet darüber hinaus die Möglichkeit, Ausgaben zu formatieren. Das kommt vor allem für numerische Ausgaben in Frage. Sie können so bspw. festlegen, wie viele Nachkommastellen angezeigt werden sollen.

Der `printf`-Anweisung müssen Sie zwei Parameter übergeben. Der erste Parameter bestimmt die Formatierung, der zweite den auszugebenden Wert oder Text. Für die Formatierung gibt es spezielle Formatangaben, die Sie in Anführungszeichen einfassen müssen.

Format	Beschreibung	Beispiel	Ausgabe
%d	Gibt eine Zahl als Dezimalzahl aus.	`printf ('%d',12);`	12
%c	Gibt ein einzelnes Zeichen aus, dessen ASCII-Code als Ausgabewert angegeben wird.	`printf ('%c',116);`	"t"
%o	Die Zahl wird als Oktalzahl ausgegeben.	`printf ('%o',12)`	14
%x	Die Zahl wird als Hexadezimalzahl mit Kleinbuchstaben ausgegeben.	`printf ('%x',255);`	ff
%X	Die Zahl wird als Hexadezimalzahl mit Großbuchstaben ausgegeben.	`printf ('%X',255);`	FF
%b	Gibt eine Integerzahl im Binärformat aus.	`printf ('%b',12);`	1100
%*[.n]*s	Gibt eine Zeichenkette aus. Die optionale Angabe von n bestimmt die Anzahl der auszugebenden Zeichen.	`printf ('%.4s','Hallo Welt');`	"Hall"
		`printf ('%s','Hallo Welt');`	"Hallo Welt"
%e	Gibt eine Fließkommazahl in Exponentialdarstellung aus.	`printf ('%e',12.3494);`	1.23494

Format	Beschreibung	Beispiel	Ausgabe
%*[.m]*f	Gibt eine Fließkommazahl als Fließkommazahl aus. Optional kann zwischen % und f die Anzahl der Nachkommastellen bestimmt werden. Dazu muss ein Punkt gefolgt von einer ganzen Zahl (m) angegeben werden. Die Zahl bestimmt die Nachkommastellenanzahl. Wenn Sie die Nachkommastellen angeben, wird notfalls gerundet. Die Zahl wird also nicht nur abgeschnitten.	`printf ('%.2f',12.3494);` `printf ('%f',12.3494);`	12.35 12.3494
%g	Gibt eine Fließkommazahl als Exponentialzahl oder als Fließkommazahl aus, je nachdem, was kürzer ist.		

Tab. 2.5: Mögliche Formatangaben für die `printf`-Anweisung

Arbeiten mit Zeigern

PHP kennt, ähnlich wie die Programmiersprache C, auch Zeiger. Zeiger werden oft auch also Pointer bezeichnet. Zeiger können Sie sich als eine Art Variablen vorstellen, die keinen eigenen Wert haben, sondern nur auf andere Variablen verweisen. Ein solcher Verweis entsteht dadurch, dass der Zeiger auf die Speicheradresse im Hauptspeicher des Rechners verweist, an der die Variable gespeichert wird. Sie können sich das ähnlich vorstellen wie eine Adresse auf einen Brief. Auch sie ist nicht identisch mit dem Inhaber der Adresse, sondern verweist nur auf den Inhaber. Genauso funktioniert das auch mit den Zeigern. Im folgenden Beispiel wird dies demonstriert.

Zunächst wird eine Variable Text mit dem Wert "*Hallo Welt!*" definiert. Außerdem wird ein Zeiger ZeigerText definiert, der auf die Variable Text verweist. Die echo-Anweisung gibt dann den Wert des Zeigers aus und somit den Wert der Variablen, auf die der Zeiger verweist.

Zeiger werden, wie das Listing zeigt, zunächst wie Variablen definiert. Statt ihnen aber einen konstanten Wert oder eine andere Variable zuzuweisen, wird ihnen nur eine Adresse einer Variablen zugewiesen. Dies wird durch das Zeichen & vor der Variablen bestimmt.

```
...
<body>
<?
    $Text="Hallo Welt!";
    $ZeigerText=&$Text;
    echo $ZeigerText;
?>
</body>
...
```

Das vorherige Beispiel macht aber noch nicht deutlich, was die Verwendung von Zeigern konkret bedeutet. Auch die Zuweisung einer Variablen an die Variable ZeigerWert hätte den gleichen Effekt. Dann haben nämlich nach der Zuweisung beide Variablen den gleichen Wert, was zu derselben Ausgabe führt.

Interessant an Zeigern ist aber, dass sie auch nach der Zuweisung ihren Wert immer dann ändern, wenn sich der Wert der Variablen ändert, auf die sie verweisen. Fügen Sie bspw. nach der Zuweisung des Zeigers an die Variable ZeigerText eine Anweisung ein, die der Variablen Text einen neuen Wert zuweist, wird dieser neue Wert im Anschluss ausgegeben, ohne dass der Variablen ZeigerText zuvor der Wert zugewiesen werden muss.

```
...
<body>
```

```
<?
    $Text="Hallo Welt!";
    $ZeigerText=&$Text;
    $Text="Guten Morgen!";
    echo $ZeigerText;
?>
</body>
...
```

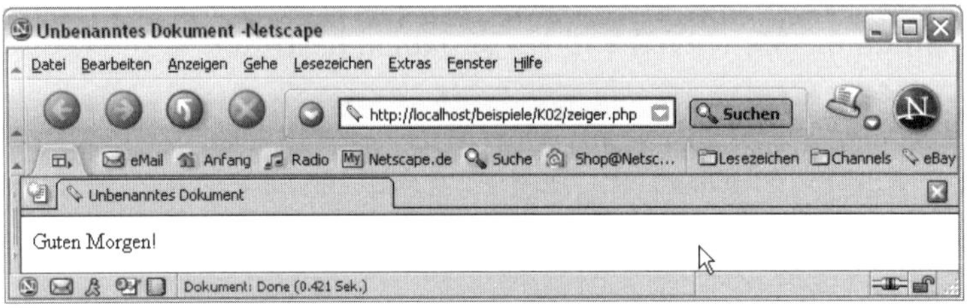

Abb. 2.7: Nun wird nicht der ursprüngliche, sondern der neue Wert der Variablen ausgegeben

2.5 Handhabung von Arrays

Arrays sind Datenfelder, das heißt, es handelt sich um eine tabellarische oder listenartige Struktur aus Daten. In PHP kommen Sie kaum um die Nutzung von Arrays herum. Sie begegnen Ihnen bspw. sowohl bei der Auswertung von URL-Parametern also Werten, die über die URL an die Seite übergeben werden, als auch bei der Nutzung von Datumsfunktionen. Aber auch Daten können Sie natürlich vorübergehend in solchen Strukturen speichern.

Einfache Arrays definieren und nutzen

Ein einfaches Array können Sie sich wie eine virtuelle Tabelle aus Spalten und Zeilen vorstellen. Im Gegensatz zu anderen Programmiersprachen unterstützt PHP jedoch nur eindimensionale Arrays. Das entspricht bildlich gesprochen einer einzeiligen Tabelle.

Im folgenden Listing wird ein Array erzeugt, das sich als dreispaltige Tabelle mit einer Zeile darstellen lässt.

Index	0	1	2
	Müller	Meier	Schulze

Abb. 2.8: Das erzeugte Array

Ein Array erzeugen Sie einfach wie eine Variable. Der Unterschied besteht darin, dass Sie den Index des Array-Feldes angeben müssen. Den fassen Sie dazu in eckige Klammern ein, die Sie an den Namen der Variablen anhängen. Um bspw. den Wert des ersten Feldes auf "Müller" zu setzen, ist die Anweisung `$Namen[0]="Müller";` erforderlich.

Gibt es das Array *Namen* noch nicht, wird es dadurch erzeugt. Wenn es schon vorhanden ist, wird dem ersten Eintrag, mit dem Index 0, ein neuer Wert zugewiesen.

> **HINWEIS** Der Index des ersten Feldes beginnt immer bei 0. Die Arraygröße, also die Anzahl Elemente in einem Array, lässt sich somit durch den höchsten Index zuzüglich 1 ermitteln.

Weisen Sie einem Feld des Arrays, das nicht existiert, einen Wert zu, wird das Feld automatisch erzeugt und die Arraygröße dazu verändert. Dies zeigt das folgende Listing. Zunächst wird dem ersten Feld des Arrays `Namen` der Wert "*Müller*" zugewiesen. Damit wird das Array erzeugt, das ja noch nicht existiert. Es hat nun die Größe 1, enthält damit also ein Feld. Die zweite Anweisung hängt an das Array ein zweites Feld an, das den Index 1 hat und schreibt dort den Wert "*Maier*" hinein.

Möchten Sie einen Wert aus dem Array abrufen, geben Sie auch dazu wieder den Index des Feldes in eckigen Klammern nach dem Variablennamen an. Hier wird der Inhalt des ersten Feldes mit der `echo`-Anweisung ausgegeben.

HINWEIS

Wenn Sie alle Feldwerte ausgeben möchten, geht das auch sehr gut mit Hilfe von Schleifen. Beispiele dazu folgen im Abschnitt *Programmabläufe steuern* etwas weiter unten.

```
...
<body>
<?
    $Namen[0]="Müller";
    $Namen[1]="Maier";
    $Namen[2]="Schulze";

    echo $Namen[0];
?>
</body>
...
```

Statt ein Array auf diese doch recht mühsame Weise zu füllen, gibt es auch eine einfachere Möglichkeit. Sie deklarieren dazu eine Variable und weisen ihr den Rückgabewert der `array`-Funktion zu. Dieser übergeben Sie alle Werte in der Reihenfolge, in der sie in das Array geschrieben werden sollen.

```
...
<body>
<?
    $Vornamen=array("Heinz","Franz","Luise");
?>
</body>
...
```

Die `array`-Funktion erzeugt aus den übergebenen Werten ein Array und weist dieses dann der Variablen zu.

URL-Parameter auswerten

Über URL-Parameter können Daten an eine Seite übergeben werden. Meist werden sie durch Senden eines Formulars erzeugt. Es macht zum Teil aber auch Sinn, bspw. dynamisch Links zu erzeugen, die bestimmte Werte an die Zielseite übergeben. Wichtig ist dazu zunächst, den Aufbau einer solchen Parameterliste zu kennen.

Sie wird an die eigentliche URL, also den Namen und Pfad der PHP-Seite angehängt und durch ein ? von der URL getrennt. Die Adresse lautet folglich: `URL?Parameterliste`.

Die Parameterliste selbst besteht aus Name-Wert-Paaren, die durch ein & voneinander getrennt werden. Nach dem Namen des Parameters folgt ein Gleichheitszeichen und danach der Wert. Eine URL mit Parameterliste könnte also bspw. wie folgt lauten: *http://localhost/Beispiele/K02/arrays.php?hintergrund=gray&vordergrund=red*

Damit würden zwei URL-Parameter *hintergrund* und *vordergrund* definiert, denen jeweils ein Text als Wert zugewiesen wird, hier *gray* und *red*. Vielleicht stellen Sie sich jetzt die Frage, was das mit Arrays zu tun hat. Das ist ganz einfach. Sie benötigen nämlich Arrays, um die Parameterliste auswerten zu können. Das folgende Beispiel zeigt, wie das geht. Dazu wird in der Datei `arrays.php` Code eingefügt, der die beiden übergebenen Parameter auswertet und die Seite entsprechend formatiert.

Wenn Sie eine Parameterliste abrufen möchten, können Sie das über die vordefinierte globale PHP-Variable `$QUERY_STRING` machen. Sie enthält die komplette Parameterliste als Text. Um nun die einzelnen Parameter ermitteln zu können, müssen Sie die Parameterliste an den &-Zeichen trennen. Dazu können Sie die `split`-Funktion verwenden. Sie gibt ein Array aus den einzelnen Name-Wert-Paaren zurück, wenn Sie das Zeichen "&" als ersten Parameter und die Parameterliste als zweiten Parameter übergeben. Der erste Parameter bestimmt das Zeichen, das die einzelnen Bestandteile trennt.

Das Ergebnis ist ein Array aus Name-Wert-Paaren. Dessen Werte können Sie nun einfach über die Indizes 0 und 1 abfragen. Diese Werte speichern Sie dann wiederum in den Variablen param1 und param2. Nach dieser Zuweisung hat die Variable param1 den Wert "*hintergrund=gray*" und die Variable param2 den Wert "*vordergrund=red*".

Diese Zeichenketten können Sie nun erneut mit split in den Namen und den Wert aufsplitten. Diesmal übergeben Sie als Trennzeichen das Gleichheitszeichen. Die auf diese Weise erzeugten Arrays tempArray1 und tempArray2 enthalten dann im ersten Feld den Parameternamen und im zweiten Feld den Wert.

Um die Angaben zum Formatieren der Seite zu verwenden, brauchen Sie nur noch eine Zeichenkette mit den Style-Sheet-Angaben zu erstellen. Wenn Sie die in Anführungszeichen einfassen, können Sie an den gewünschten Stellen in der Zeichenkette einfach den Arraynamen mit Index angeben. Diese Angaben werden dann genauso ausgewertet wie normale Variablen und der Wert an die entsprechende Stelle in die Zeichenkette gesetzt.

Die Zeichenkette können Sie dann einfach innerhalb des <body>-Tags als Wert des style-Attributs ausgeben.

```
<?
    $URLListe=$QUERY_STRING;
    $arrParameter=split('&',$URLListe);
    $param1=$arrParameter[0];
    $param2=$arrParameter[1];
    $tempArray1=split('=',$param1);
    $tempArray2=split('=',$param2);
    $style=
      "background-color:$tempArray1[1];" .
      "color:$tempArray2[1]";
?>
<html>
<head>
<title>Arrays</title>
```

```
<meta http-equiv="Content-Type" content="text/html; charset=iso-
8859-1">
</head>
<body style="<? echo $style ?>" >
...
```

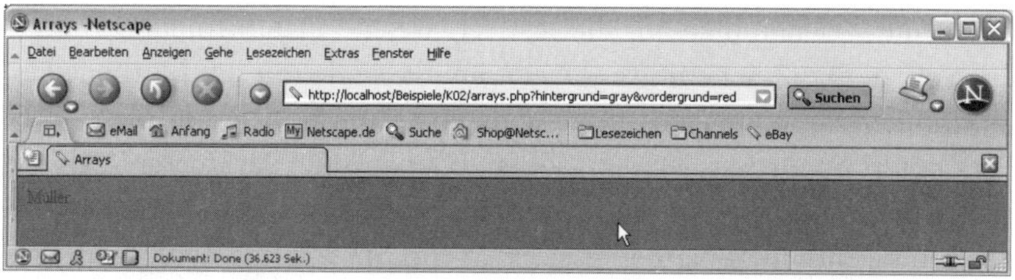

Abb. 2.9: Vorder- und Hintergrundfarbe der Seite wurden gemäß der URL-Parameter gesetzt

> **HINWEIS**
>
> Leider funktioniert die obige Version des Beispiels nicht in jedem Fall, sondern nur dann, wenn die PHP-Option `register_globals` aktiviert ist. Dies verursacht jedoch ein Sicherheitsproblem, weshalb die Option ab PHP 4.2.0 standardmäßig deaktiviert ist. Wenn sie aktiviert ist, bewirkt sie, dass die über ein Formular, als URL-Parameter oder Cookies übergebenen Daten automatisch in die dafür definierten PHP-Variablen übertragen werden. Ist die Option deaktiviert, steht daher die Variable `QUERY_STRING` nicht zur Verfügung.

Abb. 2.10: Fehlermeldung bei deaktivierter Option `register_globals`

Falls die Ausführung der Seite mit obiger Fehlermeldung quittiert wird, können Sie die URL-Parameter noch auf eine zweite Weise auswerten. Diese ist auch wesentlich kürzer, verwendet aber keine Arrays. Mit der Funktion `import_request_variables` können Sie PHP veranlassen, alle oder bestimmte Daten zu importieren. Als ersten Parameter geben Sie dazu eine Zeichenfolge an, die festlegt, welche Daten importiert werden sollen. Die Zeichenfolge '*gp*' gibt an, dass alle mit der Methode `GET` (g) und der Methode `POST` (p) gesendeten Daten und somit auch URL-Parameter importiert werden sollen. Der zweite Parameter legt ein Präfix fest, über das auf die Daten zugegriffen werden kann. Es wird vor den eigentlichen Namen gesetzt. Wenn Sie wie hier `'url_'` als Präfix angeben, bewirkt dies, dass der URL-Parameter `hintergrund` in eine Variable mit dem Namen `url_hintergrund` importiert wird. Über die Variable können Sie dann direkt auf den Wert des URL-Parameters zugreifen.

HINWEIS

Die Methoden `POST` und `GET` bestimmen, auf welche Weise Formulardaten gesendet werden. Auch die Verarbeitung der URL-Parameter ist noch nicht ganz perfekt. Enthalten nämlich Parameternamen oder -werte Zeichen, die in URLs nicht zulässig sind, müssen diese Zeichen speziell verschlüsselt und beim Auslesen der URL-Parameterliste auch wieder entschlüsselt werden. Näheres zu beiden Formularen und URL-Parametern finden Sie in Kapitel 4 *Such- und Eingabeformulare erstellen*.

```
<?
    import_request_variables('gp','url_');
    $style="background-color:$url_hintergrund;" .
        "color:$url_vordergrund";
?>
<html>
...
```

Assoziative Arrays verwenden

Neben den zuvor genutzten einfachen Arrays, bei denen auf die Zellen mit einem numerischen Index zugegriffen wurde, kennt PHP auch besondere Arrays, die assoziativen Arrays. Der Unterschied liegt darin, dass die Felder des Arrays keine numerischen Indizes, sondern Texte als Schlüssel oder eindeutige Namen haben, über die auf sie zugegriffen werden kann.

PHP stellt einige solcher Arrays zur Verfügung. Ihre Verwendung soll daher an einem Beispiel erfolgen, bei dem auf Informationen zum aktuellen Datum zugegriffen werden soll. Die `getdate`-Funktion gibt ein assoziatives Array zurück, über das Sie Informationen zu dem Datum ermitteln können. Das Datum können Sie als Parameter übergeben. Das ist aber nicht notwendig, wenn Sie die Infos zum aktuellen Datum benötigen. Dann lassen Sie den Parameter einfach weg.

Im folgenden Listing wird zunächst das Array für das aktuelle Datum mit der Methode `getdate` zurückgegeben und in der Variablen `Datum` gespeichert. Über diese Variable können Sie dann auf die Felder des zurückgegebenen Arrays zugreifen. Dazu stehen vordefinierte Namen zur Verfügung. Die hier verwendeten erläutert die folgende Tabelle. Eine komplette Liste finden Sie im Anhang. Die ermittelten Angaben, das Datum und der Wochentag, werden dann in einem Absatz ausgegeben.

```
...
<body style="<? echo $style ?>" >
<?
    $Datum=getdate();
    $Tag=$Datum['mday'];
    $Wochentag=$Datum['weekday'];
    $Monat=$Datum['month'];
    $Jahr=$Datum['year'];
    echo "<p>Heute ist $Wochentag, " .
        "der $Tag $Monat $Jahr</p>";
```

```
?>
</body>
...
```

Array-Elemente des von getdate gelieferten Arrays	Beschreibung
weekday	Liefert den Namen des Wochentages.
month	Gibt den Namen des Monats zurück.
year	Gibt das Jahr zurück.
mday	Gibt den Tag des Monats zurück.

Tab. 2.6: Die hier verwendeten Felder des Arrays

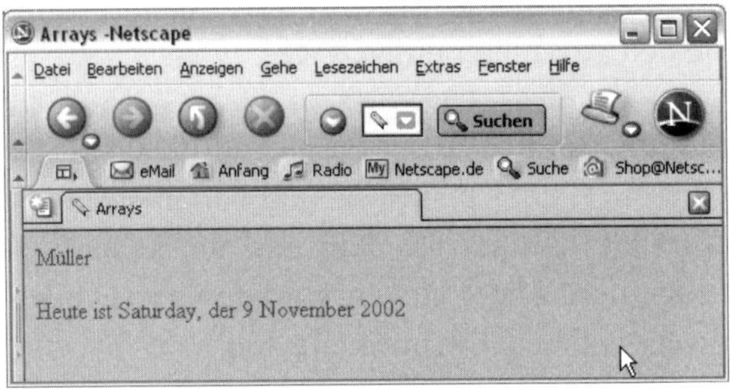

Abb. 2.11: Die Ausgabe des Skriptes

Grundlegende Array-Funktionen

Wenn Sie mit einer Schleife auf Arrays zugreifen möchten oder die Anzahl Elemente in einem Array ermitteln möchten, müssen Sie dazu die Array-Funktionen von PHP bemühen. Sie erlauben aber nicht nur, Informationen über ein Array zu bekommen, sondern ebenso, diese zu manipulieren. Die wichtigsten sollen hier am Beispiel vorgestellt werden. Dazu wird ein Array `arrTemp` erzeugt, in das drei Vornamen als Elemente eingefügt werden.

Mit der count-Funktion wird die Größe des Arrays, also die Anzahl der Werte im Array ermittelt und mit der echo-Anweisung ausgegeben. Die Anweisung array_push dient dazu, an das Array ein oder mehrere Werte anzuhängen. Das ist ganz praktisch, weil Sie nicht erst ermitteln müssen, welches der letzte Index ist, um dann dem Feld mit dem nächsten Index einen Wert zuzuweisen. Der Anweisung übergeben Sie als Erstes das Array, an das die Werte angehängt werden sollen, und als Nächstes die Werte. Diese trennen Sie einfach durch Kommata voneinander ab.

Zur Kontrolle gibt das Beispiel erneut die Größe des Arrays aus, die nun auf fünf Elemente angestiegen ist, da zwei angehängt wurden. Die sort-Anweisung sortiert dann das Array. Die Einträge werden aufsteigend sortiert und wieder im Array gespeichert. Nach Aufruf der Funktion liegt das Array also in sortierter Form vor.

> **HINWEIS**
>
> Es gibt weitere Array-Funktionen zum Sortieren, nämlich ksort, krsort, natcasesort, natsort, arsort, asort. Sie unterscheiden sich darin, wie die Werte des Arrays verglichen werden und ob das Array aufsteigend, absteigend oder unter Beibehaltung der Index-Zuordnungen sortiert wird.

Die join-Funktion fügt alle Array-Elemente zu einer Zeichenkette zusammen. Zwischen die Elemente wird ein Trennzeichen ausgegeben, das Sie als ersten Parameter angeben. Der zweite Parameter ist das Array, das ausgegeben werden soll. Im Listing wird das Ergebnis der join-Funktion mit der echo-Anweisung ausgegeben.

```
...
<body style="<? echo $style ?>" >
<?
    $arrTemp=array("Frank","Michael","Susanne");
    echo "<br>" . count($arrTemp);
    array_push($arrTemp, "Manuel","Luise");
    echo "<br>" . count($arrTemp);
```

```
    sort($arrTemp);
    $ausgabe=join("|",$arrTemp);
    echo "<br>" . $ausgabe;
?>
</body>
...
```

Wenn Sie feststellen möchten, ob ein Array einen bestimmten Wert enthält, müssen Sie in anderen Programmiersprachen das Array durchlaufen und nach dem Wert suchen. Anders in PHP. Hier gibt es eine spezielle Funktion dafür, die Funktion `in_array`. Ihr übergeben Sie zwei Parameter, den zu suchenden Wert und das zu durchsuchende Array. Sie gibt `True` zurück, falls der Wert enthalten ist, und `False`, falls er nicht existiert. Der Aufruf der `in_array`-Funktion im folgenden Listing gibt *1* aus, da der Wert "*Michael*" im Array enthalten ist.

```
...
<body style="<? echo $style ?>" >
<?
...
    $arrTemp=array("Frank","Michael","Susanne");
    echo "<br>" . count($arrTemp);
    array_push($arrTemp, "Manuel","Luise");
    echo "<br>" . count($arrTemp);
    sort($arrTemp);
    $ausgabe=join("|",$arrTemp);
    echo "<br>" . $ausgabe;
    echo in_array("Michael",$arrTemp);
?>
</body>
...
```

2.6 Programmabläufe steuern

Sinnvolle kleine Anwendungen lassen sich nur mit Anweisungen zur Programmablaufsteuerung erstellen. Das sind Befehle, die es erlauben, Anweisungen nur abhängig von einer Bedingung auszuführen (= Verzweigungen) oder Anweisungen zu wiederholen (= Schleifen). Mit diesen Konstrukten von PHP beschäftigt sich dieser Abschnitt.

Verzweigungen

Verzweigungen dienen dazu, ein oder mehrere Befehle nur dann auszuführen, wenn eine Bedingung erfüllt ist. Diese Bedingung wird als boolescher Ausdruck formuliert. Sie ist erfüllt, wenn der Ausdruck den Wert `true` hat. Die einfachste Verzweigung ist die `if`-Anweisung von PHP. Sie hat folgende Syntax:

```
if (Ausdruck)
{
    Anweisung1;
    Anweisung2;
}
```

Die Anweisungen, die als Anweisungsblock in die geschweiften Klammern eingefasst werden, werden nur dann ausgeführt, wenn der boolesche Ausdruck den Wert `True` hat. Ansonsten wird der Code mit der Anweisung fortgesetzt, die nach der schließenden geschweiften Klammer folgt.

> **HINWEIS**
> Da eine `if`-Anweisung durch die schließende geschweifte Klammer abgeschlossen wird, ist es nicht notwendig, danach ein Semikolon anzugeben. Es führt aber auch nicht zu einem Fehler, wenn Sie es tun. Die Bedingung muss zwingend in runde Klammern eingeschlossen werden.

Wenn Sie bspw. im vorstehenden Beispiel zu den Arrays nur dann die Einträge "*Manuel*" und "*Luise*" hinzufügen möchten, wenn sie noch nicht vorhanden sind, funktioniert das mit einer solchen Verzweigung. Dazu wird zunächst wieder das Array definiert und mit drei Einträgen versehen. Danach prüft die `if`-Anweisung, ob es den Eintrag "*Manuel*" schon gibt. Dies geschieht mit Hilfe der `in_array`-Funktion. Sie gibt `True` zurück, wenn der Eintrag vorhanden ist. Da die Anweisungen in der `if`-Anweisung ja nur ausgeführt werden sollen, wenn der Eintrag nicht vorhanden ist, müssen Sie prüfen, ob der Rückgabewert der Funktion `False` ist. Dazu können Sie den Rückgabewert mit der Konstanten `FALSE` vergleichen. Wenn der Gesamtausdruck `True` ist, fehlt der Eintrag im Array und in der `if`-Anweisung können Sie dann mit der `array_push`-Anweisung die Einträge anfügen.

```
...
<body>
<?

    $arrTemp=array("Frank","Michael","Susanne");
    if (in_array("Manuel",$arrTemp)==FALSE)
    {
        array_push($arrTemp, "Manuel","Luise");
    }
    $ausgabe=join("|",$arrTemp);
    echo "<br>" . $ausgabe;
?>
</body>
...
```

HINWEIS

Statt eines Vergleichs mit der Konstanten `FALSE` könnten Sie auch das Ergebnis der Funktion negieren. Anstelle des oben verwendeten Ausdrucks könnten Sie also auch `(!in_array ("Manuel",$arrTemp))` schreiben.

Allerdings würde die oben formulierte Anweisung dazu führen, dass beide Einträge auch dann eingefügt werden, wenn zwar "*Manuel*" nicht, aber "*Luise*" vorhanden ist. Um das auszuschließen, gibt es zwei Möglichkeiten. Sie können `if`-Anweisungen ineinander verschachteln oder Ausdrücke mit logischen Operatoren verknüpfen. Im ersten Beispiel dazu werden zwei verschachtelte `if`-Anweisungen verwendet. Wenn durch die äußere if-Anweisung festgestellt wurde, dass der Eintrag *"Manuel"* nicht vorhanden ist, wird innerhalb der if-Anweisung mit einer zweiten Verzweigung geprüft, ob auch *"Luise"* im Array fehlt. Innerhalb dieser if-Anweisung wird dann die array_push-Anweisung aufgerufen.

```
...
<body>
<?
    $arrTemp=array("Frank","Michael","Susanne");
    if (in_array("Manuel",$arrTemp)==FALSE)
    {
        if (!in_array("Luise",$arrTemp))
        {
            array_push($arrTemp, "Manuel","Luise");
        }
    }
    $ausgabe=join("|",$arrTemp);
    echo "<br>" . $ausgabe;
?>
</body>
...
```

Alternativ können Sie die beiden Ausdrücke `!in_array("Luise", $arrTemp)` und `in_array("Manuel",$arrTemp)==FALSE` auch mit Hilfe des logischen `and` oder `&&`-Operators verknüpfen. Das sähe dann wie im folgenden Listing aus. Wichtig ist dabei allerdings, dass Sie den Gesamtausdruck in runde Klammern einfassen.

```
...
<body>
<?
    $arrTemp=array("Frank","Michael","Susanne");
    if ((in_array("Manuel",$arrTemp)==FALSE) &&
       (!in_array("Luise",$arrTemp)))
    {
        array_push($arrTemp, "Manuel","Luise");
    }
```

```
    $ausgabe=join("|",$arrTemp);
    echo "<br>" . $ausgabe;
?>
</body>
...
```

Nicht immer ist es ausreichend, eine Anweisung oder einen Anweisungsblock nur auszuführen, wenn eine Bedingung erfüllt ist. In vielen Fällen benötigen Sie auch die Möglichkeit, andere Anweisungen auszuführen, wenn die Bedingung nicht erfüllt ist.

Nehmen Sie bspw. an, Sie möchten den Text "*Wahr*" ausgeben, wenn der Ausdruck den Wert `True` hat, und "*Falsch*", wenn der Ausdruck `False` ist. In diesem Fall benötigen Sie eine erweiterte `if`-Anweisung mit folgender Syntax:

```
if (Ausdruck)
{
    Anweisungen
}
else
{
    Anweisungen
}
```

Diese `if`-Anweisung funktioniert im Prinzip wie die zuvor schon verwendete, mit dem einzigen Unterschied, dass die Anweisungen im `else`-Zweig der Verzweigung ausgeführt werden, wenn die Bedingung nicht erfüllt ist. Es werden also in jedem Fall Anweisungen ausgeführt, entweder die im `if`-Zweig oder die im `else`-Zweig. Erst wenn die entsprechenden Anweisungen ausgeführt worden sind, wird mit der Anweisung nach dem `else`-Block fortgefahren. Im folgenden Listing wird als Ausdruck wieder die `in_array`-Funktion verwendet, die prüft, ob der Wert "*Manuel*" im Array vorhanden ist. Da der Eintrag nach Initialisieren des Arrays nicht vorhanden ist, wird der `else`-Zweig der Verzweigung ausgeführt und somit "*FALSCH*" ausgegeben.

```
...
<body>
<?
    $arrTemp=array("Frank","Michael","Susanne");
    if (in_array("Manuel",$arrTemp))
    {
        echo "WAHR";
    }
    else
    {
        echo "FALSCH";
    }
...
?>
</body>
...
```

Wenn verschiedene Bedingungen zu prüfen und abhängig davon Anweisungen auszuführen sind, müssten Sie sehr komplexe Ausdrücke erstellen und mehrere `if`-Anweisungen verschachteln bzw. nacheinander ausführen. Es gibt aber auch die Möglichkeit, mehrere Bedingungen in einer Verzweigung zu prüfen, indem Sie die `if-elseif`-Anweisung einsetzen. Die Syntax lautet folgendermaßen:

```
if (Ausdruck)
{
    Anweisungen
}
elseif (Ausdruck1)
{
    Anweisungen
}
...
elseif (AusdruckN)
{
    Anweisungen
}
else
```

```
{
    Anweisungen
}
```

Für jeden `elseif`-Zweige können Sie einen eigenen zu prüfenden Ausdruck definieren und diese Ausdrücke müssen sich nicht zwingend ausschließen. Sie könnten also bspw. in einem Ausdruck prüfen, ob heute Sonntag ist, in einem zweiten aber, ob es vor 9:00 Uhr ist. Es wird dann immer der Anweisungsblock der ersten erfüllten Bedingung geprüft. Sobald ein Anweisungsblock ausgeführt wurde, werden die anderen Bedingungen nicht mehr geprüft. Der `else`-Zweig wird nur ausgeführt, wenn keine der Bedingungen erfüllt ist.

Folgendes Beispiel soll das verdeutlichen. Es definiert eine Variable `Zahl`, der der Wert 1 zugewiesen wird. In einer solchen Verzweigung wird zunächst geprüft, ob die Zahl den Wert 1 hat. Diese Bedingung ist erfüllt und somit wird die Anweisung `echo "Die Zahl ist gleich 1";` ausgeführt. Auch die nächste Bedingung `$Zahl>0` ist erfüllt, die Anweisung in diesem `elseif`-Block wird aber nicht ausgeführt, weil nach Ausführung des ersten `elseif`-Blocks die weiteren Bedingungen gar nicht mehr geprüft werden.

```
...
<body>
<?
...
    $Zahl=1;
    if ($Zahl==1)
    {
        echo "Die Zahl ist gleich 1";
    }
    elseif ($Zahl>0)
    {
        echo "Die Zahl ist größer 0";
    }
    elseif (($Zahl % 2)==0)
    {
```

```
        echo "Die Zahl ist gerade";
    }
    else
    {
        echo "Keine der Bedingungen ist erfüllt!";
    }
?>
</body>
...
```

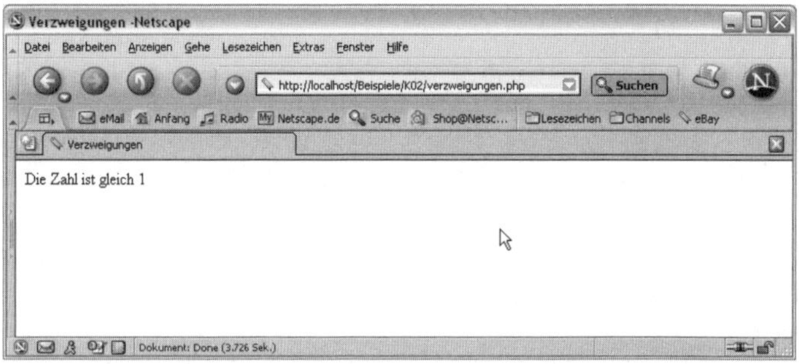

Abb. 2.12: Die Ausgabe der Mehrfachverzweigung zur Laufzeit

Wenn Sie stattdessen die Variable auf -1 setzen, ist keine der Bedingungen erfüllt und daher wird die Ausgabe im `else`-Zweig ausgeführt.

> **HINWEIS**
>
> In der Praxis ist es natürlich nicht sinnvoll, einer Variablen einen konstanten Wert zuweisen und diese dann im Ausdruck einer Verzweigung zu prüfen. Sinnvoll ist eine solche Prüfung aber schon dann, wenn der Wert der Variablen sich bspw. aus einer Formulareingabe oder einem URL-Parameter bei der Kommunikation mit dem Benutzer ergibt. Lediglich die Zuweisung des Variablenwertes müsste dazu angepasst werden.

Während sich die `if-elseif`-Anweisung anbietet, wenn viele verschiedenartige Bedingungen zu prüfen sind, gibt es auch eine kürzere Mehrfachverzweigung, die aber nur einen Ausdruck prüft und das Ergebnis mit verschiedenen Werten vergleicht, die `switch`-Anweisung.

Vielleicht erinnern Sie sich noch an das Beispiel zu den assoziativen Arrays? Dort wurde das aktuelle Datum incl. Wochentag und ausgeschriebenen Monatsnamen ausgegeben. Beide Angaben erfolgten jedoch in Englisch. Möchten Sie die Ausgaben in Deutsch machen, sollten Sie dazu die `switch`-Anweisung verwenden. Sie hat folgende Syntax:

```
switch (Ausdruck)
{
    case Vergleichswert1:
        Anweisungen
        break;
    case Vergleichswert2:
        Anweisungen
        break;
...
    case VergleichswertN:
        Anweisungen
        break;
    default:
        Anweisungen
}
```

Der zu prüfende Ausdruck wird hinter dem Schlüsselwort `switch` angegeben, das die `switch`-Anweisung einleitet. Er wird ausgewertet und dann mit den Vergleichswerten hinten den `case`-Schlüsselwörtern verglichen. Wird ein Vergleichwert gefunden, der gleich dem Wert des Ausdrucks ist, werden die Anweisungen nach dem Doppelpunkt des `case`-Zweiges ausgeführt, bis eine `break`-Anweisung erreicht wird. Sie veranlasst den PHP-Interpreter, die `switch`-Anweisung zu verlassen.

HINWEIS

Vergessen Sie die `break`-Anweisung in den `case`-Zweigen, führt dies dazu, dass alle anderen Vergleichswerte auch noch geprüft und gegebenenfalls deren Anweisungen ausgeführt werden. Wenn das gewollt ist, kann `break` entfallen.

Wenn kein Vergleichswert dem Wert des Ausdrucks entspricht, werden die Anweisungen im `default`-Zweig ausgeführt. Dieser kann jedoch entfallen, in diesem Fall wird die `switch`-Anweisung beendet ohne dass eine Anweisung ausgeführt wird. Egal auf welche Weise die `switch`-Anweisung beendet wird, der Code wird mit der Anweisung nach der schließenden geschweiften Klammer fortgesetzt.

Um mit Hilfe der `switch`-Anweisung die deutsche Bezeichnung des Wochentags auszugeben, müssen Sie als Ausdruck die Variable `Wochentag` angeben und mit den englischen Bezeichnungen für die Wochentage vergleichen. Abhängig von ihrem Wert weisen Sie der Variablen dann die deutsche Bezeichnung des Tages zu. Die einzige Änderung am Code besteht also darin, die `switch`-Anweisung zwischen die Variableninitialisierung und die Ausgabe zu schalten.

```
<body>
<?
    $Datum=getdate();
    $Tag=$Datum['mday'];
    $Wochentag=$Datum['weekday'];
    $Monat=$Datum['month'];
    $Jahr=$Datum['year'];

    switch($Wochentag)
    {
        case "Monday":
            $Wochentag="Montag";
            break;
        case "Tuesday":
            $Wochentag="Dienstag";
            break;
        case "Wednesday":
            $Wochentag="Mittwoch";
            break;
        case "Thursday":
            $Wochentag="Donnerstag";
            break;
```

```
        case "Friday":
            $Wochentag="Freitag";
            break;
        case "Saturday":
            $Wochentag="Samstag";
            break;
        case "Sunday":
            $Wochentag="Sonntag";
            break;
    }
    echo "<p>Heute ist $Wochentag, der $Tag $Monat $Jahr</p>";
?>
</body>
```

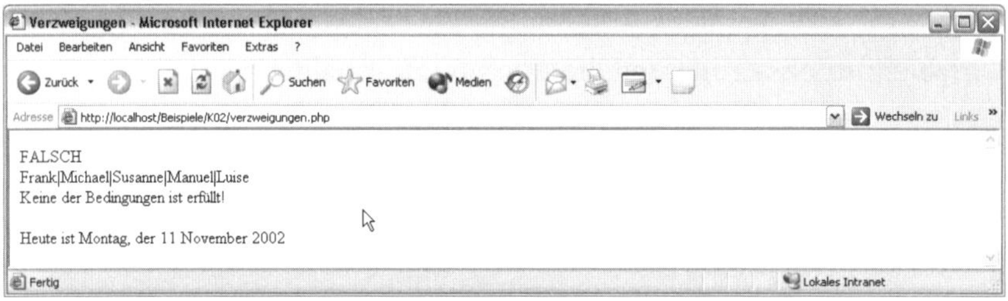

Abb. 2.13: Das Ergebnis, die Ausgabe des Wochentags in Deutsch

Schleifen

Im Gegensatz zu Verzweigungen, die dafür sorgen, dass bestimmte Anweisungen einmal oder keinmal ausgeführt werden, dienen Schleifen dazu, Anweisungen wiederholt auszuführen. Das ist bspw. ganz nützlich, wenn Sie Array-Inhalte oder Datensätze einer Datenbank ausgeben möchten. Dann müssen Sie häufig sehr oft hintereinander die gleichen Anweisungen nur mit unterschiedlichen Variablenwerten ausführen. Genau das ist die Aufgabe von Schleifen.

Man unterscheidet Schleifen danach, wann sie verlassen bzw. betreten werden, in abweisende und nicht abweisende Schleifen. Die abweisenden Schleifen werden im Extremfall gar nicht ausgeführt, da sie eine

Eintrittsbedingung haben, die erfüllt sein muss, damit der Schleifeninhalt (Schleifenrumpf genannt) ausgeführt wird. Nicht abweisende Schleifen werden dagegen mindestens einmal ausgeführt. Sie verwenden eine Austritts- oder Abbruchbedingung, um festzulegen, wann die Schleife verlassen werden soll.

> **HINWEIS**
>
> Darüber hinaus gibt es auch Endlosschleifen, die jedoch in der Regel als Programmierfehler anzusehen sind. Für beabsichtigte Endlosschleifen gibt es nur sehr wenige sinnvolle Einsatzmöglichkeiten. Daher werden Endlosschleifen nachfolgend nicht näher erläutert.

Jedes Problem lässt sich im Prinzip mit jeder Schleifenart lösen, nicht immer ist dies aber optimal. Es würde daher ausreichen, sich nur mit einer Schleife näher zu beschäftigen. Aus diesem Grund werden auch nur eine abweisende und eine nicht abweisende Schleife vorgestellt und auf die restlichen Schleifen verzichtet. Das genügt absolut, um jedes mögliche Problem zu lösen.

Als Vertreter der abweisenden Schleifen kommt bspw. die `while`-Schleife in Frage. Sie gehört zu den einfachsten Schleifen, die PHP kennt. Daher ist auch ihre Syntax recht einfach:

```
while (Ausdruck)
{
   Anweisungen
}
```

Die `while`-Schleife wird durch das Schlüsselwort `while` eingeleitet. Danach folgt in runden Klammern der Ausdruck, der die Schleifeneintrittsbedingung darstellt. Die Schleife wird betreten, wenn der Ausdruck den Wert `True` hat. In diesem Fall werden also die Anweisungen im Schleifenrumpf ausgeführt. Der Schleifenrumpf ist all das, was zwischen der öffnenden und der schließenden geschweiften Klammer steht. Jedes Mal, wenn die Anweisungen im Schleifenrumpf abgearbeitet wurden, wird die Eintrittsbedingung erneut geprüft. Nur wenn sie immer noch erfüllt ist, wird der Schleifenrumpf erneut ausgeführt. Ansonsten wird mit der Anweisung nach der Schleife fortgefahren.

> **HINWEIS**
>
> Innerhalb des Schleifenrumpfes muss daher zwingend eine Anweisung stehen, die dafür sorgt, dass irgendwann die Eintrittsbedingung nicht mehr erfüllt ist. Ansonsten erhalten Sie eine Endlosschleife, die dazu führt, dass die Schleife nie verlassen und die PHP-Seite daher nie beendet wird. Sie können damit sogar den Webserver lahm legen.

Die Funktionsweise dieser Schleife soll das erste Beispiel verdeutlichen. Es definiert zunächst ein Array mit drei Einträgen. Für jedes Feld des Arrays soll dann ein Absatz mit dem Feldwert ausgegeben werden. Diese Ausgabe erledigt die Schleife.

Wichtig ist hier zunächst der Ausdruck, der die Schleifeneintrittsbedingung darstellt. `($J<$I)` ist immer dann wahr, wenn die Variable `J` kleiner als I ist. Da I die Anzahl der Elemente im Array enthält und `J` auf 0 gesetzt wird, ist dies beim ersten Prüfen der `while`-Bedingung immer der Fall. Im Detail passiert nun Folgendes. Der Ausdruck wird geprüft und festgestellt, dass er wahr ist. Daraufhin wird der Inhalt der Schleife ausgeführt, das heißt, das erste Array-Feld mit dem Index 0 wird mit der `echo`-Anweisung in einem `<p>`-Tag ausgegeben. Anschließend wird die zweite Anweisung im Schleifenrumpf ausgeführt und damit die Variable `J` um 1 erhöht. Das ist aus zweierlei Gründen wichtig. Zum einen stellen Sie damit sicher, dass irgendwann der Ausdruck `($J<$I)` nicht mehr wahr ist und damit die Schleife nicht erneut betreten wird. Außerdem soll natürlich beim nächsten Schleifendurchlauf der zweite Wert ausgegeben werden. Würden Sie die Variable nicht erhöhen, würde aber wieder das Arrayfeld mit dem Index 0 ausgegeben werden.

Der Schleifenrumpf ist nun abgearbeitet. Die Schleife wird aber nicht etwa verlassen, sondern stattdessen wird erneut die Eintrittsbedingung geprüft. Da J jetzt den Wert 1, aber I immer noch den Wert 3 hat, ist sie weiterhin erfüllt. Der Schleifenrumpf wird also erneut abgearbeitet und damit die Variable J auf 2 erhöht. Auch jetzt ist die Eintrittsbedingung noch erfüllt und der Schleifenrumpf wird ausgeführt. Diesmal wird J auf 3 erhöht. Das bewirkt, dass die Bedingung nicht mehr erfüllt ist, weil J nun nicht kleiner, sondern gleich I ist. Die Schleife wird daher nicht mehr betreten und stattdessen wird mit der Anweisung nach der schließenden geschweiften Klammer fortgefahren. Hier gibt es keine, das PHP-Skript ist damit beendet.

```
...
<body>
<?
    $Namen=array('Markus','Franz', 'Sabine');
    $I=count($Namen);
    $J=0;
    while ($J<$I)
    {
        echo '<p>' . $Namen[$J] . '</p>';
        $J++;
    }
?>
</body>
...
```

Abb. 2.14: Die Ausgabe der Array-Werte

Ähnlich wie die `while`-Schleife funktioniert auch die nicht abweisende `do-while`-Schleife mit folgender Syntax:

```
do
{
   Anweisungen
} while (Ausdruck);
```

Sie führt die Anweisungen im Schleifenrumpf so lange aus, wie die Bedingung hinter dem Schlüsselwort `while` wahr ist. Auch wenn sie von vornherein den Wert `False` hat, wird die Schleife aber mindestens einmal ausgeführt, weil die Bedingung erst nach dem Ausführen der Schleifenanweisungen geprüft wird. Um die gleiche Ausgabe wie oben, nur mit der `do-while`-Schleife, zu erreichen, müssen Sie sie wie folgt einsetzen:

```
<body>
<?
   $Namen=array('Markus','Franz', 'Sabine');
   $I=count($Namen);
   $J=0;
   do
   {
      echo '<p>' . $Namen[$J] . '</p>';
      $J++;
   } while ($J<$I);
?>
</body>
```

Die Bedingung bleibt also die gleiche, wird nur an anderer Stelle geprüft. Abhängig von der Art der Anweisungen im Schleifenrumpf kann es jedoch eine Rolle spielen, wo die Bedingung geprüft wird.

> **HINWEIS** Wenn nach der Schleife das Skript nicht ohnehin beendet ist und folglich die Zeichenfolge ?> folgt, müssen Sie zwingend ein Semikolon hinter den Ausdruck setzen.

Neben den abweisenden und nicht abweisenden Schleifen gibt es eine dritte Kategorie, die Zählschleifen. Sie lassen sich mit etwas gutem Willen zwar auch den abweisenden oder nicht abweisenden Schleifen zuordnen, dennoch funktionieren sie etwas anders als die bisher beschriebenen Schleifen.

Der Unterschied liegt darin, dass es zwingend eine Zählvariable geben muss, die von einem Anfangswert zu einem definierten Endwert gezählt wird. Eine solche Variable wurde zuvor auch bei den anderen beiden Schleifen eingesetzt. Das war jedoch bedingt durch den Zugriff auf die Array-Felder ohnehin notwendig. Für die Schleifen wäre sie nicht erforderlich gewesen. Der zu prüfende Ausdruck hätte hier jeder Ausdruck sein können, der einen booleschen Wert liefert.

Bei Zählschleifen ist dies anders. In PHP gibt es allerdings keine direkte Zählschleife, sondern nur die `for`-Schleife, die in der Regel als Zählschleife eingesetzt wird. Sie ist aber sehr flexibel und könnte daher auch für andere Zwecke verwendet werden. Nachfolgend soll sie jedoch nur als Zählschleife zum Einsatz kommen.

Die Syntax der `for`-Schleife lautet:

```
for (Ausdruck1; Ausdruck2; Ausdruck3)
{
   Anweisung
}
```

Auch hier besteht der Schleifenrumpf wieder aus dem Inhalt zwischen { und }. Für die Steuerung der Schleife sind die Ausdrücke zuständig. Der erste dient dazu, die Zählvariable zu initialisieren, das heißt deren Anfangswert festzulegen. Der zweite Ausdruck muss einen booleschen Wert haben. Er bestimmt, wann die Schleife verlassen wird. Der Schleifenrumpf wird so lange ausgeführt, bis dieser zweite Ausdruck den Wert `False` hat. Wenn er von Anfang an den Wert `False` hat, wird die Schleife nie ausgeführt. Die `for`-Schleife gehört also zu den abweisenden Schleifen. Der dritte Ausdruck wird ausgeführt, nachdem der

Schleifenrumpf abgearbeitet ist. Er dient im Allgemeinen dazu, die Schleifenvariablen zu erniedrigen oder zu erhöhen. Folgendes Listing erzeugt wiederum die gleichen Ausgaben wie schon die beiden vorherigen Beispiele. Da hier aber die Variable J über den dritten Ausdruck erhöht und über den ersten initialisiert wird, können die beiden bisher benötigten separaten Anweisungen entfallen.

Bei Ausführung des folgenden Codes passiert nach der Initialisierung der Variablen I Folgendes. Zunächst wird der erste Ausdruck ausgewertet und folglich der Variablen J der Wert 0 zugewiesen. Danach wird der zweite Ausdruck geprüft. Er hat den Wert `True`, was bewirkt, dass der Inhalt der Schleife ausgeführt und somit die Ausgabe erzeugt wird. Danach wird der dritte Ausdruck ausgewertet und die Variable J um eins erhöht. Damit ist die Schleife einmal durchlaufen. Nun wird erneut der zweite Ausdruck geprüft. Ist er immer noch wahr, wird erst der Schleifenrumpf und dann wieder der dritte Ausdruck abgearbeitet. Das wiederholt sich, bis der zweite Ausdruck den Wert `False` hat.

HINWEIS

Der erste Ausdruck wird immer nur vor dem ersten Ausführen des Schleifenrumpfes ausgeführt, der zweite Ausdruck, bevor die Anweisungen im Schleifenrumpf abgearbeitet wurden, und der dritte immer nach Abarbeitung des Schleifenrumpfes.

```
...
<body>
<?
    $Namen=array('Markus','Franz', 'Sabine');
    $I=count($Namen);
    for ($J=0;$J<$I;$J++)
    {
        echo '<p>' . $Namen[$J] . '</p>';
    }

?>
</body>
...
```

Zwar ist der Code mit der `for`-Schleife schon wesentlich kürzer, dennoch ist auch diese Schleife zum Durchlaufen von Arrays nicht ganz optimal. Es gibt nämlich eine spezielle Form der `for`-Schleife, die `foreach`-Schleife, die genau dazu gedacht ist. Hier brauchen Sie nicht selbst zu prüfen, wie viele Elemente das Array hat, um zu prüfen, wann das Array abgearbeitet ist. Außerdem entfällt auch die Zählvariable zum Zugriff auf das Array-Feld. Mit der `foreach`-Schleife geben Sie im Prinzip an: "Führe für alle Array-Felder die Anweisungen im Schleifenrumpf aus". Wie groß das Array ist, müssen Sie dazu gar nicht wissen. Die Syntax der `foreach`-Schleife lautet:

```
foreach(Array as Variable)
{
    Anweisung
}
```

Für jedes Feld im Array wird der Feldwert der Variablen zugewiesen, über die Sie dann im Schleifenrumpf auf den Feldwert zugreifen können. Um wieder alle Elemente des Arrays auszugeben, sähe der Code mit der `foreach`-Schleife daher wie folgt aus:

```
...
<body>
<?
    $Namen=array('Markus','Franz', 'Sabine');
    foreach ($Namen as $Name)
    {
        echo '<p>' . $Name . '</p>';
    }
?>
</body>
...
```

HINWEIS

Selbstverständlich können Sie auch Schleifen ineinander verschachteln und dürfen im Rumpf einer Schleife natürlich auch Verzweigungen nutzen. Ein Beispiel dazu finden Sie im Abschnitt *Ausdrücke als Parameter übergeben* etwas weiter unten in diesem Kapitel.

2.7 Funktionen erstellen und ausführen

Benötigen Sie an verschiedenen Stellen im Code immer wieder die gleichen Ausgaben oder Berechnungsergebnisse, die Sie mit einigen Zeilen Code erzeugen müssen, ist es sehr mühsam, wenn Sie immer wieder die gleichen Zeilen Code eingeben müssen.

Noch schlimmer wird es aber, wenn Änderungen anstehen, sei es, weil Sie einen Fehler im Code haben oder weil sich Anforderungen ändern. Dann müssen Sie alle Änderungen an jeder Stelle im Code durchführen und da übersieht man schnell mal eine. Hier kommen Funktionen ins Spiel. Sie können sich benutzerdefinierte Codeblöcke wie Textbausteine Ihrer Textverarbeitung vorstellen, mit dem Unterschied, dass sie nicht immer wieder eingefügt, sondern nur aufgerufen werden. An einer Stelle in der PHP-Seite oder der verbundenen INC-Datei definieren Sie die Funktion und können sie dann an verschiedenen Stellen aufrufen und so deren Berechnungsergebnis oder Ausgaben in die PHP-Seite einbinden.

Rein technisch betrachtet sind Funktionen benannte Codeblöcke, also Programmzeilen, die einen Namen haben. Über diesen Namen können Sie die Funktion dann aufrufen. Folgendes Beispiel soll dies verdeutlichen. Es definiert zunächst eine einfache Funktion, die nichts weiter macht, als den HTML-Code für eine Tabellenzelle auszugeben, als `"<td></td>"`.

Funktionen definieren Sie, indem Sie sie mit dem Schlüsselwort `function` einleiten. Danach folgt der Name der Funktion und ein rundes Klammerpaar. Der Inhalt der Funktion, also der Code, der ausgeführt werden soll, wird in geschweifte Klammern eingefasst. Die Funktion könnte also bspw. wie in folgendem Listing lauten und aufgerufen werden. Der Aufruf erfolgt im Listing in einem separaten PHP-Codeblocks innerhalb des `<tr>`-Elements, indem einfach der Funktionsname gefolgt von einem runden Klammerpaar angegeben wird. Der Aufruf erfolgt also nicht anders als der Aufruf der PHP-Funktionen, die Sie schon kennen gelernt haben.

> **HINWEIS**
> Sie sehen an der Reihenfolge schon, dass es irrelevant ist, wo Sie eine Funktion definieren. Sie dürfen sie also auch erst aufrufen und danach definieren.

```
...
<body>
<table border="1">
<tr><? getZelle() ?></tr>
</table>
<?
    function getZelle()
    {
        echo "<td></td>";
    }
?>
</body>
...
```

Rückgabewerte definieren

Nicht immer ist es aber optimal, wenn die Funktion direkt Ausgaben macht. Dann sind Sie daran gebunden, die Funktion nur an den Stellen im Code aufzurufen, an denen die Ausgabe auch erfolgen soll. Vielleicht möchten Sie sie jedoch nur einsetzen, um den HTML-Code einer Tabellenzelle in eine Zeichenkette einzufügen. Dann benötigen Sie einen Rückgabewert für die Funktion. Den können Sie festlegen, indem Sie innerhalb der Funktion das Schlüsselwort `return` gefolgt vom Rückgabewert der Funktion angeben. Diese Anweisung erfüllt zwei Aufgaben. Zum einen führt sie dazu, dass die Funktion verlassen wird, zum anderen legt sie den Rückgabewert der Funktion fest.

HINWEIS

Alle Anweisungen, die nach der `return`-Anweisung folgen, werden nicht mehr ausgeführt!

Der Rückgabewert wird über den Namen der Funktion an die aufrufende Anweisung zurückgegeben. Das heißt, um die Ausgabe des `<td>`-Elements zu erreichen, müssen Sie auch den Aufruf der Funktion anpassen. Hier müssen Sie die `echo`-Anweisung angeben und ihr als Parameter den Rückgabewert der Funktion übergeben.

HINWEIS

Im nachfolgenden Listing sind die notwendigen Änderungen am Code fett hervorgehoben.

```
...
<body>
<table border="1">
<tr><? echo getZelle() ?></tr>
</table>
<?
    function getZelle()
    {
        return "<td></td>";
    }
?>
</body>
...
```

Parameter übergeben

Eine Funktion, die den Code einer leeren Zelle zurückgibt, ist in der Regel nicht sinnvoll. Interessant wäre sie aber, wenn bspw. als Parameter Angaben zu Inhalt und Formatierungen übergeben werden könnten und die Funktion den davon abhängigen Code zurückgeben würde. Dazu müssen Sie Parameter definieren. Parameter haben Sie bereits bei einigen PHP-Funktionen und Anweisungen wie echo kennen gelernt. Dabei handelt es sich um Werte, die an eine Funktion der Anweisung übergeben werden. Bei benutzerdefinierten Funktionen ist das nicht anders.

Parameter definieren Sie über die Parameterliste, die in den runden Klammern hinter dem Funktionsnamen definiert wird. Für die Beispielfunktion sollen vier Parameter definiert werden. Mit einem soll der Zellinhalt, mit den anderen drei die Hintergrundfarbe durch Angabe der Rot-, Grün- und Blauwerte definiert werden. Möchten Sie mehrere Parameter definieren, führen Sie deren Namen einfach nacheinander in der Parameterliste auf und trennen sie durch Kommata voneinander. Vor die Parameternamen setzen Sie wie bei Variablen ein $ und auch der Zugriff auf die Parameter innerhalb der Funktion funktioniert wie bei Variablen. Sie können sie also einfach in einer Zeichenfolge verwenden und so auch als Rückgabewert der Funktion ausgeben.

> **HINWEIS**
> Beim Aufruf einer Funktion mit Parametern geben Sie einfach die Werte in der gleichen Reihenfolge an, in der Sie als Parameter definiert sind. Im folgenden Listing wird also "*Text*" dem Parameter Text und *255* dem Parameter Rot zugewiesen.

```
...
<body>
<table border="1">
<tr><? echo getZelle("Text",255,0,80) ?></tr>
</table>
<?
    function getZelle($Text,$Rot,$Gruen,$Blau)
    {
        return "<td style='background-color:rgb(" .
            "$Rot,$Gruen,$Blau)'>$Text</td>";
    }
```

```
?>
</body>
...
```

Abb. 2.15: Das Ergebnis der geänderten Funktion

Optionale Parameter

Nicht immer ist es aber erforderlich, alle Parameter zu übergeben. Stellen Sie sich vor, Sie möchten wirklich leere Zellen erzeugen, dort aber ein festes Leerzeichen ` ` einfügen. Dann ist es schon ziemlich lästig, den HTML-Code ` ` jedes Mal angeben zu müssen. Das lässt sich ändern, indem Sie den Parameter `Text` als optionalen Parameter definieren und einen Vorgabewert dafür bestimmen.

> **HINWEIS**
> Optionale Parameter müssen zwingend am Ende der Parameterliste stehen. Daher müssen Sie die Parameterreihenfolge ändern und den Parameter `Text` am Ende definieren.

Den Vorgabewert für einen optionalen Parameter legen Sie mit dem Zuweisungsoperator fest. Wenn Sie als Vorgabewert ` ` angeben möchten, müssen Sie die Funktion wie folgt ändern. Aufgrund der unterschiedlichen Parameterreihenfolge ist auch der Aufruf der Funktion anzupassen. Im folgenden Listing wird die Funktion nun einmal mit und einmal ohne den Parameter `Text` aufgerufen.

```
...
<body>
<table border="1">
<tr>
<?
echo getZelle(255,0,80,"Text");
echo getZelle(255,0,80);
?></tr>
</table>
<?
    function getZelle($Rot,$Gruen,$Blau,
        $Text=' ')
    {
        return "<td style='background-color:rgb(" .
            "$Rot,$Gruen,$Blau)'>$Text</td>";
    }
?>
</body>
...
```

Wenn Sie diese Seite ausführen, werden Sie sehen, dass eine Zelle mit Inhalt und eine ohne Inhalt ausgegeben wurde. Dass tatsächlich auch der Vorgabewert bei der zweiten Zelle berücksichtigt wurde, lässt sich am erzeugten HTML-Code feststellen.

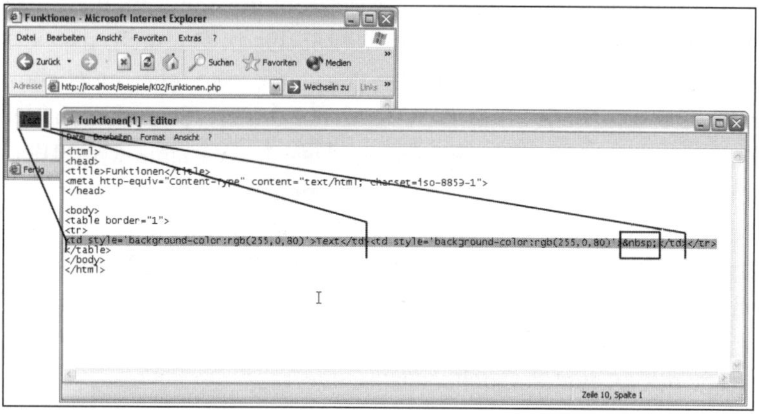

Abb. 2.16: Ausgabe des Listings

Ausdrücke als Parameter übergeben

Wenn Sie Werte an eine Funktion übergeben, müssen das nicht zwingend konstante Texte oder Zahlen sein. Auch komplexere Ausdrücke und sogar Funktionsergebnisse können übergeben werden, wie das folgende Beispiel zeigt. Es nutzt die eben erstellte Funktion, um eine Farbtabelle zu erzeugen, bei der immer 20 Farben nebeneinander angezeigt und die Zellinhalte die hexadezimalen Farbangaben sein sollen.

> **HINWEIS**
> Damit die Ausführung des PHP-Skriptes keine Zeitüberschreitung für den Webserver verursacht, werden die Farbwerte für Rot-, Grün- und Blauwert immer in 10er-Schritten verändert.

Zunächst benötigen Sie zum Erstellen der Farbtabelle zwei Variablen, eine Zählvariable, mit deren Hilfe Sie das Zeilenende erkennen können. Das ist erreicht, wenn der Wert der Variablen `I` ohne Rest durch 20 teilbar ist. Für jede Tabellenzeile, die auszugeben ist, müssen Sie außerdem zunächst den Code zusammenstellen. Der wird hier in der Variablen `strZeile` gespeichert.

Die Generierung der Farbwerte, mit denen die Tabellenzellen gefüllt werden, übernehmen drei ineinander geschachtelte `for`-Schleifen. Jede von ihnen zählt einen der Farbwerte von 255 bis 0. Dadurch, dass die Schleifen ineinander verschachtelt sind, werden so alle möglichen RGB-Farbwerte ermittelt. Zunächst wird die äußere Schleife mit der Variablen `R` ausgeführt. Sie sorgt dafür, dass die Variable `R` in 10er-Schritten von 255 bis 0 gezählt wird. Für jeden Wert, den `R` annimmt, wird die innere zweite Schleife ausgeführt und für jeden Wert von `R` ebenso von 255 in 10er-Schritten bis 0 gezählt. Für jeden Wert von `G` wird wieder die dritte innere Schleife einmal komplett ausgeführt. Innerhalb dieser Schleife erfolgt der Aufruf der Funktion `getZelle` und die Ausgabe des erzeugten Quellcodes.

Innerhalb dieser inneren Schleife wird zunächst die Variable I um eins erhöht. Anschließend müssen Sie prüfen, ob es schon 20 Zellen in dieser Zeile gibt, ob also die Variable I ohne Rest durch 20 teilbar ist. Wenn das der Fall ist, hängen Sie vor und nach der Zeichenkette den einleitenden bzw. abschließenden `<tr>`-Tag an und geben den Code mit der `echo`-Anweisung aus. Danach setzen Sie die Variable `strZeile` auf eine leere Zeichenkette zurück. Das ist notwendig, weil Sie für jede Zelle den Code an die Variable anhängen müssen und sicherstellen müssen, dass die zweite Zeile nicht auch den ganzen Code für die erste Zeile beinhaltet.

Um den Code für die aktuelle Zelle zu erzeugen, rufen Sie die Funktion `getZelle` auf und übergeben ihr die Werte der Schleifenvariablen aller drei Schleifen sowie den auszugebenden Text. Da als Text der Zelle der hexadezimale Farbwert angezeigt werden soll, müssen Sie für die Berechnung des Textes die einzelnen Farbwerte in hexadezimale Zahlen konvertieren und aneinander hängen. Für die Konvertierung können Sie die PHP-Funktion `dechex` verwenden. Sie wandelt die als Parameter übergebene Dezimalzahl in ihre hexadezimale Form um. Das Ergebnis der Funktion `getZelle` hängen Sie nun an den aktuellen Wert der Variablen `strZeile` an. Auf diese Weise entsteht bis zum nächsten Zeilenumbruch der notwendige Code für die Darstellung einer Tabellenzeile.

```
...
<body>
<?
  function getZelle($Rot,$Gruen,$Blau,$Text=' ')
  {
    return "<td style='background-color:rgb(" .
        "$Rot,$Gruen,$Blau)'>$Text</td>";
  }
?>
<table border="0" width="100%" cellspacing="0">
```

```
<?
  $I=0;
  $strZeile="";
  for ($R=255;$R>=0;$R-=10)
  {
    for ($G=255;$G>=0;$G-=10)
    {
      for ($B=255;$B>=0;$B-=10)
      {
        $I++;
        if ($I%20==0)
        {
          $strZeile="<tr>" . $strZeile . "</tr>";
          echo $strZeile;
          $strZeile="";
        }
        $strZeile= $strZeile . getZelle($R,$G,$B,
           dechex($R) . dechex($G) . dechex($B));
      }
    }
  }
  $strZeile="<tr>" . $strZeile . "</tr>";
  echo $strZeile;
?>
</table>
</body>
...
```

HINWEIS

Nach Abschluss der übergeordneten Schleife müssen Sie dafür sorgen, auch den noch in der Variablen `strZeile` gespeicherten Text auszugeben, da sonst die letzte Tabellenzeile fehlt.

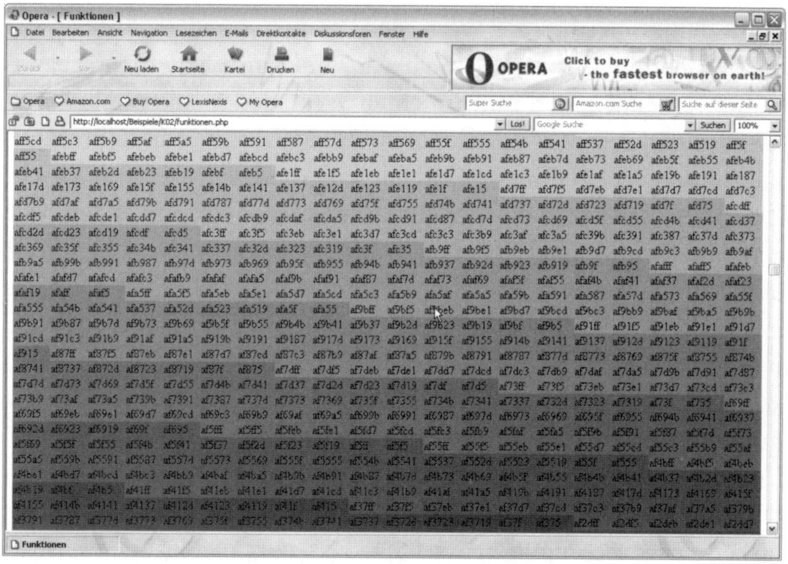

Abb. 2.17: Ein Ausschnitt aus der Farbtabelle in Opera 6

Variablen innerhalb von Funktionen

Auch innerhalb von Funktionen können Sie natürlich Variablen definieren und verwenden. Allerdings begegnen Ihnen hierbei ein paar Besonderheiten von PHP, die Sie in anderen Programmiersprachen so nicht finden. In PHP-Skripten können Sie Variablen, die Sie außerhalb einer Funktion also auf Ebene eines PHP-Skript-Elements definiert haben, nicht innerhalb einer Funktion verwenden. Der Gültigkeitsbereich einer solchen Variablen ist auf die Skript-Ebene beschränkt. Alle in einer Funktion definierten Variablen können Sie aber auch nicht auf Skriptebene verwenden. Diese Variablen haben nur in der Funktion Gültigkeit, in der sie definiert sind. Wie also bekommen Sie Werte aus Variablen, die auf Skriptebene definiert sind, in eine Funktion oder Werte von dort wieder zurück?

Im Prinzip gibt es da zwei Möglichkeiten. Sie können Werte als Parameter übergeben und über den Funktionswert zurückgeben lassen.

Wenn die Funktion aber die Werte der Parameter ändert, können Sie auf die geänderten Werte außerhalb der Funktion nicht mehr zugreifen, außer es handelt sich nur um einen Wert, den Sie dann als Funktionswert zurückgeben können. Die zweite Möglichkeit besteht darin, eine auf Skriptebene definierte Variable innerhalb der Funktion erneut zu deklarieren und dabei das Schlüsselwort `global` zu verwenden. Sie können danach der Variablen auch in der Funktion einen neuen Wert zuweisen und außerhalb der Funktion darauf zugreifen. Dies zeigt das folgende Listing. Es definiert zunächst die Variable `Wert` und weist ihr einen Anfangswert "*test*" zu. Danach wird die Funktion `test` aufgerufen, die nichts weiter macht, als die Variable `Wert` erneut mit global zu deklarieren, ohne ihr allerdings einen neuen Wert zuzuweisen. Das bewirkt, dass Sie die Variable von nun an innerhalb der Funktion verwenden können, als wäre sie dort deklariert. Dennoch bleibt der auf Skriptebene zugewiesene Wert erhalten. Das zeigt die `echo`-Anweisung innerhalb der Funktion, die den Wert "*test*" ausgibt, der auf Skriptebene zugewiesen wurde. Danach wird in der Funktion der Wert der Variablen geändert und nach Aufruf der Funktion erneut mit `echo` ausgegeben. Nun wird auch auf Skriptebene der Wert ausgegeben, der in der Funktion zugewiesen wurde.

```
...
<body>
<?
$Wert="test";
test();
echo $Wert;
function test()
{
    global $Wert;
    echo $Wert;
    $Wert="17";
}
?>
</body>
...
```

Abb. 2.18: Beide Ausgaben im Browser

2.8 Zeichenketten ver- und bearbeiten

Zeichenketten und deren Bearbeitung sind wesentliche Aufgaben beim Programmieren mit PHP. Dafür stellt PHP auch eine Reihe von Möglichkeiten zur Verfügung. Schon bei der Zuweisung von Zeichenketten und der Deklaration von Zeichenketten-Variablen gibt es drei verschiedene Möglichkeiten.

Zeichenketten zuweisen

Es gibt in PHP drei Möglichkeiten, einer Variablen eine Zeichenkette zuweisen. Zwei davon haben Sie schon kennen gelernt, die Einfassung in Anführungszeichen oder Hochkommata.

Die dritte Möglichkeit ist die Heredoc-Syntax. Damit können auch mehrzeilige Zeichenketten definiert werden. Bei der Heredoc-Syntax werden die Zeichenketten mit dem Zeichen <<< eingeleitet und zusätzlich mit einem Namen versehen. Die Syntax zur Definition einer solchen Zeichenketten-Variablen lautet:

```
Variable=<<<Name
Text der Zeichenkette
Name;
```

HINWEIS

Wichtig ist dabei, dass der Name der Zeichenkette unmittelbar nach den <<< folgt und die Zeichenkette mit dem gleichen Namen auch wieder abgeschlossen wird. Der abschließende Name muss zwingend in Spalte 1 der Zeile beginnen. Einrückungen sind daher nicht zulässig. Auch hinter dem abschließenden Bezeichner sind keine weiteren Zeichen mit Ausnahme eines Semikolons zulässig.

Ein Beispiel zeigt das folgende Listing. Hier wird ein längerer Text mit Hilfe der Heredoc-Syntax der Variablen SK3 zugewiesen.

```
...
<body>
<?
    $ZK1="Zeichenkette 1";
    $ZK2='Zeichenkette 2';
    $ZK3=<<<ZK
Es gibt in PHP drei Möglichkeiten, einer
Variablen eine Zeichenkette zuzuweisen.
Zwei davon haben Sie schon kennen gelernt,
die Einfassung in Anführungszeichen oder Hochkommata.
ZK;
?>
</body>
...
```

Bei der Heredoc-Syntax stehen ansonsten die gleichen Möglichkeiten zur Verfügung, wie beim Einfassen der Zeichenkette in Anführungszeichen. Variablen und Ausdrücke werden also auch ausgewertet.

Bei beiden Formen der Zeichenkettendefinition stehen Sie aber unter Umständen vor dem Problem, dass Sie bestimmte Zeichen wie Anführungszeichen und Dollarzeichen, aber auch "\" nicht in der Zeichenkette eingeben können. Bei Pfadangaben ist das bspw. problematisch. Um dennoch solche Zeichen innerhalb der Zeichenkette zu definieren, gibt es Escape-Sequenzen. Dabei wird vor das Zeichen ein Backslash gesetzt. Dieser kennzeichnet, dass das Zeichen nicht in seiner besonderen Bedeutung, sondern als normaler Text zu interpretieren. Die folgende Tabelle zeigt die Zeichen, die mit Hilfe von Escape-Sequenzen definiert werden.

Escape-Sequenz	Bedeutung
`\n`	Zeilenvorschub (Line Feed)
`\r`	Wagenrücklauf (Carriage Return)
`\t`	Tabulator
`\\`	Backslash "\"
`\$`	Dollar-Symbol
`\"`	doppelte Anführungszeichen

Tab. 2.7: Escape-Sequenzen zur Verwendung in Zeichenketten

Wenn Sie bspw. eine Zeichenfolge mit der Pfadangabe "*C:\Daten*" definieren möchten, müssen Sie dazu die Escape-Folge für den Backslash an jeder Stelle einfügen, an der ein Backslash erscheinen soll. Die dazu notwendige Deklaration sieht wie folgt aus:

```
$ZK4="C:\\Daten\\";
```

Interessant für die Codeausgabe sind vor allem die Escape-Sequenzen für Tabulatoren und Zeilenumbrüche. Wenn Sie nämlich einfach nur HTML-Code mit `echo` ausgeben, erzeugen Sie damit vor allem bei längerem Code sehr unübersichtlichen Quellcode, in dem Sie nur selten noch das finden, was Sie suchen, wenn Sie sich auf die Suche nach HTML-Fehlern und Darstellungsproblemen im Browser machen. Ein gutes Beispiel dafür ist der Code, den das vorstehende Beispiel mit der Farbtabelle erzeugt. Der erzeugte Code ist nicht nur sehr lang, sondern auch unübersichtlich, weil die Tags nicht, wie aus einem HTML-

Editor gewohnt, eingerückt und umbrochen werden. Das können Sie aber mit wenig Aufwand ändern.

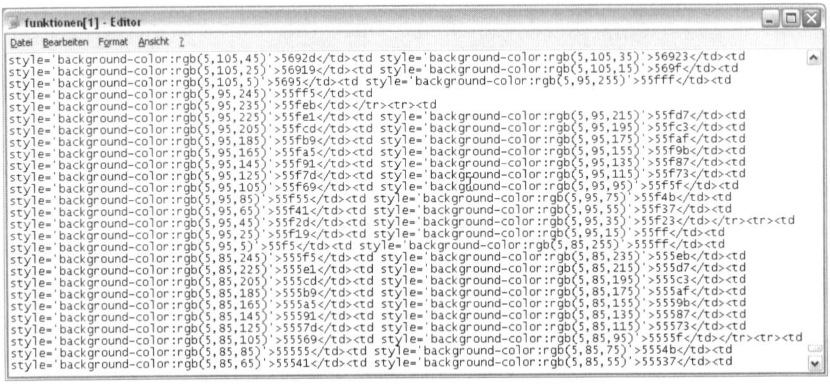

Abb. 2.19: Der erzeugte Quellcode, noch ohne Struktur

Mit nur wenigen Änderungen im Code können Sie dafür sorgen, dass er ordentlich ausgegeben wird. Das heißt, `<tr>`-Elemente sollen um einen Tabulator eingerückt und `<td>`-Elemente um zwei. Dazu müssen Sie in die auszugebenden Zeichenketten nur die passenden Escape-Sequenzen einfügen. Für jedes `\t` wird ein Tabulator eingefügt und für jedes `\n` ein Zeilenumbruch. Die dazu notwendigen Änderungen sind im folgenden Listing fett hervorgehoben.

```
...
<?
  function getZelle($Rot,$Gruen,$Blau,
    $Text=' ')
  {
    return "\t\t<td style='background-color:rgb(" .
      "$Rot,$Gruen,$Blau)'>$Text</td>\n";
  }
?>
...
      for ($B=255;$B>=0;$B-=10)
      {
        $I++;
```

```
            if ($I%20==0)
            {
              $strZeile="\t<tr>\n" .
                $strZeile . "\t</tr>\n";
              echo $strZeile;
              $strZeile="";
            }
            $strZeile= $strZeile . getZelle($R,$G,$B,
              dechex($R) . dechex($G) . dechex($B));
          }
        }
      }
      $strZeile="\t<tr>\n" . $strZeile . "\t</tr>\n";
      echo $strZeile;
?>
...
```

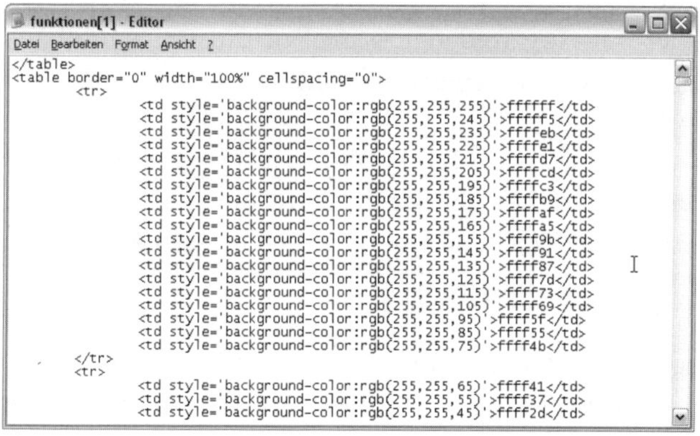

```
funktionen[1] - Editor
Datei  Bearbeiten  Format  Ansicht  ?
</table>
<table border="0" width="100%" cellspacing="0">
        <tr>
                <td style='background-color:rgb(255,255,255)'>ffffff</td>
                <td style='background-color:rgb(255,255,245)'>fffff5</td>
                <td style='background-color:rgb(255,255,235)'>ffffeb</td>
                <td style='background-color:rgb(255,255,225)'>ffffe1</td>
                <td style='background-color:rgb(255,255,215)'>ffffd7</td>
                <td style='background-color:rgb(255,255,205)'>ffffcd</td>
                <td style='background-color:rgb(255,255,195)'>ffffc3</td>
                <td style='background-color:rgb(255,255,185)'>ffffb9</td>
                <td style='background-color:rgb(255,255,175)'>ffffaf</td>
                <td style='background-color:rgb(255,255,165)'>ffffa5</td>
                <td style='background-color:rgb(255,255,155)'>ffff9b</td>
                <td style='background-color:rgb(255,255,145)'>ffff91</td>
                <td style='background-color:rgb(255,255,135)'>ffff87</td>
                <td style='background-color:rgb(255,255,125)'>ffff7d</td>
                <td style='background-color:rgb(255,255,115)'>ffff73</td>
                <td style='background-color:rgb(255,255,105)'>ffff69</td>
                <td style='background-color:rgb(255,255,95)'>ffff5f</td>
                <td style='background-color:rgb(255,255,85)'>ffff55</td>
                <td style='background-color:rgb(255,255,75)'>ffff4b</td>
        </tr>
        <tr>

                <td style='background-color:rgb(255,255,65)'>ffff41</td>
                <td style='background-color:rgb(255,255,55)'>ffff37</td>
                <td style='background-color:rgb(255,255,45)'>ffff2d</td>
```

Abb. 2.20: Das Ergebnis der Änderungen zeigt sich nach Ausführung der Seite und Anzeige des Quellcodes

Suchen und Ersetzen in Zeichenketten

Gerade, wenn Sie Zeichenketten verarbeiten, die aufgrund von Benutzereingaben in einem Formular zustande kommen, aber auch in vielen anderen Situationen, kommt es vor, dass Sie die Zeichenketten bearbeiten oder prüfen müssen. Wenn Sie Benutzereingaben bspw. für ein

Forum, ein Gästebuch etc. einfach ungeprüft in eine Datei speichern und von dort laden, um sie in einer PHP-Seite anzuzeigen, kann dies ein Sicherheitsrisiko darstellen. Der Benutzer hat dann nämlich die Möglichkeit, HTML-Code in den Text einzufügen, der bspw. mit Hilfe eines `<iframe>`-Elements Viren und Würmer lädt oder auch einfach nur von Ihrer Webseite auf eine andere umleitet. Daher sollen Sie solche Eingaben immer daraufhin prüfen, ob HTML-Code enthalten ist und diesen gegebenenfalls ausschneiden. Möchten Sie jedoch bestimmte HTML-Elemente zulassen, bietet es sich an, die nicht zulässigen oder die zulässigen in einem Array zu definieren.

Dieses Array brauchen Sie dann nur zu durchlaufen und die ungültigen Tags durch leere Zeichenfolgen zu ersetzen. Das ist also gar nicht sonderlich schwer. Das folgende Beispiel zeigt dies an einer Zeichenfolge, die neben dem nicht zulässigen `<a>`-Element auch ein zulässiges `<b>`-Element enthält. Der `<a>`-Tag und der `</a>`-Tag müssen somit aus dem Text der Variablen `Eingabe` entfernt werden.

Am einfachsten ist dies mit der PHP-Funktion `str_replace`. Sie erlaubt es, alle Vorkommen einer Zeichenfolge in einer anderen Zeichenkette, durch eine neue Zeichenfolge zu ersetzen. Also im Prinzip genau das, was zur Problemlösung notwendig ist.

Der Funktion übergeben Sie drei Parameter, der erste bestimmt den zu suchenden Textteil, der zweite den Ersatztext und der dritte den zu bearbeitenden Text. Der Rückgabewert der Funktion ist der veränderte Text.

> **HINWEIS**
> Wenn die ersten beiden Parameter nicht als Zeichenketten, sondern in Form von numerischen Werten übergeben werden, werden sie in Integer-Werte konvertiert, die als ASCII-Werte der zu suchenden bzw. zu ersetzenden Zeichen interpretiert werden.

Wenn Sie also in der hier definierten Funktion `Korrigieren` einfach das Array `$nichZL` mit `foreach` durchlaufen und für jeden Array-Wert die `str_replace`-Funktion aufrufen, sollte das Ergebnis damit wie gewünscht ausfallen.

```
...
<body>
<?
   $Eingabe=<<<Eing
Dieser Text enthält sowohl <b>gültige</b>
als auch ungültige HTML-Tags, <a href='test.html'>die</a>
herausgefiltert werden müssen.
Eing;

echo Korrigieren($Eingabe);

function Korrigieren($strText)
{
   $arrNZ=array("<iframe>","</iframe>","<ilayer>",
     "</ilayer>","<a>","</a>","<div>","</div>",
     "<layer>", "</layer>");
   foreach ($arrNZ as $tag)
   {
      //ersetzt die nicht zulässigen Zeichenketten
      //durch leere Zeichenfolgen.
      $strText=str_replace($tag,"",$strText);

   }
   return $strText;
}
?>
</body>
...
```

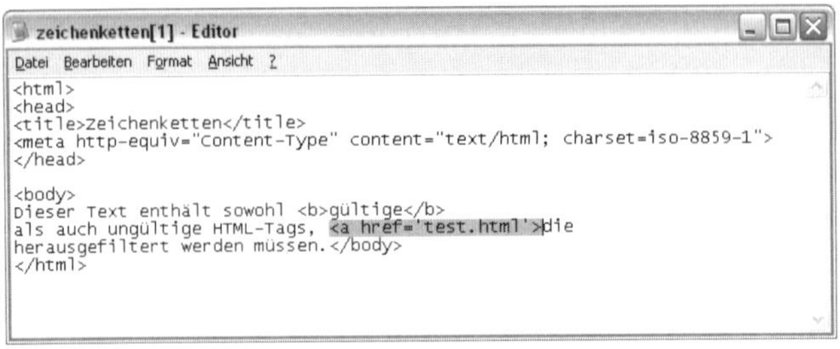

Abb. 2.21: Das Ergebnis des Suchen-Ersetzen-Vorgangs

Wenn Sie aber das Ergebnis, also den von der PHP-Seite erzeugten Code betrachten, werden Sie sehen, dass zwar der `</a>`-Tag, aber nicht der einleitende `<a>`-Tag entfernt wurde. Das liegt daran, dass die Funktion nur nach exakten Zeichenketten sucht, aber keine Suchmuster berücksichtigen kann. Und das wäre hier notwendig, weil ja im einleitenden `<a>`-Tag in der Regel noch ein `href`- oder andere Attribute vorhanden sind. Sie können ja nicht wissen, was der Benutzer eingibt. Auch Groß- und Kleinschreibung ist für die Funktion `str_replace` ein Problem. Würde der Benutzer `</A>` eingeben und nicht `</a>`, würde auch der Endtag nicht ersetzt.

Die Lösung für diese beiden Probleme ist die Funktion `eregi_replace`. Mit ihr ist es möglich, reguläre Ausdrücke zu ersetzen, ohne dass beim Zeichenkettenvergleich Groß- und Kleinschreibung berücksichtigt wird.

> **HINWEIS**
> Möchten Sie Groß- und Kleinschreibung berücksichtigen, verwenden Sie stattdessen die Funktion `ereg_replace`.

Dabei handelt es sich um Zeichenketten, die Platzhalterzeichen enthalten können. Vielleicht erinnern Sie sich noch an DOS-Zeiten zurück oder kennen auch Linux-Befehle zum Kopieren und Löschen von Dateien? Hier können Sie bspw. das Zeichen * als Stellvertreter für 0 bis unendlich viele beliebige Zeichen, verwenden. Der DOS-Befehl DELETE *.TXT löscht bspw. alle Dateien mit der Dateinamenserweiterung .TXT. Ähnlich funktioniert das auch mit regulären Ausdrücken, nur lassen sich hier sehr viel mehr Details für den Platzhalter festlegen.

Bevor Sie die Funktion einsetzen können, müssen Sie zunächst für jeden zu ersetzenden Tag einen regulären Ausdruck erstellen und daher den Array-Inhalt für das Array `arrNZ` anpassen. Für jedes HTML-Element brauchen Sie nur einen regulären Ausdruck, der dann sowohl für den Anfangs- wie für den Endtag des Elements verwendet werden kann. Das ist nur eine Frage der Formulierung. Der Aufbau der regulären Ausdrücke soll nun anhand des Ausdrucks für den `<a>`-Tag erläutert werden. Die anderen Ausdrücke sind dann analog zu bilden. Ein `<a>` oder ein `</a>`-Tag genügen dem folgenden regulären Ausdruck: `((<a)|(</a)){1}[^>]*(>){1}`. Das sieht jetzt viel komplizierter aus, als es eigentlich ist.

Reguläre Ausdrücke werden ausgewertet wie andere Ausdrücke auch, von links nach rechts und von innen nach außen. Zeichenfolgen und Bereiche von Zeichen werden in eckige oder runde Klammern eingefasst. In geschweiften Klammern befinden sich Angaben zur Häufigkeit des Vorkommens. Dafür gibt es aber auch spezielle Zeichen, wie bspw. das *. Auch diese Zeichen werden dann hinter den Ausdruck gestellt. Mit diesen Informationen lässt sich obiger Ausdruck schon ganz einfach in Teilausdrücke zerlegen und zwar in:

- `((<a)|(</a)){1}`
- `[^>]*`
- `(>){1}`

Der erste Ausdruck lässt sich wiederum aufteilen und zwar in zwei Teilausdrücke `(<a)` und `(</a)`, die durch den Oder-Operator `|` verknüpft sind.

HINWEIS

Reguläre Ausdrücke haben eigene Operatoren. Wenn hier also von Oder- und Und-Operatoren die Rede ist, sind nicht die Operatoren von PHP, sondern die Operatoren von regulären Ausdrücken gemeint. Die Funktionsweise ist in diesem Fall aber ganz ähnlich.

Da der gesamte Ausdruck am Anfang des regulären Ausdrucks steht, bestimmt er, wie die gesuchte Zeichenfolge beginnen muss. Der Teilausdruck (<a) definiert, dass die Zeichenfolge mit "*<a*" beginnt. Der Teilausdruck (</a) definiert, dass die Zeichenfolge mit "*</a*" anfängt. Durch den Operator legen Sie fest, dass alle Zeichenketten diese Bedingung erfüllen, die mit "*</a*" oder "*<a*" anfangen. Die Angabe {1} dahinter bestimmt, dass eine der beiden Zeichenfolgen genau einmal vorkommen muss.

Der zweite Teilausdruck [^>]* bestimmt, wie der Inhalt des <a>-Tags aussehen muss, also die Zeichen zwischen a und >. Das Zeichen ^ ist dabei der NOT-Operator. Der legt fest, dass im Inhalt des <a>-Tags das Zeichen > nicht vorkommen darf. Das ist auch korrekt, weil damit sonst der einleitende oder abschließende Tag beendet wäre. Gleichzeitig heißt das aber auch, wenn nur das Zeichen > nicht zulässig ist, dürfen alle anderen Zeichen vorkommen. Diesem regulären Ausdruck entspricht damit also sowohl das Element <a href="test.html"> wie <a style="" href="abc.html" >. Das Sternchen gibt an, dass der Teilausdruck [^>] keinmal oder beliebig oft vorkommen kann. Das heißt innerhalb des Tags dürfen beliebig viele Zeichen stehen oder gar keins. Also genügen auch </a> und <a> dem regulären Ausdruck. Das heißt, in Wirklichkeit noch nicht ganz, da das Zeichen > ja nicht erlaubt ist. Das ändert sich aber mit dem letzten Teilausdruck. Der bestimmt nämlich, dass die gesuchte Zeichenfolge mit einem > abschließt und dass dieses Zeichen genau einmal vorkommen muss.

HINWEIS

Die hier verwendeten Platzhalter und Operatoren für reguläre Ausdrücke sind zwar die wichtigsten, aber keinesfalls vollständig. Eine komplette Liste finden Sie im Anhang.

Wenn Sie alle Array-Einträge auf diese Weise in reguläre Ausdrücke umgesetzt haben, brauchen Sie innerhalb der Schleife nur noch den Funktionsaufruf zu ändern. Damit wird der Text wie gewünscht korrigiert.

```
function Korrigieren($strText)
{
    $arrNZ=array(
      "((<iframe)|(</iframe)){1}[^>]*(>){1}",
      "((<ilayer)|(</ilayer)){1}[^>]*(>){1}",
      "((<a)|(</a)){1}[^>]*(>){1}",
      "((<div)|(</div)){1}[^>]*(>){1}",
      "((<layer)|(</layer)){1}[^>]*(>){1}");
    foreach ($arrNZ as $tag)
    {
        //ersetzt die nicht zulässigen Zeichenketten
        //durch leere Zeichenfolgen.
        //$strText=str_replace($tag,"",$strText);
        $strText=eregi_replace($tag,"",$strText);
    }
    return $strText;
}
```

Sinnvoll einsetzen lässt sich diese Funktion aber nicht nur, um unzulässigen HTML-Code aus Eingaben zu entfernen, sondern auch um bspw. Zeilenumbrüche, die der Benutzer über die [↵]-Taste erzeugt hat, in passende `<br>`-Tags umzusetzen. Dazu ergänzen Sie einfach nach der Schleife noch einen Aufruf der `eregi_replace`-Funktion. Als regulären Ausdruck verwenden Sie diesmal `"\n"`.

```
...
    $Eingabe=<<<Eing
Dieser Text enthält sowohl <b>gültige</b>
```

```
als auch ungültige HTML-Tags,<A href='test.html'>die</a>
herausgefiltert werden müssen.
Eing;
echo Korrigieren($Eingabe);
function Korrigieren($strText)
{
    ...
    foreach ($arrNZ as $tag)
    {
        //ersetzt die nicht zulässigen Zeichenketten
        //durch leere Zeichenfolgen.
        //$strText=str_replace($tag,"",$strText);
        $strText=eregi_replace($tag,"",$strText);
    }
    $strText=eregi_replace("\n","<br>",$strText);
    return $strText;
}
```

HINWEIS

Wenn Sie das Ergebnis im Browser betrachten, werden Sie feststellen, dass nicht nur an den Stellen im Code, an denen Sie im Text ein "\n" eingefügt haben, jetzt ein
-Tag steht, sondern auch an denen, wo bei der Heredoc-Syntax der Zeichenkette ein Zeilenumbruch im Code steht! Das liegt daran, dass hier auch die Zeilenumbruchzeichen Bestandteil der Zeichenkette werden.

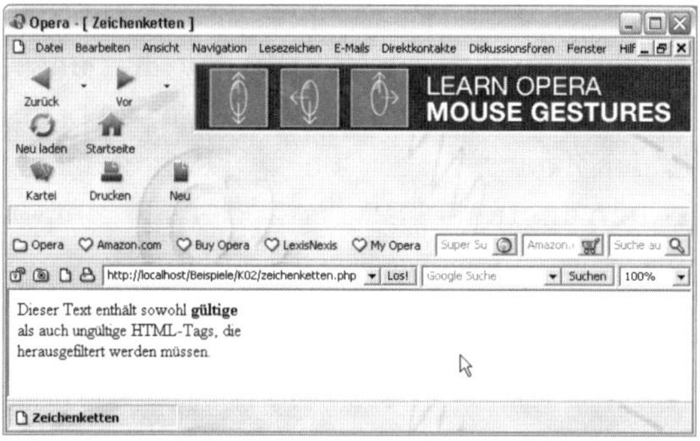

Abb. 2.22: Die Ausgabe des Textes mit Zeilenumbrüchen

2.9 Zusammenfassung, Fragen und Übungen

Zusammenfassung

- Variablen sind benannte Werte, die im Verlauf des PHP-Skriptes abgerufen werden können, aber auch ihre Werte verändern können.
- Eine Funktion ist ein benannter Codeblock, der über seinen Namen aufgerufen und so ausgeführt werden kann. Neben den PHP-Funktionen können Sie auch eigene Funktionen erstellen.
- Werte, die an Funktionen und Anweisungen übergeben werden, bezeichnet man als Parameter.
- Ein Ausdruck ist eine Zeichenfolge aus Werten, Variablen, Operatoren und Funktionsaufrufen, die einen Wert hat und vom PHP-Interpreter ausgewertet werden kann.
- Ein Datentyp einer Variablen oder eines Ausdrucks bestimmt, welche Art von Daten die Variable speichert bzw. der Ausdruck repräsentiert. Abhängig davon wirkt sich die Anwendung bestimmter Operatoren unterschiedlich aus.
- Zeiger sind Namen, die mit einer Variablen verknüpft sind, also nur auf deren Wert "zeigen".
- In PHP wird einem Variablennamen das Zeichen $ vorangestellt. Die Variable `Xyz` wird also im Code mit `$Xyz` angegeben.
- Verzweigungen dienen dazu, Code abhängig vom Vorliegen einer Bedingung auszuführen.
- Schleifen führen Anweisungen wiederholt aus, bis eine Eintrittsbedingung nicht mehr erfüllt oder eine Austrittsbedingung erfüllt ist.

Zusammenfassung

- Reguläre Ausdrücke sind Zeichenketten, die den Aufbau einer Zeichenkette mehr oder weniger präzise festlegen. Mit Hilfe der PHP-Funktion `eregi_replace` können Sie dann Teilzeichenfolgen, die einem regulären Ausdruck entsprechen, durch andere Zeichenfolgen ersetzen.
- Arrays oder Datenfelder sind virtuelle Listen oder einzeilige Tabellen, in denen Sie Daten speichern können. Der Zugriff auf die Felder des Arrays erfolgt dann über einen Index oder bei assoziativen Arrays über einen Schlüssel.

Fragen und Übungen

1. Welche Ausgabe erzeugt folgender Code?

```
$Wert=1;
echo 'Die Variable hat den Wert $Wert!';
```

2. Was unterscheidet die beiden folgenden Zuweisungen?

```
$Zahl1=$Zahl2;
$Zahl3=&$Zahl2;
```

3. Was ist eine abweisende Schleife?
4. Wie können Sie prüfen, ob eine Zahl gerade ist?
5. Definieren Sie einen regulären Ausdruck, der sowohl der Zeichenfolge `"<br>"` wie auch der Zeichenfolge `"<br />"` entspricht.

3 Datenbank- und MySQL-Grundlagen

Neben PHP soll es in diesem Buch vorrangig um Datenbankzugriffe auf MySQL-Datenbanken gehen. Dazu sind Datenbank-Grundlagen unerlässlich. Neben der Frage, was eine Datenbank überhaupt ist, müssen wichtige Zusammenhänge und die SQL-Grundlagen erläutert werden. All das passiert in diesem Kapitel. Ganz nebenbei wird hier auch die Datenbank erstellt, mit denen dann in den nächsten Kapiteln die PHP-Seiten arbeiten.

3.1 Was sind Datenbanken?

Zunächst ist zu klären, was eine Datenbank überhaupt ist. Eine Datenbank ist immer eine strukturierte Menge von Daten. Wie stark sie strukturiert ist, hängt vom Datenbankformat ab. Auch eine einfache Textdatei kann daher unter Umständen als Datenbank verwendet werden. Dies bietet sich vor allem bei einfach strukturierten Daten an. Gleiches gilt natürlich auch für XML-Dateien. Auch diese Dateien speichern Daten in strukturierter Form und dürfen daher durchaus ebenfalls als Datenbank bezeichnet werden.

HINWEIS

Landläufig wird bspw. Access oder dBase als Datenbank bezeichnet. Das ist jedoch nicht ganz richtig. Access und dBase sind Programme, die zur Verwaltung von Datenbanken eingesetzt werden. Sie sind damit Datenbankverwaltungsprogramme oder Datenbankmanagement-Systeme (DBMS).

Die Datenbank selbst besteht aus einer oder mehreren Dateien, die lediglich die Daten speichern und organisieren. Dabei hängt es vom Datenbankformat ab, aus wie vielen Dateien die Datenbank besteht und wie diese Dateien heißen. MySQL-Datenbanken sind serverbasierte Datenbanken, die auf einem MySQL-Datenbankserver verwaltet werden. Hier liegen die Daten nicht in Dateiform vor, zumindest nicht in einer Form, in der sie von einem Rechner auf den anderen kopiert werden könnten. Das macht die Weitergabe solcher Datenbanken etwas schwierig, schützt aber andererseits Ihre Daten auch vor einem unberechtigten Download.

3.2 Aufbau relationaler Datenbanken

Eine Datenbank, auch eine Datenbank eines SQL-Servers, besteht in der Regel aus Tabellen und Abfragen, eventuell auch aus weiteren Datenbankobjekten oder Informationen über die Zusammenhänge zwischen Tabellen und Abfragen, das sind Relationen oder Beziehungen. Eine Datenbanktabelle können Sie sich vorstellen wie eine übliche Tabelle. Sie besteht aus mehreren Zeilen und Spalten, wobei eine Zeile einen Datensatz bildet und eine Spalte ein Tabellenfeld. Anders, als Sie es vielleicht von Ihrer Tabellenkalkulation her kennen, sind Spalten von Datenbanktabellen nicht nur nummeriert, sondern auch benannt. Diese Spaltennamen werden als Feldnamen bezeichnet und ermöglichen den Zugriff auf einzelne Felder der Tabelle.

HINWEIS

Neben Tabellen gibt es auch Abfragen. Sie sind ähnlich aufgebaut wie Tabellen. Allerdings stellen sie nur virtuelle Tabellen dar, die aufgrund einer bestimmten Definition der Abfrage aus einer oder mehreren Tabellen der Datenbank erzeugt werden. Anders als in Access oder dBase können Sie in MySQL-Datenbanken Abfragen nicht speichern. Sie ergeben sich immer temporär aus einem lesenden Datenbankzugriff. Wie das im Detail funktioniert, wird gleich noch näher erläutert.

Zur Verwaltung von Datenbanken wird häufig SQL verwendet. Dabei handelt es sich um eine Datenbankabfragesprache. SQL ist die Abkürzung für Structured Query Language, erlaubt jedoch nicht nur, Abfragen zu formulieren, sondern kann auch dazu verwendet werden, Tabellen zu erstellen und zu manipulieren. Sie werden das beim Verwalten des mySQL-Servers noch kennen lernen.

> **HINWEIS**
> Details zu SQL und den verfügbaren Anweisungen finden Sie etwas weiter unten im Abschnitt *SQL die Basis von MySQL-Anwendungen*.

Datenbankformate und Organisationsformen

Datenbank ist nicht gleich Datenbank. Inzwischen gibt es zahlreiche Datenbankformate und Datenbankmanagement-Systeme, um diese zu verwalten. Problematisch ist dies jedoch nur dann, wenn Daten zwischen verschiedenen Datenbankformaten ausgetauscht werden müssen oder Web-Anwendungen Datenbankzugriffe erfordern

Abhängig davon, welches Datenbankformat verwendet wird, ist auch die Organisation der Daten in der Datenbank. Sie bestimmt, wie Datenbanken intern organisiert sind. Dazu gehört bspw., ob es nur Tabellen gibt, ob Abfragen gespeichert werden können und ob es Beziehungen zwischen Tabellen geben kann. Die meisten aktuellen Datenbankformate ermöglichen relationale Datenbanken. Das bedeutet, dass Tabellen in Beziehung zueinander gesetzt werden können. Diese Beziehungen werden Relationen genannt und ermöglichen bspw. eine effiziente und redundanzfreie Speicherung von Daten. Redundanzfrei bedeutet, dass Daten nicht doppelt gespeichert und damit doppelt gewartet werden müssen. Das kann nämlich wiederum zu inkonsistenten Datenbeständen führen. Dabei handelt es sich um Daten, die sich widersprechen. Folgendes Beispiel soll dies verdeutlichen.

Stellen Sie sich vor, Sie haben eine Datenbank erstellt, in der es eine Tabelle mit Kundenadressen und deren Bankverbindungen gibt. Dann speichern Sie für jeden Datensatz die Bankleitzahl und den Namen der Bank. Wenn sich aber nun der Name der Bank oder deren Bankleitzahl ändert, müssen Sie unter Umständen hunderte von Datensätzen ändern. Dabei kann es natürlich zu Fehlern kommen. Sie können sich bspw. bei der Eingabe vertippen, wodurch es passieren kann, dass für die gleiche Bank bei einem Kunden die Bankleitzahl 300 209 30 und bei einem anderen 300 209 03 gespeichert ist. Die Zuordnung von Bankleitzahl und Bankname ist damit nicht mehr eindeutig.

Relationale Datenbanken bieten hingegen die Möglichkeit, mehrere Tabellen zueinander in Beziehung zu setzen und zwar über ein eindeutiges Schlüsselfeld. Das könnte dann für obiges Beispiel wie in der folgenden Abbildung aussehen.

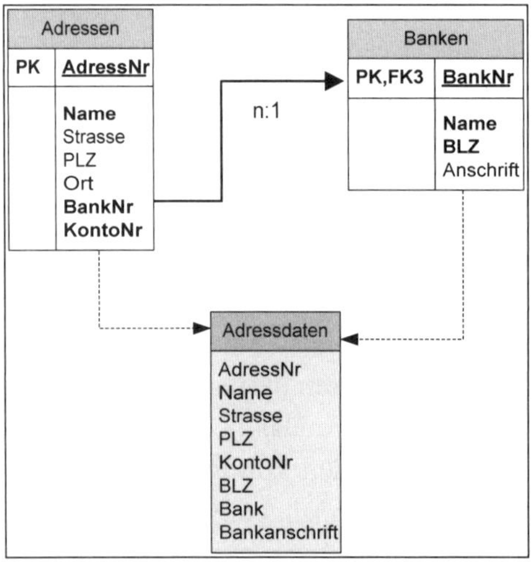

Abb. 3.1: Darstellung einer relationalen Datenbankbeziehung

Dargestellt wird hier ein ER-Diagramm. ER ist die Abkürzung für Entity-Relationship. Solche Diagramme beschreiben die Beziehungen zwischen den Tabellen einer Datenbank. Es gibt dafür verschiedene Diagramm-Modelle, die unterschiedliche Symbole zur Darstellung verwenden. In der folgenden Abbildung werden die Tabelle "Adressen" und "Banken" dargestellt, deren Felder im unteren Bereich des Symbols dargestellt werden. Das zuoberst dargestellte Feld "AdressNr" bzw. "BankNr" stellt den Primärschlüssel dar. Dies ist ein Feld oder eine Kombination aus Feldern, die einen Datensatz in der Tabelle eindeutig kennzeichnet. Oft werden dazu, wie im Beispiel, fortlaufende Nummern verwendet. Der Pfeil kennzeichnet eine n:1-Beziehung zwischen den beiden Tabellen. Sie besteht zwischen den Feldern "BankNr" der beiden Tabellen.

Das bedeutet, dass Datensätze beider Tabellen, die in diesem Feld den gleichen Wert haben, einander zugeordnet werden können. Die Kennzeichnung der Beziehung mit n:1 bestimmt, dass einem Datensatz in der Tabelle "Banken" beliebig viele (n) Datensätze der Tabelle "Adressen" zugeordnet werden können. Praktisch bedeutet das, dass mehrere Kunden die gleiche Bank haben können und diese über das Feld "BankNr" der Adresse des Kunden zugeordnet werden kann. Aufgrund der BankNr in der Tabelle "Adressen" kann also eindeutig eine Bank zugeordnet werden, andersherum ist dies aber nicht möglich. Ausgehend von einer speziellen Bank in der Tabelle "Banken" kann nicht eine einzelne Adresse ermittelt werden.

HINWEIS

Neben n:1-Beziehungen kann es aber auch n:n-, 1:1- oder 1:n-Beziehungen geben.

Existieren zwei oder mehr Tabellen, zwischen denen eine Beziehung besteht, können Sie die Daten der beiden Tabellen mit Hilfe einer Abfrage vereinen und so komplette Datensätze definieren. Die Abfrage *Adressdaten* ermittelt bspw. aus beiden Tabellen die entsprechenden Felder und fügt sie gemäß der definierten Beziehung zu einem kompletten Datensatz zusammen.

HINWEIS

Neben dem relationalen Datenbankmodell gibt es viele andere, die jedoch in letzter Zeit zunehmend bedeutungsloser geworden sind. Die wichtigsten relationalen Datenbankformate sind:

- SQL-Datenbanken (Microsoft SQL Server, Oracle, MySQL)
- Microsoft-Jet Datenbanken (Access-Datenbanken)
- dBase-Datenbanken
- InterBase-Datenbanken

3.3 SQL – die Basis von MySQL-Anwendungen

SQL ist die Abkürzung für Structured Query Language. Anders als der Name vermuten lässt, kann SQL aber sehr viel mehr, als nur Datenbanken abfragen. Sie können damit auch

- Tabellen einer Datenbank ändern, löschen und hinzufügen
- Datenbanken erstellen
- Indizes und Schlüssel erstellen
- Daten löschen und hinzufügen
- Werte berechnen
- Daten gruppieren

Leider hat sich der SQL-Standard jedoch nicht so einheitlich durchgesetzt, dass Sie mit jeder SQL-Anweisung jedes Datenbankmanagement-System manipulieren können, das SQL unterstützt. Es gibt verschiedene SQL-Dialekte, die gewisse Unterschiede aufweisen. Nachfolgend wird daher der SQL-Dialekt von MySQL erläutert. Die Befehle sind somit nicht ohne weiteres auch für andere Datenbankserver oder Datenbankmanagement-Systeme gültig.

Der größte Teil der SQL-Anweisungen ist jedoch kompatibel, so dass Sie sich mit diesem Kapitel einen guten Überblick über die Möglichkeiten von SQL verschaffen können. Die Beispiele beziehen sich auf MySQL 4.x, funktionieren größtenteils aber auch mit vorherigen Versionen von MySQL.

SQL-Anweisungen ausführen

Mit SQL können Tabellen erstellt, Datensätze gelöscht und ausgewählt, aber auch komplexe Berechnungen durchgeführt werden. Um SQL zu lernen, ist es sinnvoll, die hier vorgestellten Befehle auch zu testen. Dazu gibt es zwei Möglichkeiten. Sie nutzen phpMyAdmin oder die Eingabeaufforderung von Windows bzw. eine Konsole von Linux oder Mac OS, an der Sie nach Start des MySQL-Servers die SQL-Anweisungen eingeben können.

HINWEIS

Informationen zu phpMyAdmin und zur Installation von MySQL sowie dem passenden Webserver finden Sie in Kapitel 1 *Systemanforderungen und Vorbereitungen*.

Wenn Sie phpMyAdmin nicht installiert haben, können Sie aber auch die Windows-Eingabeaufforderung starten und dort die entsprechenden Befehle eingeben. Gehen Sie dazu wie folgt vor:

- Wählen Sie *Start / (Alle) Programme / Zubehör / Eingabeaufforderung* aus, wenn Sie Windows NT/2000/XP verwenden bzw. *Start / Programme / Zubehör / DOS-Fenster*, wenn Sie eine andere Windows-Version nutzen.

- Geben Sie nun `C:` ↵ ein, wenn Sie MySQL auf Laufwerk C: installiert haben und C: nicht schon ihr aktuelles Laufwerk ist. Ansonsten ersetzen Sie C: durch den Laufwerkbuchstaben des Laufwerks, auf dem Sie MySQL installiert haben.
- Wechseln Sie nun in das Stammverzeichnis des Laufwerks, falls Sie sich augenblicklich nicht darin befinden. Sollten Sie sich schon im Stammverzeichnis befinden, sollte als Eingabeaufforderung `C:\>` bzw. anstelle von C: der Laufwerkbuchstabe des aktuellen Laufwerks angezeigt werden. Um in das Stammverzeichnis zu wechseln, falls Sie sich noch nicht dort befinden, geben Sie so oft `cd ..` ↵ ein, bis Sie sich im Stammverzeichnis befinden. Mit jeder Eingabe des Befehls wird in das übergeordnete Verzeichnis des aktuellen Verzeichnisses gewechselt.
- Wechseln Sie nun in das `bin`-Verzeichnis der MySQL-Installation. Wenn Sie den bei der Installation vorgeschlagenen Pfad übernommen haben, geben Sie dazu `cd \MySQL\bin` ↵ ein.

Abb. 3.2: Wechseln in das `bin`-Verzeichnis von MySQL

- In diesem Verzeichnis finden Sie unter anderem die Datei *winmysqladmin.exe*. Sollte MySQL noch nicht gestartet sein, geben Sie `winmysqladmin.exe` ↵ ein, um MySQL damit zu starten.

HINWEIS

Sie erkennen, dass MySQL gestartet ist, daran, dass unten rechts in der Statusleiste (neben der Uhrzeit) ein Ampelsymbol erscheint, wenn MySQL ausgeführt wird.

- Geben Sie nun `mysql.exe` [↵] ein, um die Eingabeaufforderung für MySQL-Befehle zu starten. MySQL zeigt eine Eingabeaufforderung an, an der Sie alle nachfolgenden Befehle eingeben können.

> **HINWEIS**
>
> Wenn Sie die Eingabeaufforderung wieder verlassen möchten, geben Sie dazu `exit` [↵] ein.

Wichtige SQL-Anweisungen

Eine SQL-Anweisung beginnt in der Regel mit einem SQL-Schlüsselwort, das bestimmt, um welche Art Abfrage bzw. um welchen SQL-Befehl es sich handelt. Aktionsabfragen ermöglichen zum Beispiel das Erstellen von Tabellen sowie das Löschen von Datensätzen und die Ergänzung von Tabellen durch Anhängen von Datensätzen. Bevor Sie jedoch Daten und Tabellen manipulieren können, steht zunächst das Erstellen einer Datenbank an.

Eine Datenbank erstellen und öffnen

Um eine Datenbank zu erstellen, verwenden Sie die SQL-Anweisung `CREATE DATABASE`. Sie hat die folgende Syntax: `CREATE DATABASE` *Datenbankname*`;`. Dabei müssen Sie *Datenbankname* durch den Namen der zu erstellenden Datenbank ersetzen. Auf Ihrem lokalen Rechner können Sie den Namen der Datenbank frei wählen. Nur auf dem MySQL-Server muss der Name natürlich eindeutig sein. Wenn Sie jedoch die Datenbank und die auf diese Datenbank zugreifenden PHP-Seiten später auch bei Ihrem Provider veröffentlichen möchten, sollten Sie sich dort erkundigen, welche Anforderungen dieser an den Datenbanknamen stellt oder welchen Namen Ihre Datenbank dort hat. Diesen sollten Sie dann auch für die `CREATE DATABASE`-Anweisung verwenden, um lokal eine Datenbank gleichen Namens zu erstellen.

HINWEIS

Damit der Befehl auch ausgeführt wird, müssen Sie zwingend das Semikolon am Ende angeben und die Anweisung mit ↵ abschicken.

Wenn die Datenbank erstellt wurde, müssen Sie sie öffnen bzw. eine Verbindung zu dieser Datenbank aufbauen. Das bewirkt, dass alle nachfolgend eingegebenen Anweisungen auf diese Datenbank angewendet werden. Dazu geben Sie `connect` *Datenbankname*`;` ↵ ein. Als Datenbanknamen geben Sie hier den Namen der soeben erzeugten Datenbank an.

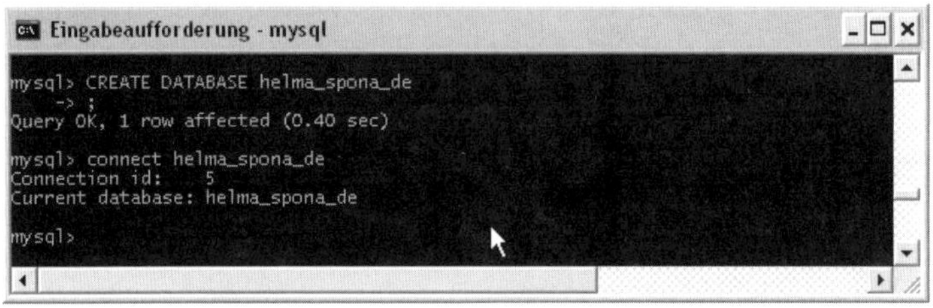

Abb. 3.3: Ausführen des connect-Befehls

Wenn der Befehl korrekt ausgeführt wurde, sollten Sie eine Connection-ID (in der Abbildung, 5) und die Information über die aktuelle Datenbank angezeigt bekommen, wie dies Abbildung 3 zeigt.

Sie müssen sich aber nicht immer neu mit der Datenbank verbinden. Oft reicht es auch aus, die Datenbank einfach als aktuelle Datenbank festzulegen. Dazu verwenden Sie die `USE`-Anweisung mit folgender Syntax: `USE` *Datenbankname*`;` ↵.

Tabellen erstellen

Wenn Sie mit Hilfe von SQL Tabellen erstellen möchten, können Sie dazu die `CREATE TABLE`-Anweisung verwenden. Ihre Syntax ist relativ komplex und lautet:

```
CREATE TABLE Tabelle (Feld1 Typ [(Größe)] [NOT NULL] [Index1] [, Feld2
Typ [(Größe)] [NOT NULL] [Index2] [, ...]] [, PRIMARY KEY
(Feldname)]])
```

> **HINWEIS**
> Diese und alle folgenden Syntaxbeschreibungen sind wie folgt zu interpretieren. Angaben links und rechts eines | können alternativ eingesetzt werden. Elemente in eckigen Klammern sind optional. Alle kursiven Bestandteile sind Platzhalter für Ihre Eingaben und ... Auslassungszeichen für sich wiederholende Elemente der Syntax.

Obige Syntax ist etwas vereinfacht, weil hier auf Bestandteile der Syntax verzichtet wurde, die für Webanwendungen von untergeordneter Bedeutung sind. Aber auch so scheint die Syntax auf den ersten Blick noch kompliziert genug. Eine minimale Anweisung ist aber eigentlich ganz einfach. Mit `CREATE TABLE nachrichten (ID Integer);` würde eine Tabelle mit dem Namen *nachrichten* erzeugt, die genau ein Feld hat. Dies trägt den Namen *ID* und hat den Datentyp *Integer*. Wenn Sie mehr als ein Feld erstellen möchten, hängen Sie einfach an die Feldliste ein Komma und dann das nächste Feld an. `CREATE TABLE nachrichten (ID Integer, Nachricht CHAR);` würde also zusätzlich ein Feld *Nachricht* vom Typ *CHAR* erstellen.

> **HINWEIS**
> Feldnamen müssen innerhalb einer Tabelle eindeutig sind, müssen mit einem Buchstaben beginnen und dürfen außer Buchstaben und Ziffern keine sonstigen Zeichen enthalten. Auch Bindestriche in Feldnamen sind nicht erlaubt. Umlaute wie Ä, Ö, Ü und ß sind ebenso nicht erlaubt. Stehen sie am Anfang oder Ende eines Feldnamens, werden sie einfach abgeschnitten, in der Mitte verursachen Sie jedoch Fehler beim Ausführen der `CREATE TABLE`-Anweisung.

Neben dem Felddatentyp können Sie natürlich auch die Feldlänge definieren. Dies ist vor allem bei Textfeldern wichtig. Wenn Sie die Feldlänge festlegen möchten, geben Sie diese einfach in Klammern nach dem Datentyp an. Wenn Sie das Feld *Nachricht* beispielsweise auf 255 Zeichen begrenzen möchten, geben Sie die folgende SQL-Anweisung ein:

```
CREATE TABLE nachrichten (ID Integer, Nachricht CHAR (255));
```

In der Regel ist es außerdem sinnvoll, eine Tabelle mit einem Primärschlüssel oder anderen Indizes zu versehen. Das können Sie machen, wenn Sie die Tabelle erstellen. Aber auch eine spätere Ergänzung oder Änderung der Indizes ist möglich. Wenn Sie einen Index oder Primärschlüssel beim Erstellen der Tabelle definieren möchten, müssen Sie für dieses Feld festlegen, dass es nicht leer sein darf und keine Nullwerte enthalten darf. Dazu geben Sie nach dem Felddatentyp und gegebenenfalls der Feldgröße die Schlüsselwörter `NOT NULL` an. Mit der Angabe `PRIMARY KEY` am Ende der Feldliste legen Sie fest, welches Feld indiziert werden und Primärschlüssel sein soll. Die Anweisung zur Definition des Primärschlüssels bei der Tabellendefinition könnte also wie folgt aussehen:

```
CREATE TABLE nachrichten (ID Integer NOT NULL, Nachricht CHAR(255),
PRIMARY KEY (ID));
```

> **HINWEIS**
> Wenn Sie die Anweisung ausgeführt haben und dabei keinen Fehler gemacht haben, sollte die Anweisung mit der Meldung "*Query OK, 0 rows affected (0.60 sec)*" quittiert werden.

Sie können sich jederzeit sowohl die vorhandenen Tabellen in der Datenbank als auch deren Aufbau und Datensätze anzeigen lassen. Um alle Tabellen aufzulisten, geben Sie `SHOW TABLES;` [Enter] ein. Wenn Sie den Tabellenaufbau einer bestimmten Tabelle anzeigen lassen möchten, verwenden Sie den Befehl `DESCRIBE` *Tabellenname*; [Enter]. Wenn

Sie sich die Inhalte der Tabelle anzeigen lassen möchten, geben Sie dazu `SELECT * FROM` *Tabellenname*`;` [↵] ein. Dabei handelt es sich um eine sehr einfache Auswahlabfrage, die alle Felder der Tabelle unsortiert ausgibt. Wenn die Tabelle jedoch noch leer ist, werden folglich keine Daten ausgegeben. Stattdessen erhalten Sie die Meldung *Empty set*.

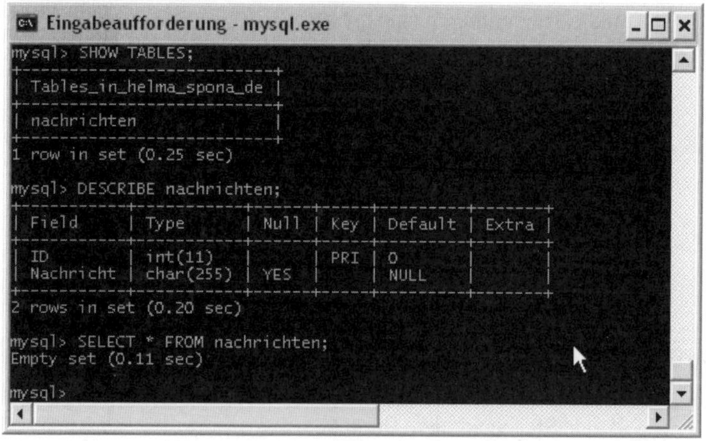

Abb. 3.4: Ausführen der Anweisungen `SHOW`, `DESCRIBE` und `SELECT`

Felddatentypen für SQL-Anweisungen

Damit Sie effektiv mit der `CREATE TABLE`-Anweisung arbeiten können, müssen Sie natürlich auch entsprechende Informationen über die verfügbaren Datentypen haben. Die wichtigsten Datentypen von MySQL und ihre Beschreibung zeigt die folgende Tabelle. Diese Liste stellt aber nur einen kleinen Teil der Datentypen dar und zwar die am häufigsten verwendeten.

Datentyp	Beschreibung	Wertebereich
CHAR(*n*)	Speichert Zeichenketten mit einer festen Länge von maximal 255 Zeichen. Dabei gibt n die Feldlänge, also die Anzahl speicherbarer Zeichen, zuzüglich 1 an. Die Zahl n muss also immer um eins höher sein als die zu speichernden Zeichen. Wenn Sie zehn Zeichen speichern möchten, müssen Sie also CHAR(11) angeben.	Beliebige Zeichen
DATE	Speichert Datumsangaben	Datumswerte vom 01.01.1000 bis einschließlich 31.12.9999.
DECIMAL(m,n)	Speichert Dezimalzahlen mit oder ohne Vorzeichen. m legt dabei die Anzahl Stellen vor dem Dezimaltrennzeichen und n die Anzahl nach dem Dezimaltrennzeichen fest.	
FLOAT(*m*,*n*)	Speichert Fließkommazahlen mit oder ohne Vorzeichen. m legt dabei die Anzahl Stellen vor dem Dezimaltrennzeichen und n die Anzahl nach dem Dezimaltrennzeichen fest.	Fließkommazahlen von -1,17549E-38 bis 3,4028E+38
INTEGER(*n*)	Kann ganze Zahlen mit oder ohne Vorzeichen speichern. Mit n können Sie die Länge der Zahl für die Ausgabe bestimmen.	Ganze Zahlen von -2147483648 bis +2147483647

Datentyp	Beschreibung	Wertebereich
TEXT	Kann Zeichenketten variabler Länge mit bis zu 65.353 Zeichen speichern.	Beliebige Zeichen
TIMESTAMP	Erzeugt einen Zeitstempel und speichert ihn. Dabei handelt es sich um die aktuelle Zeit und das aktuelle Datum. Sehr nützlich ist ein solches Feld, um den Zeitpunkt der Speicherung der Daten festzuhalten.	
VARCHAR(*n*)	Ermöglicht die Speicherung von Zeichenketten mit variabler Länge. Dabei gibt n die Anzahl der maximal speicherbaren Zeichen zuzüglich 1 an. Kürzere Zeichenketten als n-1 werden anders als beim Datentyp CHAR nicht mit Leerzeichen aufgefüllt.	Beliebige Zeichen
YEAR	Ermöglicht die Speicherung von Jahreszahlen aus vier Ziffern.	Jahreszahlen von 1901 bis 2155

Tab. 3.1: Wichtige MySQL-Datentypen

Die Beispieltabellen erstellen

Mit diesen Datentypen haben Sie nun die Grundlagen für die Erstellung der benötigten Datenbanktabellen geschaffen. Für die Beispiele in den nächsten beiden Kapiteln sollen drei Tabellen erstellt werden. Die Tabelle *buecher* soll Informationen über Bücher speichern und dazu die Felder:

- *ID* (INTEGER)

- *Titel* (`VARCHAR(100)`)
- *Autor* (`VARCHAR(20)`)
- *Bild* (`VARCHAR(20)`)
- *Erscheinungsjahr* (`YEAR`)
- *Preis* (`FLOAT`)
- *ISBN* (`CHAR(13)`)
- *Beschreibung* (`TEXT`)

enthalten. Die Angaben in Klammern sind die zu verwendenden Datentypen.

Im Feld *ID* sollen wie bei den anderen zwei Tabellen fortlaufende Nummern für die Datensätze gespeichert werden. Solche Felder können Sie als so genannte Auto-Increment-Felder erstellen. Dann sorgt der MySQL-Server dafür, dass beim Anlegen eines neuen Datensatzes eine eindeutige Nummer generiert wird. Solche Felder müssen ganzzahlige numerische Datentypen wie bspw. `INTEGER` haben und müssen mit `NOT NULL` gekennzeichnet sein, wenn sie als Primärschlüssel verwendet werden sollen. Mit dem Schlüsselwort `AUTO_INCREMENT` hinter dem Feld in der `CREATE TABLE`-Anweisung geben Sie an, dass es sich bei dem Feld um eine Auto-Increment-Feld handelt. Um die Tabelle zu erstellen, müssten Sie daher folgende Anweisung ausführen:

```
CREATE TABLE buecher (
  ID INTEGER NOT NULL AUTO_INCREMENT,
  Titel VARCHAR(30),
  Autor VARCHAR(20),
  Bild VARCHAR(20),
  Erscheinungsjahr YEAR,
  Preis FLOAT,
  ISBN CHAR(13),
  Beschreibung TEXT,
  PRIMARY KEY (ID));
```

Als Zweites soll eine Tabelle *zusatzinfos* erstellt werden, die zusätzliche Informationen zu einem bestimmten Buch speichert. Die Datensätze dieser Tabelle sollen über die Buchnummer einem bestimmten Buch zugeordnet werden können. Dazu sind folgende Felder notwendig:

- *ID* (`INTEGER`)
- *Buchnr* (`INTEGER`)
- *Kurztext* (`VARCHAR(20)`)
- *Beschreibung* (`TEXT`)
- *Link* (`VARCHAR(200)`)

HINWEIS

> Als Primärschlüssel soll auch hier wieder das Feld *ID* als Auto-Increment-Feld verwendet werden. Da die Verknüpfung mit der Tabelle *buecher* über das Feld *Buchnr* erfolgen soll, darf dieses natürlich auch keine Nullwerte enthalten und sollte daher ebenfalls mit `NOT NULL` deklariert werden.

Die zu verwendende SQL-Anweisung lautet:

```
CREATE TABLE zusatzinfos (
  ID INTEGER NOT NULL AUTO_INCREMENT,
  Buchnr INTEGER NOT NULL,
  Kurztext VARCHAR(20),
  Beschreibung TEXT,
  Link VARCHAR(200),
  PRIMARY KEY (ID));
```

Die dritte Tabelle *FAQ* soll Fragen und Antworten zu den Büchern speichern. Auch hier muss daher jeder Datensatz einem Buch über die Buchnummer zugeordnet werden können. Zu jeder Frage soll neben der Seitennummer und dem Namen des Absenders auch gleich die Antwort gespeichert werden. Es sind somit folgende Felder notwendig.

- *ID* (INTEGER)
- *Buchnr* (INTEGER)
- *Name* (VARCHAR(30))
- *Frage* (Text)
- *Antwort* (Text)

Die dazu notwendige SQL-Anweisung müsste also so aussehen:

```
CREATE TABLE FAQ (
  ID INTEGER NOT NULL AUTO_INCREMENT,
  Buchnr INTEGER,
  Name VARCHAR(30),
  Frage TEXT,
  Antwort TEXT,
  PRIMARY KEY (ID));
```

Tabellen ändern und löschen

Nicht immer ist am Anfang schon ersichtlich, welche Felder und Felddatentypen in einer Tabelle optimal sind. Manchmal müssen Sie auch vorhandene Tabellen nachträglich anpassen. Dazu gibt es im Prinzip zwei Möglichkeiten. Wenn die Tabelle noch leer ist, also keine Daten enthält, können Sie sie löschen und neu erstellen. Da dabei jedoch auch alle Daten in der Tabelle gelöscht werden, ist dies natürlich nicht geeignet, wenn die Tabelle schon Daten enthält. In diesem Fall können Sie die Tabellenstruktur über die ALTER-TABLE-Anweisung ändern.

> **HINWEIS**
> Wenn Sie eine Tabelle löschen möchten, führen Sie dazu die DROP TABLE-Anweisung aus. Mit DROP TABLE Test; [↵] würden Sie bspw. die Tabelle *Test* aus der Datenbank löschen.

Die Syntax der ALTER TABLE-Anweisung ist recht einfach: ALTER TABLE *Tabellenname Aktion* [,*Aktion*] ... ;

Die Aktion bestimmt, was geändert wird, ob Sie also bspw. die Tabelle umbenennen, ein Feld hinzufügen, löschen oder dessen Eigenschaften verändern möchten. Die wichtigsten Aktionen zeigen die nachfolgenden Beispiele.

Wenn Sie sich nachträglich überlegt haben, dass zu jedem Buch auch angezeigt werden soll, ob es lieferbar ist und bei welchem Verlag es erschienen ist, müssten Sie dazu ein Feld *Status* und ein Feld *Verlag* zur Tabelle *buecher* hinzufügen. Sie benötigen dazu die `ADD`-Aktion, die einer vorhandenen Tabelle eine Spaltendefinition hinzufügt und über die Syntax `ADD` *Spaltenname Datentyp*`;` verfügt. Um ein solches Feld mit der `ALTER TABLE`-Anweisung hinzuzufügen, ist folgende Anweisung notwendig:

```
ALTER TABLE buecher
  ADD Status VARCHAR(25),
  ADD Verlag VARCHAR(20);
```

Es gibt noch ein kleines Problem, das beim Erstellen der Tabellen nicht berücksichtigt wurde. Um sicherzustellen, das sowohl im Feld *Buchnr* als auch im Feld *Frage* der Tabelle *FAQ* etwas eingetragen wird, wenn ein neuer Datensatz erstellt wird, sollten Sie beide Felder mit `NOT NULL` definieren. Auch das können Sie nachträglich noch machen, indem Sie die Feldeigenschaften ändern. Dazu gibt es prinzipiell zwei Möglichkeiten. Mit dem Befehl `CHANGE` können Sie eine Spalte neu definieren und dabei auch umbenennen. Die Syntax lautet: `CHANGE` *alterSpaltenname neuerSpaltenname Spalteneigenschaften*. Wenn Sie den Spaltennamen nicht ändern möchten, können Sie auch die `MODIFY`-Anweisung verwenden. Sie hat folgenden Aufbau: `MODIFY` *Spaltenname Spalteneigenschaften*.

HINWEIS

> In beiden Befehlen werden die Spalteneigenschaften genauso angegeben wie in der `CREATE TABLE`-Anweisung.

Wenn Sie also beiden Spalten die Eigenschaft NOT NULL hinzufügen möchten, können Sie dazu folgende Anweisung verwenden:

```
ALTER TABLE FAQ
  MODIFY Buchnr INTEGER NOT NULL,
  MODIFY Frage TEXT NOT NULL;
```

> **HINWEIS**
>
> Ändern Sie Spalten, in denen schon Daten stehen, und verkürzen bspw. die Feldlänge, kommt es zu Datenverlusten. Andere Änderungen werden unter Umständen nicht durchgeführt, wenn die Daten der Spalte danach den Spalteneigenschaften entgegenstehen.

Außerdem können Sie auch Defaultwerte für Spalten festlegen. Das sind Werte, die Felder annehmen, denen keine Werte zugewiesen wurden. Wenn Sie sich eine Tabelle mit EXPLAIN oder DESCRIBE anzeigen lassen, finden Sie die standardmäßig zugewiesenen Defaultwerte in der Spalte *Default* der ausgegebenen Tabelle.

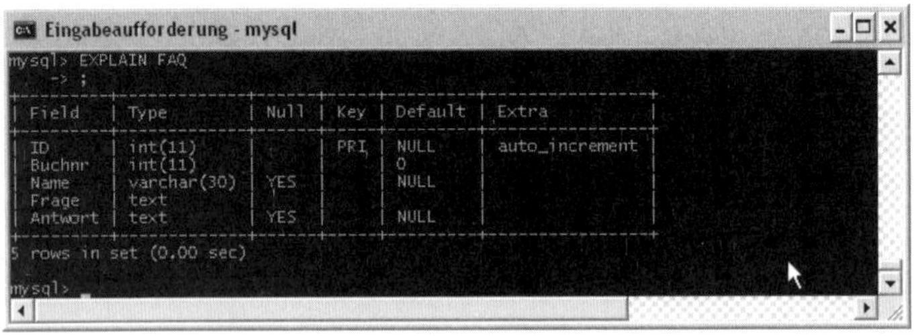

Abb. 3.5: Anzeige der Tabelleneigenschaften

Möchten Sie diese Werte ändern, können Sie dazu die ALTER TABLE-Anweisung mit der Aktion ALTER verwenden. Die Syntax der ALTER TABLE-Anweisung mit der ALTER-Aktion lautet:

```
ALTER TABLE ALTER Spaltenname {SET DEFAULT Wert |DROP DEFAULT};
```

Wenn Sie für das Feld *Name* in der Tabelle *FAQ* als Standardwert eine leere Zeichenfolge zuweisen möchten, können Sie dazu folgende SQL-Anweisung ausführen.

```
ALTER TABLE FAQ ALTER Name SET DEFAULT "";
```

> **HINWEIS**
> Sie können nicht für alle Felddatentypen auf diese Weise Standardwerte festlegen. Für `TEXT`- und `BLOB`-Felder geht das bspw. nicht.

Datensätze in Tabellen einfügen und aktualisieren

Mit einer leeren Tabelle lässt sich in der Regel wenig anfangen. Wenn Sie die Daten nicht ausschließlich über PHP-Seiten einfügen möchten, bleibt Ihnen nichts anderes übrig, als dies über die `INSERT INTO`-Anweisung von SQL zu machen.

> **HINWEIS**
> Auch wenn Sie die Daten in einer PHP-Seite einfügen, benötigen Sie die gleiche Anweisung. Der Unterschied besteht nur darin, dass die Eingaben in ein Formular gemacht werden können und Sie die SQL-Anweisung nur einmal im Code definieren müssen, statt sie für jeden Datensatz neu eingeben zu müssen. Aber Sie kommen in keinem Fall darum herum, sich mit der `INSERT INTO`-Anweisung auseinander zu setzen.

Mit der `INSERT INTO`-Anweisung können Sie Datensätze in eine Tabelle schreiben. Ein Datensatz, den Sie damit einfügen, wird immer an das Ende der Tabelle angehängt. Ihre einfachste Syntax lautet:

```
INSERT INTO Tabellenname VALUES(Wert[,Wert] ...);
```

Möchten Sie bspw. Buchdaten in die Tabelle *buecher* einfügen, können Sie dazu die folgende Anweisung verwenden. Nach den Schlüsselwörtern `INSERT INTO` folgt die Tabelle, in der die Daten eingefügt werden sollen. Danach geben Sie das Schlüsselwort VALUES und in Klammern die Feldwerte an, die als Datensatz eingefügt werden sollen. Die Reihenfolge der Werte muss zwingend der Reihenfolge der Tabellenfelder entsprechen. Der erste Wert wird folglich dem ersten Feld, der zweite dem zweiten Feld zugewiesen etc.

HINWEIS

Obwohl das Feld *Beschreibung* längere Texte speichern kann, ist es nicht möglich, über die MySQL-Kommandozeile Texte mit INSERT INTO einzufügen, die länger als 254 Zeichen sind. Dann wird die SQL-Anweisung nämlich schon vor der Ausführung fehlerhaft abgeschnitten und nicht ausgeführt. Sollte Ihnen das passieren, geben Sie ' [Enter] ein, um zunächst die Zeichenkette abzuschließen. Danach erscheint als Eingabeaufforderung ein Pfeil ->. Dort geben Sie dann \c [Enter] ein, um den Puffer der Eingabeaufforderung zu löschen. Danach können Sie den nächsten Befehl wieder ausführen. Der Datensatz wurde dann aber nicht eingefügt. Wenn Sie später die INSERT INTO-Anweisung aus einer PHP-Seite ausführen, haben Sie das Problem aber nicht.

```
INSERT INTO buecher VALUES(
  0,
  'Einsteigerseminar SVG, Webgrafiken mit XML',
  'Helma Spona',
  'essvg.jpg',
  2001,
  9.95,
  '3-8266-7181-3',
  'SVG ist der neue Grafikstandard des W3C auf XML-Basis. Mit SVG
lassen sich sehr schön Grafiken und Animationen bei gleichzeitig
kleiner Dateigröße erzielen. Weitere Informationen finden Sie auf: <a
href=\"http://www.s-v-g.net\">www.s-v-g.net</a>',
  'verfügbar',
  'vmi Buch AG');
```

HINWEIS

Obwohl das erste Feld *ID* ein Auto-Increment-Feld ist, erwartet MySQL, dass Sie dafür einen Wert übergeben, weil sonst die Anzahl der Werte nicht mit den Feldern übereinstimmt. Der Wert wird aber nicht berücksichtigt und tatsächlich der nächste verfügbare Wert im Feld gespeichert. Das sehen Sie, wenn Sie nach dieser Anweisung die Daten der Tabelle mit `SELECT * FROM buecher;` abrufen. Dort wird dann für das Feld `ID` tatsächlich der nächste freie Wert und nicht der angegebene Wert 0 angezeigt. Welches der nächste Wert ist, hängt davon ab, wie viele zuvor schon eingefügt und eventuell wieder gelöscht wurden. Der erste Datensatz bekommt immer den Wert 1.

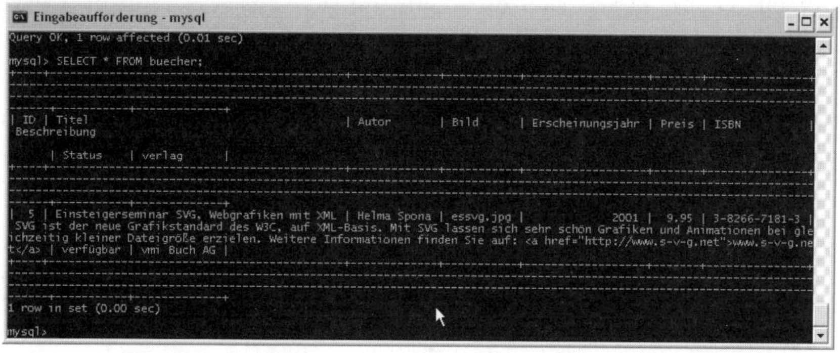

Abb. 3.6: Die eingefügten Daten

Die vorstehende Anweisung zeigt im Prinzip schon den Umgang mit den wichtigsten Datentypen. Zeichenketten werden in Hochkommata eingefasst, Zahlen einfach angegeben. Bei Dezimalzahlen wird als Dezimaltrennzeichen der Punkt verwendet. Mit 9.95 wird also ein Preis von 9,95 in das Feld geschrieben. Möchten Sie innerhalb von Zeichenketten Anführungszeichen definieren, setzen Sie denen wie in PHP einen Backslash voran.

Die oben verwendete INSERT INTO-Anweisung nutzt nur die einfachste Syntax der Anweisung. Wenn Sie in eine Tabelle, die sehr viele Felder hat, nur einen kleinen Teil der Feldwerte festlegen möchten, ist sie natürlich etwas aufwändig. Auch die Sache mit den Auto-Increment-Feldern ist nicht optimal. Besser wäre, den Feldwert für das Feld ID nicht anzugeben. Dazu müssten Sie MySQL aber beibringen, welcher Feldwert zu welchem Feld gehört. Das funktioniert mit der erweiterten Syntax der INSERT-INTO-Anweisung.

```
INSERT INTO Tabellenname (Feldname[, Feldname] ...) VALUES(Wert[,Wert]
...);
```

In den Klammern nach dem Tabellennamen können Sie die Feldreihenfolge bestimmen, in der die Werte in der VALUES-Liste aufgeführt werden. Damit lassen sich nicht nur die Felder bestimmen, in denen die Werte eingefügt werden sollen, sondern auch deren Reihenfolge. Wenn Sie mit dieser Syntax einen Datensatz in die Tabelle *buecher* einfügen und keine Beschreibung und keine ID angeben möchten, sähe das bspw. so aus:

```
INSERT INTO buecher (
  Titel, Autor, Bild, Erscheinungsjahr,
  Preis, ISBN, Status, Verlag)
VALUES(
  'Einsteigerseminar Adobe GoLive 6.0',
  'Helma Spona',
  'esgl6.jpg',
  2002,
  9.95,
  '3-8266-7234-8',
  'verfügbar',
  'vmi Buch AG');
```

Wichtig ist auch hier wieder, dass die Reihenfolge der Werte der Reihenfolge der Felder entspricht, in der sie nach dem Tabellenamen aufgeführt werden.

Datensätze aktualisieren

Einmal eingefügte Datensätze können Sie natürlich auch jederzeit ändern oder auch löschen und neu einfügen.

> **HINWEIS**
>
> Wenn die Tabelle ein Auto-Increment-Feld enthält und Sie den Datensatz nicht ändern, sondern löschen und neu einfügen, erhält er dadurch eine andere fortlaufende Nummer als vorher! Die Änderung eines Datensatzes sollte daher in der Regel Ihre erste Wahl sein.

Mit Hilfe der `UPDATE`-Anweisung können Sie Datensätze aktualisieren. Sie können sie beispielsweise verwenden, um Datensätze zu ändern, die bestimmte Bedingungen erfüllen. Die Syntax der `UPDATE`-Anweisung lautet:

```
UPDATE Tabellenname SET Feldname=Wert [, Feldname=Wert] [, ...] [WHERE
Bedingung];
```

Möchten Sie bspw. den Titel eines Buches auf diese Weise ändern, benötigen Sie zunächst einmal dessen Datensatznummer oder andere Feldwerte, die zusammen geeignet sind, den Datensatz zu identifizieren. In der Regel ist dazu am besten der Primärschlüssel des Feldes geeignet. Mit der folgenden Anweisung wird der Titel des Buches mit der ID 2 geändert.

> **HINWEIS**
>
> Eine Liste der Datensätze in der Tabelle können Sie ausgeben lassen, indem Sie `SELECT * FROM` *Tabellenname*`;` [↵] eingeben.

```
UPDATE buecher SET Titel='Einsteigerseminar Windows-Programmierung mit
VBScript' WHERE (ID=2);
```

Wenn die Bedingung einen Datensatz nicht eindeutig identifiziert, werden dadurch gegebenenfalls mehrere Datensätze geändert. Das können Sie sich bspw. zunutze machen, um alle Preise zu erhöhen oder zu erniedrigen. Die folgende Anweisung erhöht für alle Datensätze, die im Feld *Preis* den Wert 9.95 stehen haben, den Preis um 10 %, indem der aktuelle Preis mit 1,10 multipliziert wird. Sie sehen also, auch Berechnungen können Sie in einer SQL-Anweisung ausführen.

```
UPDATE buecher SET Preis = Preis*1.10 WHERE Preis=9.95;
```

HINWEIS

Wenn Sie die Anweisung ausführen, werden Sie die Meldung bekommen, *Query OK, 0 rows affected (0.02 sec)* und das selbst dann, wenn es zahlreiche Datensätze gibt, die den Preis 9,95 eingetragen haben. Die Meldung bedeutet, dass die SQL-Anweisung korrekt war (*Query OK*), aber keine Datensätze geändert wurden (*0 rows affected*).

Der Grund liegt darin, dass das Feld *Preis* den Datentyp `FLOAT` hat. Der ist zwar in der Lage, die gewünschten Daten zu speichern, hat aber einige Tücken.

Arbeiten mit besonderen Datentypen

Die Datentypen, mit denen die meisten MySQL-Anwender die größten Problem haben, sind `FLOAT` und `TIMESTAMP`. Diese beiden Datentypen sollen daher an dieser Stelle gesondert betrachtet werden.

Besonders tückisch ist der Datentyp `FLOAT`. Das liegt daran, wie er die Daten speichert. Sie können einem Feld dieses Typs im Prinzip jeden numerischen Wert zuweisen. Er wird dann auch anstandslos gespeichert. Ob aber beim Lesen aus dem Feld exakt der Wert herauskommt, den Sie hineingeschrieben haben, hängt vom gespeicherten Wert ab. Folgendes Beispiel soll dies zeigen.

Nehmen Sie an, Sie haben mit der Anweisung `CREATE TABLE test (FLTWert FLOAT,DECWert DECIMAL(5,2));` eine Tabelle *test* aus zwei

Feldern erstellt. Das erste speichert einen Wert mit dem Datentyp FLOAT, das zweite den gleichen Wert mit dem Datentyp DECIMAL, wobei zwei Nachkommastellen verwendet werden sollen. Wenn Sie nun in diese Tabelle mit den Anweisungen

```
INSERT INTO test VALUES (1,1);
INSERT INTO test VALUES (2.37,2.37);
```

Datensätze einfügen, die jeweils den gleichen Wert in beide Felder schreiben, erhalten Sie folgende Daten, die Sie mit SELECT * FROM test; ausgeben lassen können.

```
+---------+---------+
| FLTWert | DECWert |
|       1 |    1.00 |
|    2.37 |    2.37 |
+---------+---------+
```

Scheinbar enthalten also beide Spalten die gleichen Werte, nur in der Ausgabe der Nachkommastellen unterscheiden sie sich. Aber genau das ist ein Irrtum. Wenn Sie nämlich in den Daten nach einem speziellen Wert suchen, der gemäß vorstehender Ausgabe vorhanden ist, nämlich 2,37, wird er nicht gefunden. Die Auswahlabfrage SELECT * FROM test WHERE (FLTWert=2.37); sollte bspw. alle Datensätze liefern, die im Feld FLTWert den Wert 2,37 stehen haben, dennoch werden keine Datensätze gefunden.

Ganz anders hingegen, wenn Sie im Feld DECWert nach der gleichen Zahl suchen. Dann wird korrekt der zweiten Datensatz gefunden.

```
mysql> SELECT * FROM test WHERE (DECWert=2.37);
+---------+---------+
| FLTWert | DECWert |
+---------+---------+
|    2.37 |    2.37 |
+---------+---------+
1 row in set (0.00 sec)
```

Aber woran liegt das jetzt? Der Grund für dieses merkwürdige Verhalten ist die Art und Weise, wie die Zahlen intern gespeichert werden. Bei Fließkommazahlen werden die Zahlen so gespeichert, dass eine möglichst hohe Anzahl Nachkommastellen gespeichert werden kann. Dabei kommt es dann bei der Umwandlung der Fließkommazahl in ihre binäre Darstellung zu "Rundungsfehlern". Nicht jede Dezimalzahl kann als Fließkommazahl binär dargestellt werden. Daher kommt es schon mal vor, dass eine Zahl wie bspw. 2,37 nicht als 2,37, sondern nur als 2,3666666666 gespeichert wird. Bei der Ausgabe mit `SELECT` wird die Zahl jedoch wieder so gerundet, dass sie als 2,37 erscheint. Gespeichert ist aber 2,3666666666. Suchen Sie nun nach einem bestimmten Wert in der Spalte, stellt der Datenbankserver natürlich fest, dass der Wert 2.37 gar nicht in der Spalte vorhanden ist.

Deutlich wird diese Differenz zwischen Anzeige und gespeichertem Wert vor allem, wenn Sie mit den Werten rechnen. Nehmen Sie an, Sie möchten beide Spalten um 10 % erhöhen und Sie verwenden dazu nacheinander die folgenden `UPDATE`-Anweisungen.

```
UPDATE test SET FLTWert=FLTWert*1.10;
UPDATE test SET DECWert=DECWert*1.10;
```

Rein oberflächlich betrachtet sollte man annehmen, dass bei der gleichen Rechenoperation auf beide Felder auch beide den gleichen Wert haben. Das ist aber leider nicht der Fall. Wenn Sie nämlich danach die Datensätze ausgeben lassen, sieht das wie folgt aus. Die Zahl 2,37 in der Spalte *FLTWert* hat nun den Wert 2,607 und nicht, 2,61 wie die Zahl der Spalte *DECWert*. Zwar ist das Ergebnis richtig, weil 2,607 aufgerundet 2,61 ergibt, aber nicht immer sind die Nachkommastellen ja erwünscht und die Suche nach einem bestimmten Wert in der Spalte wird dadurch natürlich erschwert.

```
mysql> SELECT * FROM test;
+---------+---------+
| FLTWert | DECWert |
+---------+---------+
|     1.1 |    1.10 |
|   2.607 |    2.61 |
+---------+---------+
2 rows in set (0.00 sec)
```

Aus diesem unterschiedlichen Verhalten der beiden Datentypen lässt sich eine Regel ableiten, an die Sie sich halten können, um den passenden Datentyp zu wählen. Nutzen Sie `float` immer dann, wenn Sie möglichst genaue Berechnungen mit vielen Nachkommastellen durchführen möchten und Sie nicht notwendigerweise nach exakten Werten suchen müssen. In allen anderen Fällen sollten Sie besser den Datentyp `DECIMAL` verwenden. Die Tabelle `buecher` können Sie dazu wie folgt ändern:

```
ALTER TABLE buecher MODIFY Preis DECIMAL(5,2);
```

Wenn Sie anschließend noch einmal obige UPDATE-Anweisung ausführen, werden die Datensätze geändert, da sie nun auch gefunden werden können. Der zweite problematische Datentyp ist der Typ TIMESTAMP. Felder mit diesem Datentyp sind in der Lage, ein aktuelles Datum incl. Uhrzeit zu speichern. Diesen Feldern müssen Sie ebenso wenig einen Wert zuweisen, wie den Auto-Increment-Feldern. Sie können TIMESTAMP-Felder bspw. dazu nutzen, um festzuhalten, wann ein Datensatz erzeugt wurde.

HINWEIS

Das Format, in dem die Daten gespeichert werden, heißt zwar Timestamp, ist aber nicht identisch mit dem Timestamp-Format von PHP. Folglich können Sie die Werte in diesen Feldern nicht ohne weiteres an PHP-Funktionen übergeben, die einen Timestamp-Wert erwarten.

In der Beispieldatenbank bietet es sich an, ein solches Feld in der Tabelle *FAQ* zu erstellen. Dann können Sie auch später noch nachvollziehen, wann ein Besucher der Seite eine Frage gestellt hat.

> **HINWEIS**
>
> Auch bei Shops ist es natürlich nützlich zu speichern, wann eine Bestellung abgeschickt wurde. Wenn Sie eine Benutzeranmeldung realisieren, könnten Sie auch beim Ab- und Anmelden einen Datensatz mit einem TIMESTAMP-Feld erstellen und damit nachvollziehen, wann sich welcher Benutzer ab- und angemeldet hat.

Möchten Sie der Tabelle für die nachfolgenden Beispiele ein `TIMESTAMP`-Feld hinzufügen, führen Sie dazu folgende Anweisung aus:

```
ALTER TABLE FAQ ADD Zeit TIMESTAMP;
```

Wenn Sie nun in die Tabelle einen neuen Datensatz einfügen, bspw. mit der Anweisung `INSERT INTO FAQ (Buchnr,Frage) VALUES (5, "Gibt es eine neuere Version des SVG-Viewers als die im Buch verwendete?");` sorgt der MySQL-Server selbst dafür, dass dem Feld die aktuelle Uhrzeit und das aktuelle Datum zugewiesen wird. Das merken Sie, wenn Sie die Tabelle mit `SELECT * FROM FAQ;` anzeigen lassen.

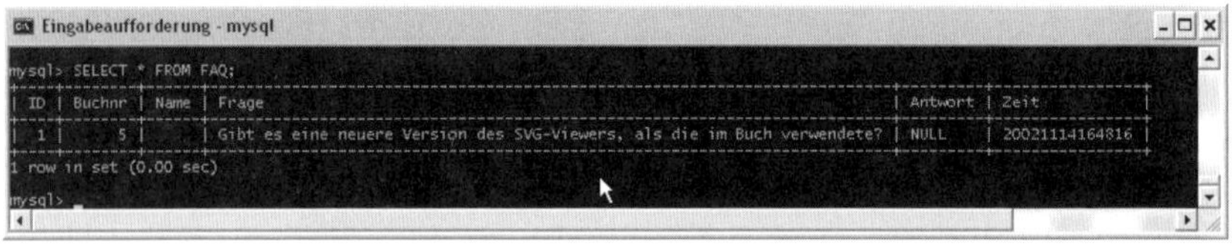

Abb. 3.7: Die Ausgabe des Datensatzes nach dem Einfügen

Eine Uhrzeit in einem `TIMESTAMP`-Feld wird immer in der Form JJJJMMTThhmmss gespeichert. Das macht spätestens dann Probleme, wenn Sie Datensätze suchen, die an einem bestimmten Tag gespeichert wurden. Zum Sortieren nach dem Datum ist dieser Aufbau aber optimal. Sie werden das etwas weiter unten im Abschnitt *Datensätze abrufen und auswählen* noch kennen lernen.

Datensätze löschen

Wenn Sie Datensätze löschen möchten, stellt Ihnen SQL dazu die `DELETE`-Anweisung zur Verfügung. Sie funktioniert ganz ähnlich wie die `UPDATE`-Anweisung.

```
DELETE FROM Tabellenname [WHERE Bedingung];
```

> **HINWEIS**
> Wenn Sie keine `WHERE`-Bedingung angeben, werden alle Datensätze der Tabelle gelöscht. Alle Löschvorgänge finden zudem ohne Rückfrage statt und wenn Sie nicht zuvor eine Sicherungskopie der Datenbank gemacht haben, können Sie die Daten auch nicht wieder herstellen.

```
+----+-------+
| ID | Wert  |
+----+-------+
|  1 | TEST  |
|  2 | TEST2 |
+----+-------+
```

Wenn Sie bspw. eine Tabelle *Test* erstellt haben, die vorstehenden Inhalt hat, können Sie den Datensatz mit der ID 2 mit folgender Anweisung löschen: `DELETE FROM TEST WHERE ID=2;`

Datensätze abrufen und auswählen

Datensätze aus Tabellen können Sie mit Hilfe der `SELECT`-Anweisung abrufen. Die einfachste Variante `SELECT * FROM` *Tabellenname*`;` kam schon einige Male vor. Dabei stellt das Sternchen einen Platzhalter dar, der alle Felder der Tabelle repräsentiert. Wenn Sie auf diese Weise die Daten einer Tabelle abrufen, werden die Felder in der Reihenfolge ermittelt, in der sie in der Tabelle definiert sind. Auch eine Sortierfolge der Daten gibt es nicht. Sie werden in der Reihenfolge zurückgegeben, in der sie in der Tabelle gespeichert wurden. Wenn Sie auf diese Weise also mit `SELECT * FROM FAQ;` die Tabelle *FAQ* abfragen, wird Ihnen folgendes Ergebnis angezeigt, vorausgesetzt natürlich, Sie haben diese Datensätze zuvor eingefügt.

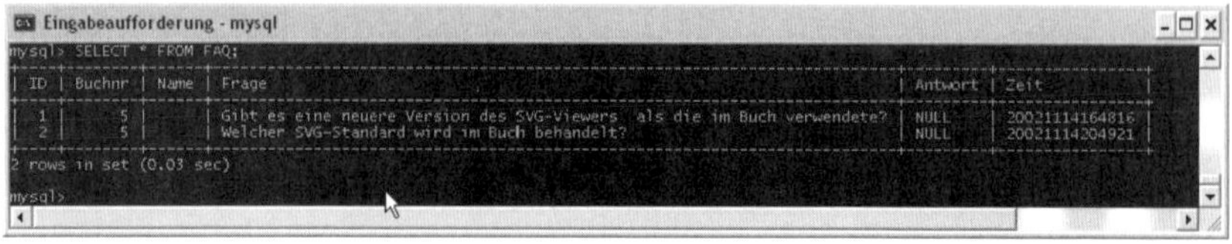

Abb. 3.8: Ausgabe einer einfachen SELECT-Anweisung

Die `SELECT`-Anweisung kann aber natürlich noch wesentlich mehr, da sie über eine sehr komplexe Syntax verfügt. So können Sie bspw. nicht nur Bedingungen definieren, die die zurückgegebenen Datensätze einhalten müssen, sondern auch Sortierkriterien und die Feldanzahl und Reihenfolge. Die vereinfachte, nachfolgend zunächst verwendete Syntax lautet:

```
SELECT (*|Feld [,Feld] [,...]) FROM Tabellenname [WHERE Bedingung]
[ORDER BY Feldname [(ASC|DESC)];
```

Wenn Sie nicht alle Felder einer Tabelle ausgeben möchten, können Sie dazu einfach die Felder angeben, die Sie aus der Tabelle ermitteln möchten. Die Anweisung `SELECT ID,Titel,Autor,ISBN,Preis FROM buecher;` ermittelt bspw. nur die Felder *ID, Titel, Autor, ISBN* und *Preis* aus der Tabelle *buecher*.

Abfrageergebnisse mit Bedingungen einschränken

Bei Webanwendungen ist es in der Regel notwendig, gezielt auf einzelne Datensätze oder eine Gruppe von Datensätzen zuzugreifen. Wenn Sie dem Benutzer beispielsweise in einem Shop die Möglichkeit geben, nach bestimmten Artikeln zu suchen, muss dazu der Datenbestand nach den eingegebenen Suchkriterien wie der Artikelgruppe oder der Artikelnummer durchsucht werden können.

Genau dazu dienen Auswahlabfragen, die Sie mit `SELECT` definieren. Sie können nach Suchkriterien in nur einem Feld, aber auch in mehreren suchen, und auch Alternativen können definiert werden. Es wäre beispielsweise denkbar, in einer entsprechenden Datenbank nach Artikeln zu suchen, die unter 50 € kosten oder um mindestens 20 % reduziert wurden.

Die Bedingung, die alle zurückgegebenen Datensätze erfüllen müssen, definieren Sie dazu mit dem Schlüsselwort `WHERE` und einem passenden Ausdruck. Möchten Sie bspw. alle Datensätze aus der Tabelle *FAQ* ermitteln, die dem Buch mit der *ID* 6 zugeordnet werden können, formulieren Sie dazu die `WHERE`-Bedingung `WHERE ID=6`. Die komplette SQL-Abfrage lautet dann also `SELECT Name, Frage FROM FAQ WHERE Buchnr=6;` wenn Sie nur die Felder *Name* und *Frage* ausgeben möchten.

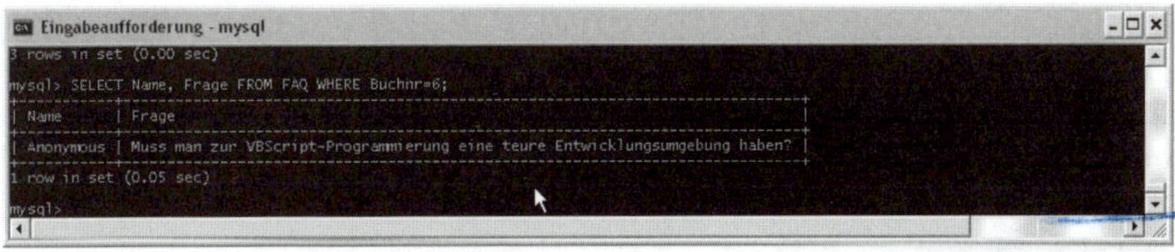

Abb. 3.9: Das Ergebnis der Auswahlabfrage

Neben solchen einfachen Bedingungen sind aber auch komplexe Filter, Berechnungen und Gruppierungen möglich. In der Regel müssen Sie dazu die `WHERE`-Bedingung mit Operatoren zusammensetzen. Neben den üblichen Vergleichsoperatoren =, >, < gibt es spezielle Operatoren für den Vergleich von Zeichenketten, die Sie einsetzen können, um beispielsweise nach Teilzeichenketten zu suchen. Einer der wichtigsten ist `Like`. Der Vergleichsoperator `Like` ermöglicht den Vergleich eines Feldes mit einem Text, der einen der Platzhalter `%` enthält.. Der Platzhalter `%` steht dabei für eine beliebige Anzahl Zeichen. Eine Abfrage mit der Bedingung `Titel Like "A%"` würde somit alle Datensätze liefern, deren Wert im Feld *Titel* mit einem A beginnt.

Wenn Sie einzelne Bedingungen miteinander verknüpfen möchten, stellt Ihnen SQL dazu die logischen Operatoren *NOT*, *AND* und *OR* zur Verfügung. Die folgenden Beispiele verdeutlichen dies. Möchten Sie beispielsweise aus der Tabelle *buecher* der Beispieldatenbank alle Bücher suchen, die vom Autor "Helma Spona" stammen und gleichzeitig unter 10 € kosten, ist dazu folgende Abfrage notwendig:

```
SELECT ID,Titel FROM buecher
WHERE (Preis<10) AND (Autor="Helma Spona");
```

Während beim `AND`-Operator beide Bedingungen für den Datensatz erfüllt sein müssen, damit er angezeigt wird, wird bei Verwendung des `OR`-Operators der Datensatz schon dann angezeigt, wenn mindestens ein Ausdruck erfüllt wird. Sie könnten auf diese Weise beispielsweise eine Abfrage erstellen, die Ihnen alle Datensätze zurückgibt, bei denen entweder der Autor "Helma Spona" oder "H. Spona" ist. Das sähe dann so aus:

```
SELECT ID,Titel,Autor FROM buecher
WHERE (Autor="Helma Spona") OR (Autor="H. Spona");
```

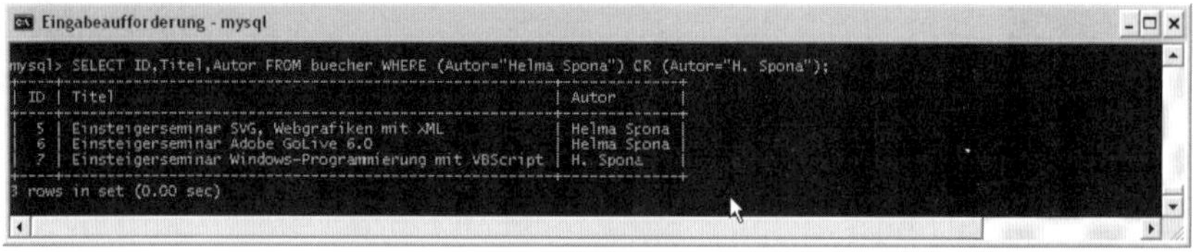

Abb. 3.10: Die Ausgabe der ermittelten Datensätze

Wenn Sie den aktuellen Feldwert mit sehr vielen möglichen Werten vergleichen möchten und dazu diese einzelnen Teilausdrücke mit `OR` verknüpfen, können Sie den Ausdruck kurz halten, indem Sie den `IN`-Operator nutzen. Seine Syntax lautet *Feldwert* `IN` (*Wert*`[,`*Wert*]

[,...]). Um bspw. nach allen Büchern bestimmter Autoren zu suchen, geben Sie die Autorennamen in der Wertliste des IN-Operators an und formulieren damit folgende SQL-Anweisung:

```
SELECT ID,Titel,Autor FROM buecher
WHERE Autor IN ("Helma Spona","H. Spona");
```

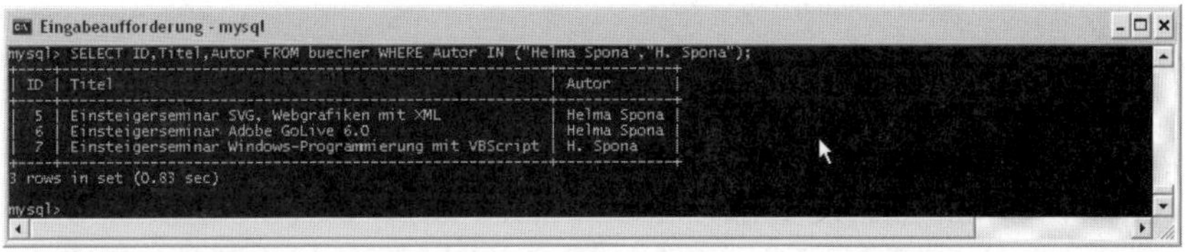

Abb. 3.11: Die gleiche Ausgabe bei Nutzung des IN-Operators

> **HINWEIS**
>
> Selbstverständlich können Sie auch einen Ausdruck erstellen, deren Teilausdrücke sich auf unterschiedliche Felder beziehen. Sie können bspw. mit dem Ausdruck `WHERE (Preis < 10) OR (Titel Like "Einsteigerseminar%")` alle Bücher aus der Tabelle ermitteln, die weniger als 10 € kosten oder deren Titel mit der Zeichenfolge "*Einsteigerseminar*" beginnt.

Ergebnisdatensätze sortieren

Mit der ORDER BY-Klausel können Sie die Sortierfolge bestimmen. Geben Sie dieses optionale Element der SQL-Anweisung nicht an, erfolgt keine Sortierung. Die Syntax ist recht einfach. Nach dem Schlüsselwort ORDER BY folgt das Feld, nach dem Sie sortieren möchten, und danach das Schlüsselwort ASC bzw. DESC, um die Sortierfolge zu bestimmen. Möchten Sie die Fragen in der Tabelle *FAQ* bspw. aufsteigend nach dem Datum im *TIMESTAMP*-Feld sortieren, müssen Sie dazu folgende Anweisung ausführen:

```
SELECT ID, FRAGE FROM FAQ ORDER BY Zeit ASC;
```

Möchten Sie eine absteigende Sortierung nach dem Speicherdatum des Datensatzes erzielen, geben Sie

```
SELECT ID, FRAGE FROM FAQ ORDER BY Zeit DESC;
```

an.

Tabellen über Auswahlabfragen verknüpfen

Mit Hilfe von Abfragen können Sie auch Tabellen miteinander verknüpfen. Möchten Sie bspw. neben den Fragen zu einem Buch auch dessen Titel angeben, können Sie das erreichen, indem Sie die Tabelle *FAQ* und *buecher* über die *Buchnr* und *ID* verknüpfen. Dazu gibt es die SQL-Schlüsselwörter `INNER JOIN`, `LEFT JOIN` und `RIGHT JOIN`. Sie definieren Art und Richtung der Verbindung. Um zwei Tabellen zu verknüpfen und Daten aus beiden Tabellen zu ermitteln, müssen Sie eine erweiterte Version der `SELECT`-Anweisung einsetzen. Deren Syntax sieht wie folgt aus:

```
SELECT (*|[Tabelle.|Alias.]Feld [,[Tabelle.|Alias.]Feld] [,...])
FROM Tabellenname [Alias] [,Tabellenname [Alias]]
[(INNER JOIN|LEFT JOIN|RIGHT JOIN) Tabelle [Alias]
ON Bedingung)]
[WHERE Bedingung]
[ORDER BY Feldname [(ASC|DESC)];
```

Wichtig und neu ist hierbei die Verwendung von Tabellennamen vor den Feldnamen sowie die `ON`-Bedingung. Wenn Sie aus mehreren Tabellen Felder abrufen, kann es vorkommen, dass in beiden beteiligten Tabellen Felder gleichen Namens vorkommen. In der Beispieldatenbank gibt es in jeder Tabelle ein Feld *ID*. Würden Sie bei der Abfrage nur den Feldnamen angeben, kann der SQL-Server dann nicht entscheiden, welches Feld *ID* gemeint ist. Durch Angabe des Tabellennamens vor dem Feldnamen können Sie das genau bestimmen.

> **HINWEIS**
> Möchten Sie Felder aus mehr als einer Tabelle zurückgeben, müssen Sie alle beteiligten Tabellen, durch Kommata getrennt, nach dem Schlüsselwort `FROM` angeben.

Die Anweisung:

```
SELECT buecher.ID,buecher.Titel, FAQ.ID, FAQ.Frage FROM buecher, FAQ;
```

gibt bspw. die Felder *ID* und *Titel* aus der Tabelle *buecher* und die *ID* und *Frage* aus der Tabelle *FAQ* zurück. Das Ergebnis zeigt folgende Abbildung:

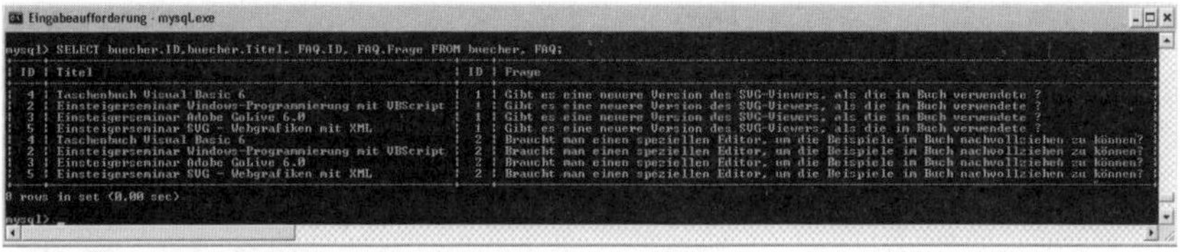

Abb. 3.12: Das Ergebnis der Abfrage

Wenn Sie die Ergebnisse näher betrachten, fällt Ihnen auf, dass die Datensätze in beiden Tabellen doppelt aufgeführt werden. Es werden nämlich alle möglichen Kombinationen der Felder ausgegeben, weil jeder Datensatz der Tabelle *buecher* mit jedem Datensatz der Tabelle *FAQ* kombiniert wird. Um ein Ergebnis zu bekommen, bei dem die Datensätze über ihre ID zugeordnet werden, müssen Sie die Art der Verknüpfung definieren. Das erfolgt über die Schlüsselwörter `INNER JOIN`, `LEFT JOIN` und `RIGHT JOIN` zusammen mit der `ON`-Bedingung. Sie legt fest, über welche Felder die Verknüpfung erfolgen soll.

Wenn zwischen zwei Tabellen eine 1:1-Beziehung vorliegt, das heißt, jedem Datensatz der einen Tabelle genau ein Datensatz der zweiten zugeordnet werden kann, verwenden Sie das Schlüsselwort `INNER JOIN`. Dies ist die einfachste Verknüpfungsart. Als Bedingung definieren Sie dann einen Ausdruck mit der Syntax: *Tabelle1.Feld=Tabelle2.Feld*.

Wenn Sie mit einer einfachen `INNER JOIN`-Verknüpfung die beiden Tabellen verknüpfen möchten, ist dazu diese SQL-Anweisung notwendig:

```
SELECT buecher.titel, FAQ.ID,FAQ.Frage
FROM FAQ
INNER JOIN buecher
ON buecher.ID=FAQ.Buchnr;
```

> **HINWEIS**
>
> Wenn Sie den Verknüpfungstyp definieren, brauchen Sie die zweite Tabelle nicht hinter `FROM` anzugeben, weil Sie diese dann schon über die Verknüpfung festlegen.

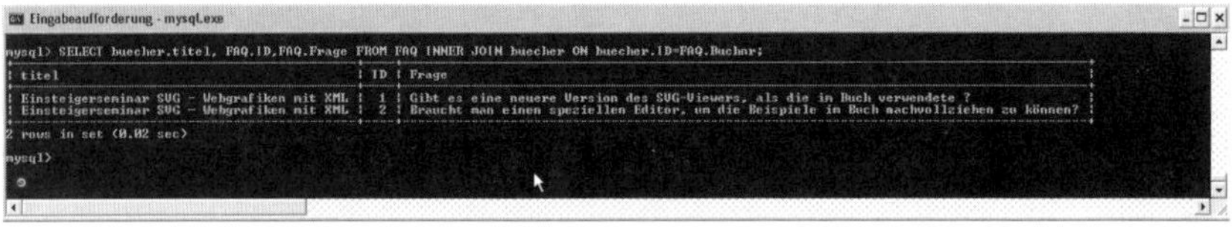

Abb. 3.13: Das Ergebnis einer INNER JOIN-Verknüpfung

Das Ergebnis sieht nun zwar bedeutend besser aus, allerdings nur auf den ersten Blick. Auf den zweiten erkennt man, dass nicht alle Datensätze ausgegeben werden, sondern nur diejenigen der Tabelle *buecher*, denen Datensätze der Tabelle *FAQ* zugeordnet werden können. Abhängig von den Daten in der Datenbank kann einem Datensatz der einen Tabelle natürlich auch mehr als ein Datensatz oder keiner der zweiten Tabelle zugeordnet sein. Dann liegt eine 1:n-Verknüpfung der Tabellen vor. Diese Verknüpfungsart wäre die richtige zwischen den beiden Tabellen *buecher* und *FAQ*. Einem Buch kann nämlich eine, keine oder mehrere Fragen zugeordnet werden. In diesem Fall werden eben auch mehrere Datensätze erzeugt, die sich lediglich in den Feldwerten der zweiten Tabelle (hier *FAQ*) unterscheiden.

Um eine 1:n-Verknüpfung zu definieren, können Sie die beiden Schlüsselwörter `LEFT JOIN` und `RIGHT JOIN` verwenden. `LEFT JOIN` definiert eine linksseitige Verknüpfung und `RIGHT JOIN` eine rechtsseitige. Der Unterschied wird am einfachsten deutlich, wenn Sie sich die Tabellen gedanklich nebeneinander anordnen. Eine steht dann links, die andere rechts. Die linksseitige Verknüpfung bedeutet, dass alle Datensätze aus der linken Tabelle ausgegeben werden, aber nur die aus der rechten Tabelle, die einem Datensatz in der linken zugeordnet werden können. Bei der rechtsseitigen Verknüpfung ist das genau umgekehrt. Da werden alle Datensätze aus der rechten Tabelle angezeigt und nur die aus der linken, die denen der rechten Tabelle zugeordnet werden können.

> **HINWEIS**
> Die linke Tabelle wird in der Regel als Haupt-, die rechte als Detailtabelle bezeichnet.

Welches die linke und welches die rechte Tabelle ist, können Sie bestimmen, indem Sie sie in der richtigen Reihenfolge angeben. Die linke Tabelle ist die, die Sie nach `FROM` angeben, die rechte diejenige, die Sie hinter `RIGHT JOIN` bzw. `LEFT JOIN` angeben. In der folgenden Anweisung ist also *FAQ* die Haupttabelle (linke Tabelle) und *buecher* die Detailtabelle (rechte Tabelle).

```
SELECT buecher.titel, FAQ.ID,FAQ.Frage
FROM FAQ
RIGHT JOIN buecher
ON buecher.ID=FAQ.Buchnr;
```

Wenn Sie diese Anweisung ausführen, werden tatsächlich alle Datensätze der Tabelle *buecher* angezeigt und die verknüpften in der Tabelle *FAQ*.

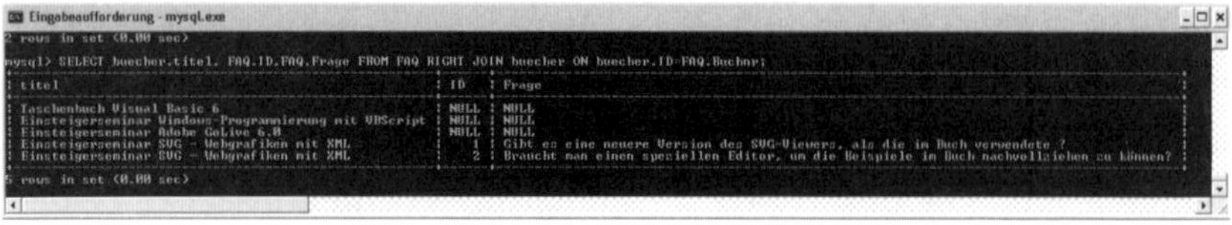

Abb. 3.14: Darstellung der n:1-Beziehung mit einer rechtsseitigen Verknüpfung

Würden Sie die gleiche Anweisung jedoch mit `LEFT JOIN` anstelle von `RIGHT JOIN` ausführen, würden Sie alle Datensätze der Tabelle *FAQ* und nur die zugeordneten der Tabelle *buecher* angezeigt bekommen.

```
SELECT buecher.titel, FAQ.ID,FAQ.Frage
FROM FAQ
LEFT JOIN buecher
ON buecher.ID=FAQ.Buchnr;
```

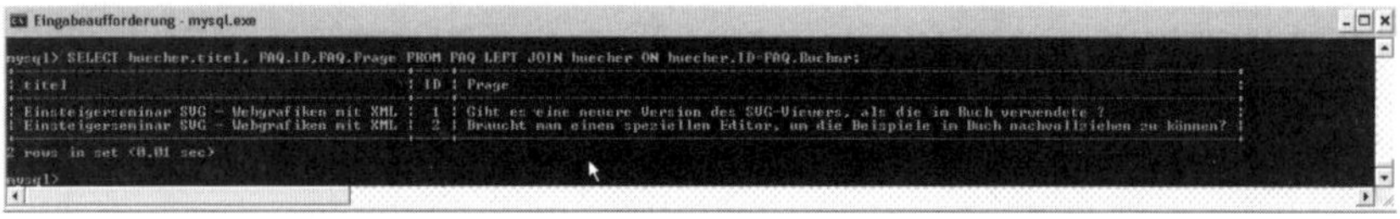

Abb. 3.15: Die gleiche Abfrage mit einer linksseitigen Verknüpfung

> **HINWEIS**
>
> Wenn Sie das gleiche Ergebnis mit einer linksseitigen Verknüpfung erreichen möchten, wie zuvor mit der rechtsseitigen, geht das, indem Sie einfach die Tabellen vertauschen. Hinter `FROM` geben Sie dazu *buecher* an und hinter `LEFT JOIN` *FAQ*:

```
SELECT buecher.titel, FAQ.ID,FAQ.Frage
FROM buecher
LEFT JOIN FAQ
ON buecher.ID=FAQ.Buchnr;
```

Wenn Sie sehr lange Tabellennamen verwenden oder viele Felder der beteiligten Tabellen ausgeben müssen, bietet es sich an, Aliase für die Tabellen zu definieren und anstelle der Tabellennamen zu verwenden. Ein Alias ist nichts weiter als ein anderer Name für die Tabelle. Ob er kürzer oder länger als der Tabellenname ist, spielt dabei keine Rolle. Sinnvoll sind längere Aliasnamen aber in aller Regel nicht.

Möchten Sie Aliasnamen verwenden, geben Sie die einfach nach dem Tabellennamen an. In der folgenden Anweisung bekommt die Tabelle *buecher* bspw. den Alias *b* und die Tabelle *FAQ* den Alias *f*. Beide Aliasnamen werden dann anstelle der Tabellennamen vor den Feldnamen genannt.

```
SELECT b.titel, f.ID, f.Frage
FROM FAQ f
RIGHT JOIN buecher b
ON b.ID=f.Buchnr;
```

Doppelte Datensätze unterdrücken und die Anzahl begrenzen

Selbst bei einschränkenden Bedingungen interessieren nicht immer alle Datensätze in der Ergebnismenge und vor allem doppelte Einträge sind oft unerwünscht. Um doppelte Einträge in der Ergebnismenge zu vermeiden, können Sie die Schlüsselwörter `DISTINCT` und `DISTINCTROW` verwenden. Sie geben sie einfach direkt hinter `SELECT` an.

Dies ist beispielsweise sinnvoll bei verknüpften Tabellen. Möchten Sie eine Liste aller Bücher erhalten, zu denen Fragen in der Tabelle *FAQ* vorhanden sind, müssen Sie dazu die beiden Tabellen *buecher* und *FAQ* wie folgt verknüpfen.

```
SELECT buecher.ID, buecher.Titel
FROM buecher
INNER JOIN FAQ
ON FAQ.Buchnr=buecher.ID;
```

Das führt dann zwar einerseits zum gewünschten Ergebnis, jedoch ebenso zu doppelten Einträgen. Jedes Buch wird nämlich für jede Frage einmal aufgelistet.

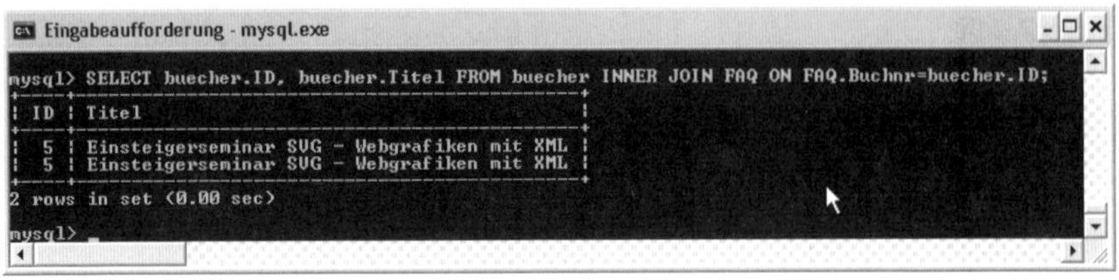

Abb. 3.16: Für jede Frage werden die Bücher einmal aufgelistet

Wenn Sie nun verhindern möchten, dass doppelte Datensätze auftauchen, ergänzen Sie die SQL-Anweisung wie folgt:

```
SELECT DISTINCTROW buecher.ID, buecher.Titel
FROM buecher
INNER JOIN FAQ
ON FAQ.Buchnr=buecher.ID;
```

Das Schlüsselwort `DISTINCTROW` legt fest, dass keine doppelten Ausgaben erzeugt werden. Berücksichtigt werden dabei alle auszugebenden Felder. Das heißt, sobald sich die Datensätze in mindestens einem Feldwert unterscheiden, werden sie ausgegeben.

HINWEIS

Alternativ könnten Sie auch `DISTINCT` verwenden. Allerdings müssen sich dann alle Felder unterscheiden, damit die Datensätze ausgegeben werden. Wenn also auch nur in einem Feld gleiche Einträge in zwei Datensätzen vorkommen, wird der Datensatz als "doppelt" erkannt und nicht ausgegeben.

Sie können aber natürlich nicht nur doppelte Datensätze unterdrücken, sondern auch die Anzahl der Datensätze im Ergebnis bestimmen. Das ist vor allem dann interessant, wenn die Rückgabedaten sehr zahlreich sein können. Besonders MySQL unterstützt dies sehr komfortabel. Sie können dort nicht nur sagen, dass Sie maximal 10 Datensätze als Rückgabewert haben möchten, sondern können sogar bestimmen, ab welchem Datensatz die Ausgabe erfolgen soll. Das ist vor allem für Webanwendungen sehr interessant, die dem Benutzer das Durchblättern von Suchergebnissen ermöglichen. Es kann dann sehr einfach immer eine konstante Anzahl Ergebnisse angezeigt und beim Aufruf der nächsten Seite der nächste Block direkt abgerufen werden. Um das zu erreichen geben Sie am Ende der SQL-Anweisung mit `LIMIT` die Nummer des ersten Datensatzes und die Anzahl an. Beide Angaben trennen Sie durch ein Komma. Wichtig ist dabei, dass Sie immer die Nummer des ersten anzuzeigenden Datensatzes angeben. Die Nummerierung beginnt bei 0, das heißt, der erste Datensatz hat die Nummer 0. Eine SQL-Anweisung, die aus der Tabelle *buecher* maximal 2 Datensätze zurückgibt und beim ersten beginnt, sieht folgendermaßen aus:

```
SELECT ID, Titel, Autor
FROM buecher
ORDER BY ID
LIMIT 0,2;
```

Möchten Sie die nächsten zwei Datensätze abrufen, geben Sie hinter Limit einfach einen anderen Anfangsdatensatz an, also 2.

```
SELECT ID, Titel, Autor
FROM buecher
ORDER BY ID
LIMIT 2,2;
```

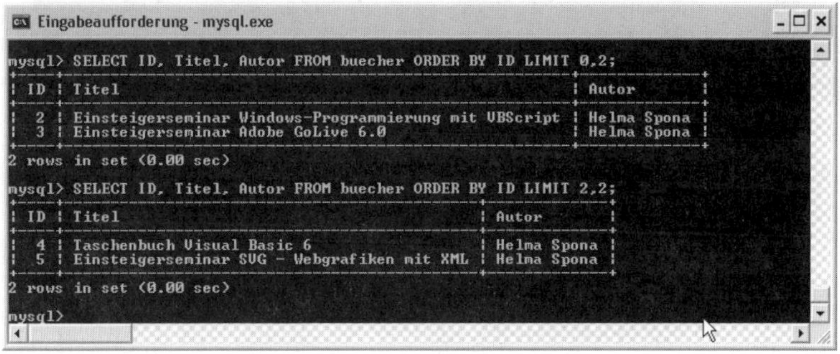

Abb. 3.17: Ausgabe der Datensätze in zwei Etappen

> **HINWEIS**
> Die Angabe von ORDER BY ist optional. Das heißt, ob Sie sie angeben oder nicht, hat keine Auswirkungen darauf, ob die Begrenzung der Ergebnismenge funktioniert.

Felder mit Funktionen berechnen

Nicht immer ist es notwendig, alle Informationen in der Tabelle zu speichern. Viele können und sollten auch erst zur Laufzeit der Anwendung berechnet werden. Auch das können Sie problemlos in einer Abfrage erledigen. Ein gutes Beispiel ist der Preis der Bücher in der Tabelle *buecher*. Soll daraus eine Internet-Anwendung entstehen, ist es sinnvoll auch die enthaltene Umsatzsteuer im Buchpreis mit auszugeben. Die kann sich aber natürlich jederzeit durch eine MwSt.-Erhöhung oder -Senkung verändern. Daher ist es ungünstig, neben dem Preis auch die Umsatzsteuer in der Tabelle zu speichern. Sie können den Umsatzsteuer-Anteil jedoch einfach als berechnetes Feld in der Abfrage ausrechnen. Im folgenden Beispiel wird zusätzlich zum gespeicherten Preis auch die enthaltene Umsatzsteuer in Höhe von 7 % des Preises berechnet.

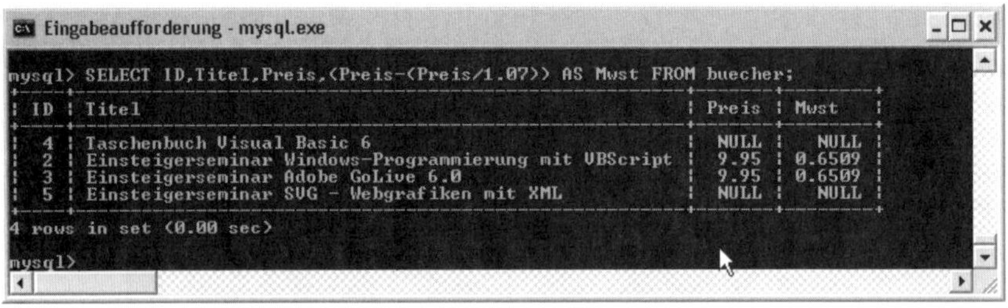

Abb. 3.18: Das Ergebnis — die berechnete Spalte Mwst

Um ein berechnetes Feld zu erstellen, verwenden Sie in der Feldliste das SQL-Schlüsselwort AS. Davor geben Sie die Formel an, danach den Namen, den das Feld bekommen soll. Der Ausdruck, mit dem hier das Feld berechnet wird, lautet daher: (Preis-(Preis/1.07)) AS Mwst.

Dabei ist also `(Preis-(Preis/1.07))` der zu berechnende Ausdruck und `Mwst` der Feldname. Für den Ausdruck dürfen Sie andere Felder, konstante Werte, Ergebnisse von Aggregatfunktionen und Operatoren verwenden. Die Operatoren für die Grundrechenarten sind hier identisch mit denen von PHP.

> **HINWEIS**
> Was Aggregatfunktionen sind und welche es gibt, wird etwas weiter unten im Abschnitt *Aggregatfunktionen verwenden* beschrieben.

Der Ausdruck berechnet hier also zunächst mit `Preis/1.07` den Nettopreis, indem der Preis durch 1,07 geteilt wird. Das entspricht dem Dreisatz:

```
Preis = 107 % (des Nettopreises)
Preis/107 = 1 %
(Preis/107)*100 = 100 % = Nettopreis
```

Die Differenz zwischen dem Preis und dem berechneten Nettopreis ist somit die im Preis enthaltene MwSt. von 7 %. Die komplette SQL-Anweisung zur Ausgabe obiger Tabelle lautet also:

```
SELECT ID,Titel,Preis,(Preis-(Preis/1.07)) AS Mwst
FROM buecher;
```

> **HINWEIS**
> Dezimalzahlen müssen Sie unbedingt mit Dezimalpunkt statt mit Dezimalkomma angeben und Zeichenketten in Anführungszeichen.

Aggregatfunktionen verwenden

Aggregatfunktionen sind spezielle Funktionen von SQL, mit denen Sie in der Lage sind, Datensätze zu zählen, minimale und maximale Werte von Spalten zu ermitteln oder Summen zu bilden. Die minimalen und maximalen Werte einer Spalte können Sie mit den Funktionen `Min` und `Max` ermitteln. Die folgende SQL-Anweisung gibt einen einzelnen Datensatz bestehend aus einem Feld zurück, der den höchsten Wert in der Spalte *ID* der Tabelle *buecher* enthält. Das Feld bekommt den Namen *MaxvonID*.

```
SELECT Max(ID) AS MaxvonID FROM buecher;
```

Analog dazu berechnet die SQL-Anweisung `SELECT Min(ID) AS MinvonID FROM buecher;` den kleinsten Wert des Feldes *ID*.

Für statistische Auswertungen ist es ganz interessant, auch berechnen zu können, wie viele Datensätze in einer Gruppe vorhanden sind. Solche Berechnungen sind beispielsweise notwendig, um herauszufinden, welche Kunden die meisten Bestellungen gemacht haben oder welche Artikel am häufigsten bestellt wurden. Aber auch die Frage, bei welchem Verlag die meisten Bücher erschienen sind, ist eventuell eine SQL-Abfrage wert.

Um Gruppen zu bilden, müssen Sie die Datensätze nach einem bestimmten Kriterium sortieren, das dann für die Gruppenbildung herangezogen wird. Wenn Sie bspw. wissen möchten, welche Kunden wie viele Bestellungen gemacht haben, würden Sie nach den Kundennummern gruppieren und dann die Datensätze in der Gruppe zählen. Möchten Sie hingegen wissen, welche Artikel von wie vielen Kunden bestellt wurden, würden Sie die Bestelldaten nach den Artikelnummern gruppieren und dann die Anzahl der Datensätze in der Gruppe zählen. Gruppen bilden Sie in `SELECT`-Anweisungen mit dem `GROUP-BY`-Statement, das Sie unmittelbar nach `FROM` bzw. bei Abfragen mit Tabellenverknüpfungen nach `JOIN ... ON` einfügen. Nach dem Schlüsselwort `GROUP-BY` geben Sie die Felder an, nach denen gruppiert werden soll. Das muss mindestens ein Feld sein. Wenn Sie mehrere angeben möchten, trennen Sie die Feldnamen durch Kommata.

HINWEIS

Wenn Sie Gruppierungen ohne Aggregatfunktionen verwenden, macht das in der Regel weniger Sinn, funktioniert aber. Die Anweisung `SELECT buecher.Preis, buecher.Titel FROM buecher GROUP BY buecher.preis;` gibt bspw. von jeder Gruppe den ersten Datensatz aus, wie dies in der folgenden Abbildung zu sehen ist.

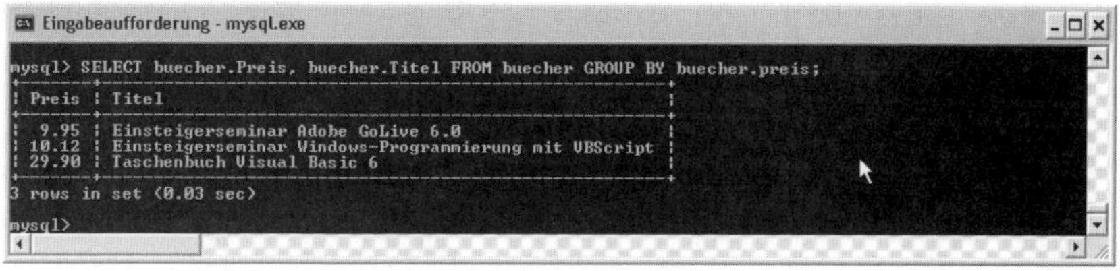

Abb. 3.19: Einsatz der GROUP BY-Klausel ohne Aggregatfunktion

Sinnvoller ist in der Regel der Einsatz einer Aggregatfunktion bei Verwendung von Gruppierungen. Dies zeigt die folgende Anweisung. Sie gruppiert die Datensätze der Tabelle *buecher* nach dem Feld *Preis* und gibt die Anzahl der Datensätze innerhalb der Gruppe im Feld *Anzahl* zurück, indem mit der Aggregatfunktion `Count` die Anzahl der Datensätze in der Gruppe gezählt wird. Als zweites Feld wird der Preis aus der Tabelle *buecher* zurückgegeben.

```
SELECT count(buecher.preis) As Anzahl, buecher.Preis
FROM buecher
GROUP BY buecher.preis
ORDER BY Anzahl;
```

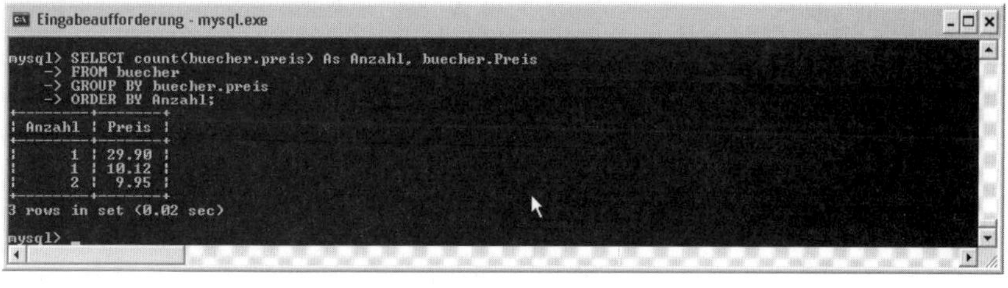

Abb. 3.20: Ausgabe der Anzahl Artikel in den jeweiligen Preisgruppen

HINWEIS

Wenn Sie neben der Gruppierung auch eine Sortierung mit ORDER BY angeben, bezieht sich die Sortierung der ORDER BY-Klausel immer auf die Sortierung nach Gruppierung und Auswertung der Aggregatfunktion. Hier werden also nicht erst alle Datensätze nach dem berechneten Feld *Anzahl* sortiert, dann gruppiert und die Anzahl berechnet. Stattdessen werden die Datensätze zunächst nach dem Feld *buecher.preis* sortiert, um die Gruppierung durchführen zu können. Diese Sortierfolge müssen Sie nicht extra angeben. Dann wird die Aggregatfunktion COUNT berechnet und so die Datensätze der Gruppen gezählt und das Ergebnis als Feld *Anzahl* gespeichert. Danach werden erst die so erzeugten Datensätze nach dem Feld *Anzahl* sortiert.

Statt die Anzahl der Datensätze nur zu zählen, können Sie auch Summen über Gruppen bilden. Hier macht das zwar weniger Sinn, dennoch soll hier die Verwendung der SUM-Funktion gezeigt werden. Die folgende SQL-Anweisung gruppiert wieder nach Preis und summiert dann die Preise innerhalb der Gruppe. Zur Kontrolle wird gleichzeitig die Anzahl der Datensätze in der Gruppe, mit dem Preis multipliziert, als Feld *Produkt* ausgegeben. Sie sehen am Ergebnis, dass sich manche Aggregatfunktionen auch durch andere Ausdrücke ersetzen lassen.

```
SELECT (count(buecher.preis)*(buecher.preis)) AS
Produkt,(sum(buecher.preis)) AS Summe, buecher.Preis
FROM buecher
GROUP BY buecher.preis
ORDER BY Summe;
```

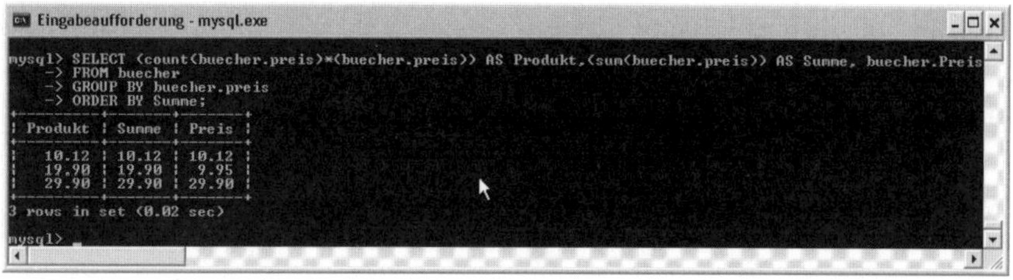

Abb. 3.21: Das Ergebnis

Damit kennen Sie nun die wichtigsten SQL-Anweisungen, die Sie benötigen um datenbankgestützte PHP-Anwendungen zu erstellen. Allerdings stellt sich Ihnen vielleicht die Frage, wie Sie die Daten der Datenbank zwischendurch sichern und bspw. von einem Rechner auf einen anderen übertragen und bei einem Provider veröffentlichen.

Die Datenbank sichern

Da die Daten des MySQL-Servers auf einem Server verwaltet werden, gibt es keine Datei wie die MDB-Datei bei Access, die Sie einfach kopieren und so Daten und Aufbau der Datenbank sichern könnten. Es gibt aber dennoch mehrere Möglichkeiten, die Daten zu sichern. Die einfachste ist, das Verzeichnis zu kopieren, in dem MySQL die Daten der Datenbanken ablegt. Hier finden Sie alle Daten aller Datenbanken, die auf dem MySQL-Server verwaltet werden.

Dazu kopieren Sie einfach das Unterverzeichnis *DATA* Ihrer MySQL-Installation auf ein Sicherungsmedium oder eine andere Festplatte. Das funktioniert natürlich nur, wenn Sie Zugriff auf das Dateisystem des Rechners haben, auf dem MySQL installiert ist. Für die Sicherung der Datenbank auf dem Server Ihres Providers scheidet diese Methode daher in aller Regel aus. Hier bleibt dann nur die Möglichkeit, einen Datenbankauszug (Dump) zu erstellen, den Sie dann jederzeit auch wieder einlesen können. Um das zu machen, bietet Ihr Provider in der Regel ein entsprechendes Tool oder PHPMyAdmin an. Auskunft darüber bekommen Sie bei Ihrem Provider. Wenn Sie einen MySQL-

Dump auf Ihrem lokalen Rechner erstellen möchten, wechseln Sie dazu in das *bin*-Verzeichnis des MySQL-Verzeichnisses und geben dort eine Anweisung mit folgender Syntax ein:

`mysqldump -u root` *Datenbankname* `>` *Dateiname* [↵].

Als Datenbankname geben Sie den Namen der zu sichernden Datenbank an und als Dateiname den Dateinamen, in den die Sicherung geschrieben werden soll. Geben Sie vor dem Dateinamen keinen Pfad an, wird die Datei im *bin*-Verzeichnis erstellt. `Root` ist hier der Benutzername des Benutzers, der die Sicherung durchführt. Dieser Benutzer ist standardmäßig eingerichtet, so dass er immer zur Verfügung steht.

> **HINWEIS**
>
> Falls Sie Ihre MySQL-Datenbank explizit mit einem Kennwort geschützt haben, müssen Sie auch das angeben. In diesem Fall verwenden Sie folgende Syntax:
>
> `mysqldump -u root --password=`*Kennwort* *Datenbankname* `>` *Dateiname* [↵]

Wichtig ist dann, dass Sie das Kennwort für den Benutzer *root* angeben, der verfügt nämlich über die entsprechende Rechte, zum Sichern der Datenbank.

Mit der Anweisung `mysqldump -u root helma_spona_de > mysqlbackup.txt` würde somit die Datenbank *helma_spona_de* in die Datei `mysqlbackup.txt` gesichert. Diese Datei enthält dann in korrekter Reihenfolge alle SQL-Anweisungen, die erforderlich sind, um die Datenbank nebst Tabellen und Daten wieder herzustellen. Um die so gesicherten Daten auf einem anderen Rechner oder zu einem späteren Zeitpunkt wieder herzustellen, wechseln Sie ebenfalls in das *bin*-Verzeichnis und geben dort eine Anweisung mit folgender Syntax ein:

`mysql -u root [--password=`*Kennwort*`]` *datenbankname* `<` *Dateiname* [↵]

Zur Wiederherstellung der zuvor gesicherten Datenbank müssen Sie also eingeben:

```
mysql -u root helma_spona_de < mysqlbackup.txt ↵
```

HINWEIS

Die Wiederherstellung aus einem Dump setzt voraus, dass die Datenbank vorhanden ist, aber die Tabellen nicht existieren. Sie müssen also unter Umstanden zunächst die Tabellen auf der MySQL-Kommandozeile (`mysql.exe` ↵) mit `DROP TABLE` *Tabellenname*`;` löschen. Mit dem Löschen der Tabelle gehen auch alle darin enthaltenen Daten verloren.

3.4 Zusammenfassung, Fragen und Übungen

Zusammenfassung

- Datenbanken sind strukturierte Datenmengen.
- Daten können mit Hilfe von Datenbankmanagement-Programmen oder SQL verwaltet werden.
- SQL ist eine Datenbankabfragesprache, die aber auch in der Lage ist, Tabellen zu ändern, zu erstellen oder zu löschen.
- Datenbanken auf dem MySQL-Server können unter anderem mit Hilfe der MySQL-Kommandozeile verwaltet werden. Diese lässt sich starten, indem im *bin*-Verzeichnis der MySQL-Installation das Programm *mysql.exe* ausgeführt wird.
- Die Kommandozeile kann mit `exit` ↵ wieder verlassen werden.

Zusammenfassung

- Eine Datenbank wird mit `CREATE DATABASE` *Datenbankname* `Enter` erstellt.
- Um die Datenbank zu aktivieren und zu benutzen, geben Sie `USE Datenbankname;` [↵] ein.
- Der `CREATE TABLE`-Befehl erzeugt eine Tabelle, die mit `DROP TABLE` *Tabellename*; wieder gelöscht werden kann.
- Alle SQL-Anweisungen werden mit einem Semikolon abgeschlossen, enthaltene Zeichenketten werden in Anführungszeichen eingefasst und das Dezimalzeichen für Kommazahlen ist der Punkt.

Fragen und Übungen

1. Was ist der Unterschied zwischen den Anweisungen: `SELECT * FROM buecher ORDER BY ID ASC;` und `SELECT * FROM buecher ORDER BY ID;` ?
2. Welche Bedeutung hat das * in einer SELECT-Anweisung?
3. Was ist ein `TIMESTAMP`-Feld?
4. Welche Möglichkeiten gibt es, den niedrigsten Wert einer Spalte zu ermitteln?
5. Wie könnte eine `WHERE`-Bedingung aussehen, mit der alle Datensätze ausgegeben werden können, deren Wert im Feld *Preis* kleiner als 10 ist?

4 Zugreifen auf MySQL-Datenbanken mit PHP

Dieses Kapitel beschäftigt sich im Wesentlichen damit, wie Sie Ihre zuvor erworbenen PHP-, MySQL- und SQL-Kenntnisse zusammenfügen, um daraus erste Anwendungen zu erstellen. Als Beispiel-Datenbank dient für die folgenden Beispiele die im vorherigen Kapitel erstellte MySQL-Datenbank. Sie können Sie zusammen mit den Beispielen von meiner Webseite *http://www.helma-spona.de* herunterladen.

4.1 Eine Datenbankverbindung aufbauen

Der Verbindungsaufbau zu einer MySQL-Datenbank aus PHP heraus erfolgt auf die gleiche Weise wie beim Zugriff auf ODBC-Datenbanken. Sie definieren zunächst eine Variable mit dem Namen der Datenbank auf dem MySQL-Server. Im folgenden Code ist dies die Variable `DB`. Für die Abfrage müssen Sie dann noch eine geeignete SQL-Abfrage formulieren, die hier in der Variablen `SQL` gespeichert wird. Die Datenbankverbindung bauen Sie dann mit der `mysql_connect`-Funktion auf. Sie gibt einen Verweis auf die Datenbankverbindung zurück. Um sie aber herstellen zu können, kann es sein, dass Sie einige Werte übergeben müssen wie Servernamen, Benutzernamen und Kennwort für den Benutzer. Allerdings funktioniert dies auf Ihrem lokal installierten Web- und MySQL-Server auch ohne Parameter.

HINWEIS

> Sollte die Verbindung nicht zustande kommen, übergeben Sie nacheinander den Namen des Servers, den Benutzernamen, der für den Zugriff erforderlich ist, und das dazu gehörende Kennwort.

Sie können diese Werte als Zeichenketten oder Variablen übergeben, ganz wie Sie möchten. Ein Aufruf mit entsprechenden Variablen, die natürlich die benötigten Werte haben müssen, könnte wie folgt lauten:

```
$Conn=mysql_connect($Server,$User,$Kennw);
```

Als Server geben Sie den Namen des Servers an, auf dem MySQL ausgeführt wird, also bspw. für den lokalen Test `localhost`.

Wenn die Verbindung erfolgreich erstellt wurde, müssen Sie mit der Funktion `mysql_select_db` die Datenbank auswählen, die Sie verwenden möchten. Diese Funktion erledigt also das, was Sie auf Kommandozeilenebene mit der `USE`-Anweisung gemacht haben. Sie legt die aktive Datenbank fest. Dies ist notwendig, weil auf dem MySQL-Server ja mehrere Datenbanken gespeichert sein können. An die Funktion übergeben Sie erst den Namen der Datenbank, den Sie bereits mit der Variablen `DB` definiert haben, und dann die aktive Datenbankverbindung.

Nun können Sie mit der Funktion `mysql_query` die SQL-Anweisung als Abfrage ausführen. Die Funktion gibt eine Datensatzgruppe zurück, die das Ergebnis der SQL-Anweisung ist.

Wenn Sie die Daten ausgegeben haben, müssen Sie den verwendeten Speicher wieder freigeben, um Systemressourcen nicht unnötig zu belegen. Dazu verwenden Sie die `mysql_free_result`-Anweisung, der Sie die Datenbankverbindung übergeben. Mit `mysql_close` schließen Sie dann die Verbindung zur Datenbank.

```
<html>
<head>
<title>Datenbankverbindung aufbauen</title>
<meta http-equiv="Content-Type" content="text/html; charset=ISO-
8859-1">
</head>
<body>
```

```
    <?
      $DB="helma_spona_de";
      $SQL="SELECT buecher.ID, buecher.Titel," .
        "buecher.ISBN, buecher.Preis FROM " .
        "buecher" ;
      $Server="localhost";
      $Conn=mysql_connect($Server);
      mysql_select_db($DB,$Conn);
      //Verbindung zur mysql-Tabelle aufbauen
      $RS=mysql_query($SQL,$Conn);
      // hier folgen später die Anweisungen zur
      // Ausgabe der Daten.
...
      mysql_free_result($RS);
      mysql_close($Conn);
    ?>
</body>
</html>
```

Da der Aufbau der Datenbankverbindung immer gleich ist, egal mit wie vielen Seiten Sie auf die gleiche Datenbank zugreifen, empfiehlt es sich, den Code zum Öffnen und Schließen der Datenbankverbindung in eine INC-Datei auszulagern und in der eigentlichen PHP-Seite nur noch aufzurufen. Das hat den Vorteil, dass Sie bei einer Änderung des Datenbank- oder Servernamens nicht in zahlreichen Dateien die Änderungen vornehmen müssen, sondern nur einmal in der INC-Datei. Auch bei Änderung des Benutzernamens oder Kennworts für die Datenbankverbindung müssen Sie das nur einmalig in der INC-Datei vornehmen. Auf den Code der einzelnen PHP-Seiten wirkt sich das dann nicht aus.

Wenn Sie den Code ausgliedern möchten, erstellen Sie dazu eine INC-Datei mit dem Namen `DBConnect.inc` und geben dort folgenden Code ein. Den Wert der Variablen `DB` und `Server` müssen Sie gegebenenfalls an Ihren Servernamen und Datenbanknamen anpassen.

```
<?PHP
    $DB="helma_spona_de";
    $Server="localhost";
    $Conn=NULL;

    function Conn()
    {
        global $Conn;
        global $Server;
        $Conn=mysql_connect($Server);
    };

    function DisConn()
    {
        global $Conn;
        mysql_close($Conn);
    };
?>
```

Innerhalb der Dateien, die eine Datenbankverbindung aufbauen müssen, brauchen Sie dann nur noch die INC-Datei zu importieren und dann die beiden Funktionen `Conn` und `DisConn` aufzurufen.

```
<? include "DBconnect.inc" ?>
<html>
<head>
<title>Datenbankverbindung aufbauen</title>
<meta http-equiv="Content-Type" content="text/html; charset=ISO-8859-
1">
</head>
<body>
    <?
      $SQL="SELECT buecher.ID, buecher.Titel," .
        "buecher.ISBN, buecher.Preis FROM " .
        "buecher" ;

      Conn();
      mysql_select_db($DB,$Conn);
      //Verbindung zur mysql-Tabelle aufbauen
      $RS=mysql_query($SQL,$Conn);
```

```
        // hier folgen später die Anweisungen
        // zur Ausgabe der Daten.
...
        mysql_free_result($RS);
        DisConn();
    ?>
</body>
</html>
```

4.2 Abfragen ausführen und Ergebnisse darstellen

Ohne Ausgabe der Datensätze macht eine solche PHP-Seite natürlich wenig Sinn. Leider stellt PHP für den Zugriff auf MySQL keine Funktion zur Verfügung, die alle Datensätze tabellarisch darstellt. Dafür müssen Sie selbst sorgen. Für eine einfache Liste hält sich der Aufwand allerdings noch in Grenzen.

Einfache Listen ausgeben

Üblicherweise dienen sichtbare oder blinde Tabellen zur Anzeige von Listen aus Datenbankabfragen. Wenn Sie nur eine einfache Liste ausgeben möchten, müssen Sie dazu also nur einen `<table>`-Tag einfügen, bei Bedarf die Spaltenüberschriften in `<th>`-Tags ausgeben und dann die einzelnen Tabellenzeilen aus den Datensätzen der Datensatzgruppen erstellen. Dazu müssen Sie das oben dargestellte Skript wie folgt ergänzen:

```
...
<body>
<table border="0">
    <?
      $SQL="SELECT buecher.ID, buecher.Titel," .
        "buecher.ISBN, buecher.Preis FROM " .
        "buecher" ;
```

```
    //$Conn=mysql_connect($Server);
    Conn();
    mysql_select_db($DB,$Conn);

    //Verbindung zur mysql-Tabelle aufbauen
    $RS=mysql_query($SQL,$Conn);
    //Daten ausgeben
    while($zeile=mysql_fetch_array(
      $RS,MYSQL_ASSOC))
    {
      echo "<tr><td>" . $zeile["ID"] . "</td>" .
        "<td>" . $zeile["Titel"] . "</td>" .
        "<td>" . $zeile["ISBN"] . "</td>" .
        "<td>" .  number_format(
            $zeile["Preis"],2,",",".")
        . " EUR</td></tr>";
    }      mysql_free_result($RS);
    DisConn();
  ?>
</table>
</body>
...
```

Die Ausgabe erfolgt in einer `while`-Schleife, die so lange läuft, wie die Funktion `mysql_fetch_array` einen Wert zurückliefert. Dieser Rückgabewert ist ein Array mit allen Feldern des aktuellen Datensatzes, der als Array in der Variablen `zeile` gespeichert wird. Als Parameter übergeben Sie die Datensatzmenge, also den Rückgabewert der Funktion `mysql_query` an die Funktion sowie eine PHP-Konstante, die angibt, welcher Array-Typ zurückgegeben werden soll. Dieser Parameter ist allerdings optional. Lassen Sie ihn weg, wird ein einfaches Array ausgegeben. Dann können Sie nur über die Indizes auf die Felder des Datensatzes zugreifen. Mit dem hier verwendeten Aufruf wird ein assoziatives Array zurückgegeben. Das ermöglicht den Zugriff auf die Felder über die Feldnamen, die dazu als Schlüssel für das Array verwendet werden.

HINWEIS

Anstelle von MYSQL_ASSOC können Sie auch MYSQL_BOTH angeben, dann können Sie zum Zugriff auf die Feldwerte sowohl die Indizes als auch die Schlüssel verwenden.

HINWEIS

In vielen Programmiersprachen, die Datenbankabfragen ermöglichen, und in PHP werden Daten aus SQL-Abfragen in Form von Datensatzgruppen (Recordsets) verwaltet. Diese können Sie sich wie virtuelle Tabellen vorstellen. Anders als in einem Array, in dem Sie über den Index jederzeit auf jedes Element zugreifen können, funktioniert dies in Datensatzgruppen aber über einen so genannten Datensatzzeiger. Den können Sie sich als Lesezeichen vorstellen, das immer auf den gerade aktuellen Datensatz zeigt. Nur diesen Datensatz können Sie auslesen oder bearbeiten. Die Funktion mysql_fetch_array erfüllt dabei zwei Aufgaben. Sie liest zum einen den aktuellen Datensatz als eindimensionales Array aus und gibt ihn zurück. Außerdem rückt sie dann den Datensatzzeiger um einen Datensatz weiter, so dass er nun auf den nächsten zeigt. Die Funktion gibt FALSE zurück, wenn kein aktueller Datensatz vorhanden ist, weil die Datensatzgruppe leer ist oder das Ende erreicht wurde.

Für jede Zeile wird dann eine echo-Anweisung verwendet, die genau eine Tabellenzeile ausgibt. Der Zugriff auf die Felder des Datensatzes erfolgt über einen Schlüssel, der den Feldnamen entspricht. Wenn Sie bspw. den Wert des Feldes *Titel* ausgeben möchten, müssen Sie $zeile["Titel"] schreiben. Das setzt natürlich voraus, dass zeile das Array mit dem aktuellen Datensatz enthält. Zur Formatierung des Preises wird hier die Funktion number_format verwendet. Sie hat folgende Syntax.

```
string number_format(Wert, Anzahl Nachkommastellen, Dezimalzeichen, Tausendertrennzeichen).
```

Sie gibt den Wert als entsprechend formatierte Zeichenkette zurück. Wenn Sie also bspw. `number_format(1000,2,",",".")` angeben, ist der Rückgabewert die Zeichenkette "1.000,00".

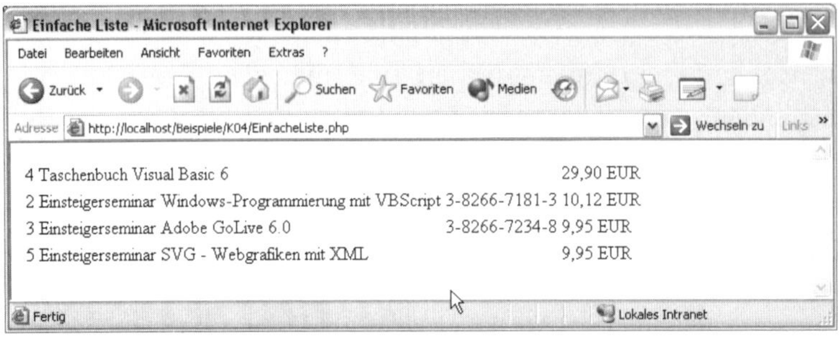

Abb. 4.1: Die erzeugte Liste

Die Spaltentitel ausgeben

Das Ergebnis ist zwar vollständig, was die Daten angeht, noch fehlen aber die Spaltentitel. Um die zu ergänzen, können Sie die Spaltentitel fest vorgeben und als statischen HTML-Code in die Seite einfügen. Dazu müssten Sie nur einige `th`-Elemente innerhalb eines `tr`-Elements ergänzen:

```
...
<body>
<table border="0">
  <tr>
    <th>ID</th>
    <th>Titel</th>
    <th>ISBN</th>
    <th>Preis</th>
  </tr>
...
```

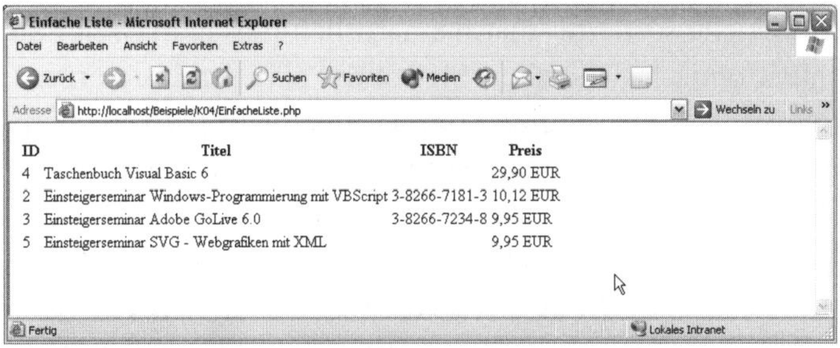

Abb. 4.2: Die Datensätze mit Spaltenüberschriften

Die Liste sortieren

Wenn Sie die Liste sortiert ausgeben möchten, müssen Sie dazu im Prinzip nur die SQL-Anweisung ändern und die `ORDERBY`-Anweisung anhängen. Damit können Sie dann bestimmen, nach welchen Kriterien die Datensätze sortiert werden sollen. Sie können auf diese Weise auch nach mehreren Feldern sortieren. Wenn Sie die Anweisung

```
$SQL="SELECT buecher.ID, buecher.Titel," .
    "buecher.ISBN, buecher.Preis FROM " .
    "buecher ORDER BY buecher.Preis, buecher.Titel" ;
```

verwenden, werden die Datensätze zunächst nach dem Feld *Preis* sortiert. Datensätze mit gleichen Werten in diesem Feld werden anschließend nach dem Feld *Titel* sortiert. Im Ergebnis ergibt sich die folgende Ausgabe.

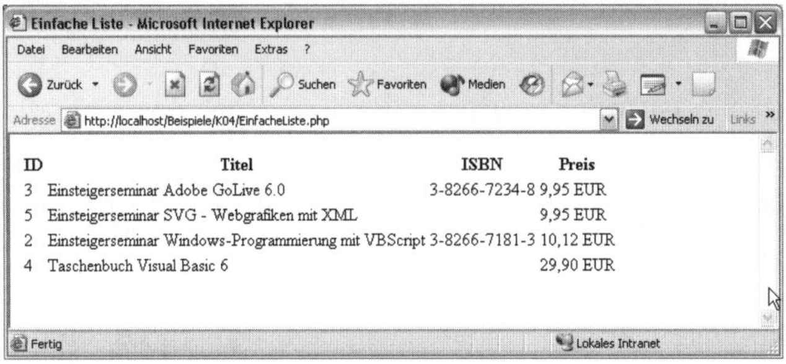

Abb. 4.3: Die sortierten Daten

Sinnvoll ist eine solche sortierte Ausgabe natürlich nur dann, wenn Sie die Gruppen auch optisch darstellen. Sie sollten also im Code prüfen, ob ein Gruppenwechsel stattgefunden hat. Das ist dann der Fall, wenn der Wert im Feld *Preis* sich von dem des vorherigen Datensatzes unterscheidet. Sie müssen dazu nur nach der Ausgabe eines Datensatzes den aktuellen Preis in einer Variablen speichern und beim nächsten prüfen, ob der Preis der gleiche oder ein anderer ist. Unterscheidet sich der Preis, müssen Sie die Tabelle nur entsprechend formatieren, so dass der Gruppenwechsel deutlich wird. Im Beispiel wird den Zellen dazu einfach ein Style Sheet zugewiesen, das oberhalb der Zellen einen Rahmen darstellt. Gleichzeitig sorgen die definierten Style Sheets auch für eine ansprechendere Darstellung. Im Kopf der Seite ergänzen Sie dazu zunächst die benötigten Style Sheets:

```
<? include "DBconnect.INC" ?>
<html>
<head>
<title>Einfache Liste</title>
<meta http-equiv="Content-Type" content="text/html; charset=ISO-8859-
1">
<style type="text/css" media="all">
  td {font-family:Palatino Linotype,Times New
    Roman, Times, Georgia, Serif;font-size:10pt }
  .gw {border-top:1px red solid}
</style>
</head>
<body>
...
```

Außerdem müssen Sie natürlich noch den Code ergänzen, der für die Anwendung der Style-Sheet-Klasse *gw* sorgt. Dazu deklarieren Sie zunächst oberhalb der Schleife eine Variable `preis` und weisen ihr einen Anfangswert, bspw. 0 zu.

Bevor Sie dann die Daten in der Schleife ausgeben, prüfen Sie, ob der Wert der Variablen ungleich dem aktuellen Feldwert der Spalte *Preis* ist. Wenn ja, müssen Sie die Zellen mit dem Attribut `class="gw"` ausgeben, ansonsten können Sie die bereits vorhandene Ausgabe nutzen. Nach der Ausgabe dürfen Sie natürlich nicht vergessen, auch der Variablen den Wert des Feldes *Preis* wieder zuzuweisen, damit sie für den nächsten Schleifendurchlauf den richtigen Wert hat.

```
...
$preis=0;
while($zeile=mysql_fetch_array($RS,MYSQL_ASSOC))
{
  if ($zeile["Preis"]<>$preis)
  {
    echo "<tr><td class=\"gw\">" .
    $zeile["ID"] . "</td>" .
    "<td class=\"gw\">" . $zeile["Titel"] . "</td>" .
    "<td class=\"gw\">" . $zeile["ISBN"] . "</td>" .
    "<td class=\"gw\">" .  number_format(
    $zeile["Preis"],2,",",".")
    . " EUR</td></tr>";
  }
  else
  {
    echo "<tr><td>" . $zeile["ID"] . "</td>" .
    "<td>" . $zeile["Titel"] . "</td>" .
    "<td>" . $zeile["ISBN"] . "</td>" .
    "<td>" .  number_format(
    $zeile["Preis"],2,",",".")
    . " EUR</td></tr>";
  }
  $preis=$zeile["Preis"];
}
...
```

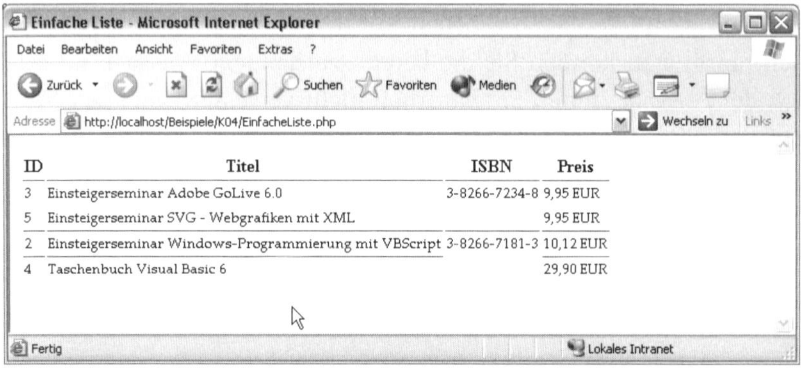

Abb. 4.4: Die Ausgabe mit hervorgehobenen Gruppenwechseln

Den Code optimieren

Das Ergebnis sieht nun zwar schon besser aus, aber perfekt ist etwas anderes. Zum Beispiel fehlt in der Spalte *ISBN* im letzten Datensatz der Strich. Das liegt daran, dass von vielen Browsern leere Tabellenzellen nicht ausgegeben werden. Für das Feld *ISBN* wurde für diesen Datensatz aber kein Wert eingegeben und somit eine leere Tabellenzelle erzeugt. Das belegt auch der Quellcode der Seite:

```
...
<tr>
<td class="gw">4</td>
<td class="gw">Taschenbuch Visual Basic 6</td>
<td class="gw"></td>
<td class="gw">29,90 EUR</td>
</tr>
...
```

Da so etwas sich nicht nur auf die Linie auswirkt, sondern auch in anderen Fällen zu unerwünschten Ergebnissen führt, ist es ratsam, es von vornherein auszuschließen. Sie können dazu bspw. eine Funktion verwenden, der Sie den auszugebenden Wert und die CSS-Klasse übergeben und die dann den Code für die Tabellenzelle zurückgibt. Das macht den Code auch erheblich kürzer. Sie brauchen nämlich auch die Ausgabe der Tabellenzeile nicht zweimal zu definieren, sondern kommen mit einer aus, in der Sie dann nur die Rückgabewerte der Funktion verwenden.

Zunächst einmal müssen Sie dazu die Funktion erstellen, indem Sie den folgenden Code in die INC-Datei einfügen, in der sich auch schon die Funktionen für die Datenbankverbindung befinden.

Der Funktion übergeben Sie den auszugebenden Wert und die zu verwendende CSS-Klasse als Zeichenkette. Als Erstes wird dann die Variable *strTemp* auf eine leere Zeichenfolge gesetzt. Sie speichert den auszugebenden HTML-Code. Anschließend müssen Sie sich vergewissern, dass beide Parameter übergeben wurden. Das können Sie machen, indem Sie prüfen, ob sie den Wert `False` haben. Das funktioniert deshalb, weil leere Zeichenfolge und die Konstante Null zu `False` ausgewertet werden, wenn ein boolescher Vergleich erfolgt. Wird der Wert nicht übergeben, wird der Parameter auf die Zeichenfolge ` ` gesetzt. Dies ist der Code für ein festes Leerzeichen in HTML. Der Parameter `strKlasse` wird dann auf eine leere Zeichenfolge gesetzt. Das führt dann dazu, dass kein `class`-Attribut eingefügt wird. Falls der Parameter nämlich übergeben wurde, wird ihm der komplette Code für das `class`-Attribut zugewiesen. Nach diesen Vorbereitungen wird der Variablen `strTemp` die Zeichenkette zur Ausgabe der Tabellenzelle zugewiesen und anschließend mit `return` aus der Funktion zurückgegeben.

```
function getZelle($strWert, $strKlasse)
  {
    $strTemp="";
    if ($strWert==FALSE)
    {
      $strWert=" ";
    }
    if ($strKlasse==FALSE)
```

```
    {
      $strKlasse="";
    }
    else
    {
      $strKlasse=" class=\"$strKlasse\" ";
    }
    $strTemp="\n\t\t\t<td$strKlasse>$strWert</td>\n";
    return $strTemp;
  }
```

Innerhalb der PHP-Seite brauchen Sie nun nur noch ein paar Änderungen vorzunehmen. Wichtig ist bspw. eine Variable `strFormat`, in der Sie entweder die Zeichenkette "*gw*" oder eine leere Zeichenfolge speichern, abhängig davon ob die CSS-Klasse *gw* verwendet werden soll oder nicht.

```
      while($zeile=mysql_fetch_array(
      $RS,MYSQL_ASSOC))
      {
        if ($zeile["Preis"]<>$preis)
        {
            $strFormat="gw";
        }
        else
        {
            $strFormat="";
        }
        echo "\n\t<tr>" . getZelle($zeile["ID"]
           ,$strFormat) .
           getZelle($zeile["Titel"],$strFormat)  .
           getZelle($zeile["ISBN"],$strFormat) .
           getZelle(number_format($zeile["Preis"]
               ,2,",",".") . " EUR",$strFormat) .
               "\n\n</tr>";
        $preis=$zeile["Preis"];
      }
...
```

Abb. 4.5: Nun wird die Tabelle korrekt angezeigt

4.3 Datenbankinformationen ermitteln

Um eine möglichst fehlertolerante PHP-Anwendung zu erstellen, ist es sinnvoll, vor dem Zugriff auf eine Tabelle oder Datenbank zunächst grundlegende Informationen zu ermitteln. Interessant ist bspw., ob die Tabelle bereits existiert oder noch erstellt werden muss. Sie können dazu nicht nur die Datenbanken des MySQL-Servers auflisten, sondern auch die enthaltenen Tabellen. Das erste Beispiel soll prüfen, ob es eine Tabelle *gbuch* in der Datenbank gibt. Wenn ja, soll dies in einer entsprechenden Meldung ausgegeben werden. Wenn nicht, soll auch dies gemeldet werden.

> **HINWEIS**
> So ist das Beispiel natürlich noch nicht sonderlich sinnvoll. Es wird aber etwas später im Abschnitt *SQL-Anweisungen ausführen* dahingehend erweitert, dass die Tabelle auch erzeugt wird.

Sie müssen dazu mit der Funktion `mysql_list_tables` alle Tabellen ermitteln und die Ergebnismenge durchlaufen. Wenn die gesuchte Tabelle gefunden wurde, kann die Schleife verlassen werden. Es steht dann fest, dass die Tabelle vorhanden ist. Im ersten Beispiel sollen aber zunächst alle Tabellennamen ausgegeben werden. Deshalb müssen Sie zunächst wieder die Verbindung zur Datenbank herstellen. Dazu wird hier wieder die Funktion `Conn` in der INC-Datei verwendet. Dann können Sie auch schon die Funktion `mysql_list_tables` aufrufen. Ihr übergeben Sie als Parameter den Datenbanknamen und den Zeiger auf die Datenbankverbindung in Form der Variablen `Conn`.

Die Funktion gibt ein Array zurück, das alle Tabellennamen enthält. Wenn es in der Datenbank keine Tabellen gibt oder diese aus anderen Gründen nicht ermittelt werden konnten, gibt die Funktion Null zurück. Sie sollten daher nach Aufruf der Funktion prüfen, ob die Variable, die das Ergebnis speichert, auch einen Wert ungleich `False` hat. Dazu wird im Beispiel eine Verzweigung verwendet, die prüft, ob die Variable `$lstTabellen` den Wert `True` hat. In diesem Fall gab es einen Rückgabewert und Sie können das Array in einer Schleife durchlaufen.

```
<? include "DBconnect.INC" ?>
<html>
<head>
<title>SQL-Anweisungen ausführen</title>
<meta http-equiv="Content-Type" content="text/html; charset=ISO-8859-
1">
</head>
<body>
    <?
      Conn();
      $lstTabellen=mysql_list_tables($DB,$Conn);
      if ($lstTabellen)
      {
          while ($Tabelle=mysql_fetch_row(
            $lstTabellen))
        {
            echo "<p>$Tabelle[0]</p>";
        }
      }
      mysql_free_result($lstTabellen);
```

```
        DisConn();
    ?>
</body>
</html>
```

Um das Array, zu durchlaufen benötigen Sie eine neue Variable, hier `Tabelle`, in der Sie in jedem Schleifendurchlauf den Rückgabewert `mysql_fetch_row` speichern. Das ist wiederum ein Array, dessen erstes Feld den Tabellennamen enthält. Innerhalb der Schleife können Sie den Tabellennamen also über das Arrayfeld des Datensatzes ausgeben. Die Funktion `mysql_free_result` sorgt anschließend dafür, dass der Speicherplatz der Tabellenliste wieder freigegeben wird. Danach wird nur noch die Datenbankverbindung geschlossen.

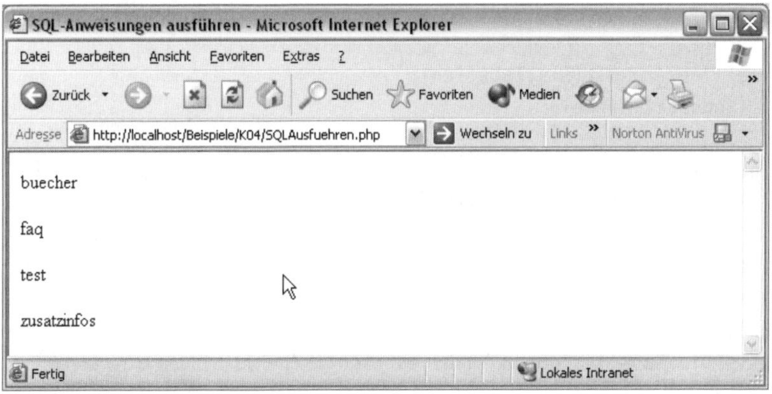

Abb. 4.6: Die erzeugte Liste

Nun können Sie das Beispiel dahingehend abwandeln, dass nicht die Tabellennamen ausgegeben werden, sondern geprüft wird, ob die Tabelle vorhanden ist, und eine passende Meldung ausgegeben wird. Dazu brauchen Sie eine boolesche Variable, hier `boolGef`, der Sie als Anfangswert den Wert `False` zuweisen. Wenn Sie dann innerhalb der Schleife die Tabelle gefunden haben, setzen Sie sie auf `True` und verlassen die Schleife mit `break`.

```
...
<body>
  <?
    Conn();
    $lstTabellen=mysql_list_tables($DB,$Conn);
    $boolGef=false;
    if ($lstTabellen)
    {
      while ($Tabelle=mysql_fetch_row($lstTabellen))
      {
      if ($Tabelle[0]=="gbuch")
      {
        $boolGef=True;
        break;
      }
      }
    }
    mysql_free_result($lstTabellen);
    if ($boolGef==true)
    {
      echo (
      "<p>Die Tabelle 'gbuch' ist vorhanden!</p>");
    }
    else
    {
    echo (
      "<p>Die Tabelle 'gbuch' gibt es nicht!</p>");
    }
    DisConn();
  ?>
</body>
...
```

Auf ähnliche Weise können Sie auch die Feldnamen und Feldeigenschaften einer Tabelle ermitteln. Das ist bspw. ganz nützlich, wenn Sie ein universell einsetzbares Skript erstellen möchten, das nicht nur die Daten einer beliebigen Tabelle ausgibt, sondern auch die Feldnamen als Spaltenüberschriften.

Das folgende Beispiel zeigt, wie Sie das Skript aus dem vorherigen Abschnitt so erweitern können, dass die Spaltenüberschriften nicht durch statischen HTML-Code definiert werden müssen, sondern aus der Abfrage ermittelt werden können. Ganz so einfach ist das allerdings nicht. Sie können zwar mit der Funktion `mysql_list_fields` eine Datensatzmenge mit dem Feldnamen zurückgeben, das funktioniert aber nur für eine komplette Tabelle, nicht für eine Abfrage. Wenn Sie also wie im Beispiel nur einige Felder der Tabelle *buecher* zurückgeben, müssten Sie natürlich auch nur für diese Felder die Feldnamen ermitteln. Die `mysql_list_fields`-Funktion gibt aber immer alle Felder einer Tabelle zurück. Das heißt, Sie müssen diese Feldliste mit den benötigten Feldern abgleichen. Im Prinzip ist das ganz einfach. Sie rufen einerseits einen Datensatz mit Hilfe der `SELECT`-Anweisung ab, die auch die Daten für die Ausgabe liefert. Außerdem ermitteln Sie die Feldliste und speichern sie in der Variablen `Felder`. Dann müssen Sie nichts weiter tun als zu testen, ob der Datensatz das entsprechende Feld enthält. Wenn ja, geben Sie den Spaltentitel als `th`-Element aus, wenn nicht, unterdrücken Sie die Fehlermeldung mit dem `@`-Operator.

Die Feldliste rufen Sie mit der `mysql_list_fields`-Funktion ab und übergeben als Parameter den Datenbanknamen, den Tabellennamen und die Datenbankverbindung. Gibt es einen Rückgabewert, wird der in der Variablen `Felder` gespeichert. Geben Sie den einleitenden `<tr>`-Tag für die Tabellenzeile aus und rufen Sie dann aus der Datensatzgruppe `RS` einen beliebigen Datensatz ab, bspw. den ersten. Hier wird dazu die Funktion `mysql_fetch_assoc` verwendet, die ein assoziatives Array liefert. Das heißt, Sie können über die Feldnamen auf die Feldwerte zugreifen und können sich das zunutze machen, indem Sie mit allen Feldnamen auf die Feldwerte zugreifen. Entweder klappt das, weil das Feld in der Abfrage existiert, oder es klappt nicht, dann gibt es das Feld nicht oder es hat in der Abfrage einen anderen Namen.

Die Feldliste können Sie nun in einer `while`-Schleife durchlaufen und in der Schleifenbedingungen mit der `mysql_fetch_field`-Funktion die

Felder nacheinander abrufen. Die Funktion gibt ein Objekt zurück, das in der Variablen `Feld` gespeichert wird. Die Feldeigenschaften, wie bspw. der Feldname sind Eigenschaften dieses Objekts. Wenn Sie auf Eigenschaften eines Objektes zugreifen, trennen Sie die Variable, in der das Objekt gespeichert wird, und die Eigenschaft durch einen Pfeil bestehend aus `-` und `>`. `$Feld->name` gibt also den Wert der Eigenschaft `name` des Objektes in der Variablen `Feld` zurück.

Objekte sind in der Programmierung Gebilde, die reale Objekte abbilden. Sie werden durch Eigenschaften beschrieben und können Methoden haben, die in der Lage sind, das Objekt zu bearbeiten. PHP kann zwar mit Objekten umgehen und bietet viele Details, die zur objektorientierten Programmierung dazu gehören, dennoch kommen Sie in der Regel auch ohne OOP (objektorientierte Programmierung) aus. In diesem Fall stellt das Objekt ein Feld der Datenbanktabelle dar. Seine Eigenschaften beschreiben es. Eine dieser Eigenschaften, `name`, gibt bspw. den Namen des Feldes an.

HINWEIS

Achten Sie unbedingt darauf, dass die Felder in der Abfrage die gleiche Reihenfolge haben wie in der Tabelle, da Sie sonst die Spaltenüberschriften in der falschen Reihenfolge einfügen würden. Aus diesem Grund muss auch die Feldreihenfolge in der `SELECT`-Anweisung angepasst werden.

HINWEIS

Das Zeichen @ vor dem Ausdruck `$arrDaten[$Feld->name]` sorgt dafür, dass Fehlermeldungen, die daher kommen, dass es im Datensatz die Spalte `$Feld->name` nicht gibt, nicht ausgegeben, sondern unterdrückt werden.

```
...
<table border="0">
  <?
    $SQL="SELECT buecher.ID, buecher.Titel," .
```

```
    "buecher.Preis, buecher.ISBN FROM " .
    "buecher ORDER BY buecher.Preis, buecher.Titel" ;
    Conn();
    mysql_select_db($DB,$Conn);
    //Verbindung zur mysql-Tabelle aufbauen
    //Spaltentitel ausgeben
    $RS=mysql_query($SQL,$Conn);
    $Felder=mysql_list_fields($DB,"buecher",$Conn);
    if ($Felder)
    {
      echo "<tr>";
    $arrDaten=mysql_fetch_assoc($RS);
    while($Feld=mysql_fetch_field($Felder))
    {
      if (@$arrDaten[$Feld->name])
      {
        echo "<th>$Feld->name</th>";
      }
    }
    echo "</tr>";
    mysql_free_result($Felder);
    }
    //Daten ausgeben
    $RS=mysql_query($SQL,$Conn);
...
    mysql_free_result($RS);
    DisConn();
  ?>
</table>
```

> **HINWEIS**
>
> Wichtig ist, dass Sie die SQL-Abfrage, die die Daten für die Ausgabe liefert, nach Ausgabe der Spaltentitel noch einmal ausführen, weil sonst die Daten erst ab dem zweiten Datensatz ausgegeben würden. Das liegt daran, dass durch Abruf der ersten Datensatzzeile der Datensatzzeiger schon auf dem zweiten Datensatz steht und erst ab da weitergelesen würde.

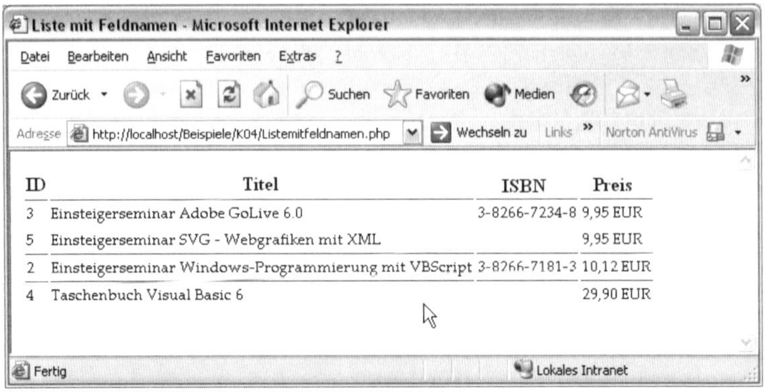

Abb. 4.7: Die Ausgabe der Spaltentitel

Neben der Eigenschaft `name` stehen noch die weiteren Eigenschaften zur Verfügung, die Sie der Tabelle 1 entnehmen können. Auch auf diese Eigenschaften greifen Sie zu, indem Sie die Syntax `Variable->Eigenschaft` verwenden.

Eigenschaften von Feldern	**Beschreibung**
`name`	Feldname
`table`	Name der Tabelle, in der das Feld enthalten ist.
`max_length`	Gibt die Feldlänge an. Interessant ist dies vor allem für die Felder des Typs `String`.
`not_null`	Hat den Wert 1, wenn das Feld nicht NULL sein kann, also mit `NOT NULL` gekennzeichnet ist.
`primary_key`	Hat den Wert 1, wenn das Feld der Primärschlüssel der Tabelle ist.
`unique_key`	Gibt 1 zurück, wenn das Feld ein eindeutiger Schlüssel ist.
`multiple_key`	Hat den Wert 1, wenn das Feld ein `non unique key`-Feld ist.

Eigenschaften von Feldern	Beschreibung
`numeric`	Hat den Wert 1, wenn es sich um ein numerisches Feld handelt.
`blob`	Hat bei BLOB-Feldern den Wert 1.
`type`	Gibt den Datentyp als Zeichenkette aus, wie bspw. *string*, *real* und *int*.
`unsigned`	Hat den Wert 1, wenn das Feld kein Vorzeichen für eine Zahl speichert.

Tab. 4.1: Eigenschaft des `field`-Objekts

4.4 SQL-Anweisungen ausführen

In den vorherigen Beispielen haben Sie nur eine SELECT-Anweisung ausgeführt. Ähnlich einfach können Sie aber auch jede andere SQL-Anweisung ausführen und damit Datensätze einfügen, löschen und ändern oder sogar Tabellen erstellen. Wie das geht, zeigt dieser Abschnitt an einigen Beispielen. Zunächst soll das Beispiel ergänzt werden, das schon geprüft hat, ob die Tabelle *gbuch* existiert. Wenn die Tabelle nicht vorhanden ist, soll eine Tabelle erzeugt werden, die über die Felder

- *ID*
- *Name*
- *Datum*
- *EMail*
- *Nachricht*
- *Webadresse*

verfügt.

Das Feld Nachricht soll als *TEXT*-Feld, die anderen bis auf *Datum* und *ID* als *VARCHAR*-Felder erzeugt werden. Das Datumsfeld soll den Datentyp *Timestamp* erhalten. Das Feld *ID* soll ein *Auto-Increment*-Feld und gleichzeitig Primärschlüssel sein. Dazu muss in der PHP-Seite folgende SQL-Anweisung ausgeführt werden.

```
CREATE TABLE gbuch (
ID INTEGER AUTO_INCREMENT NOT NULL,
Name VARCHAR(30),
Datum TIMESTAMP,
EMail VARCHAR(20),
Nachricht TEXT,
Webadresse VARCHAR(30),
PRIMARY KEY (ID));
```

SQL-Anweisungen können mit der Funktion `mysql_query` ausgeführt werden. Bei Anweisungen, die Inhalte zurückgeben, wie `SELECT`, `SHOW TABLES`, `DESCRIBE` enthält der Rückgabewert diese Inhalte, die dann mit anderen Funktionen wieder durchlaufen werden können. Wie das geht, haben Sie zuvor schon bei der Ausgabe der Buchdaten gesehen. Wenn eine SQL-Anweisung wie bspw. `CREATE TABLE` aber keine Datensätze zurückliefert, gibt die Funktion `true` oder `false` zurück. Der Rückgabewert ist `true`, wenn die SQL-Anweisung syntaktisch korrekt ist und ausgeführt werden konnte. Das können Sie sich zunutze machen, um abhängig davon eine Meldung auszugeben.

Das folgende Listing zeigt die Anweisungen, die zum Erzeugen der Tabelle erforderlich sind. Die Änderungen gegenüber dem schon bestehenden Code sind wieder fett hervorgehoben.

Zunächst müssen Sie dazu eine Variable mit der SQL-Anweisung definieren. Hier wird sie der Variablen `strSQL` zugewiesen. Anschließend brauchen Sie die Variable nur noch an die `mysql_query`-Funktion zu übergeben und erzeugen damit die Tabelle. War die SQL-Anweisung erfolgreich, enthält die Variable `Erg` nun den Wert `True` und es wird eine entsprechende Meldung ausgegeben.

```
...
<body>
    <?
      Conn();
      $lstTabellen=mysql_list_tables($DB,$Conn);
      $boolGef=false;
      if ($lstTabellen)
      {
        while ($Tabelle=
        mysql_fetch_row($lstTabellen))
        {
            if ($Tabelle[0]=="gbuch")
            {
                $boolGef=True;
                break;
            }
        }
      }
      mysql_free_result($lstTabellen);
      if ($boolGef==true)
      {
          echo ("<p>Die Tabelle 'gbuch' "  .
              "ist vorhanden!</p>");
      }
      else
      {
        echo ("<p>Die Tabelle 'gbuch' gibt es " .
            "nicht!</p>");
        //Tabelle erstellen
        $strSQL="CREATE TABLE gbuch (ID INTEGER " .
            "AUTO_INCREMENT" . "NOT NULL, Name " .
            "VARCHAR(30), Datum TIMESTAMP, " .
            "EMail VARCHAR(20), Nachricht TEXT, " .
            "Webadresse VARCHAR(30), PRIMARY KEY " .
            "(ID))";
        $Erg=mysql_query($strSQL);
        if ($Erg==true)
        {
            echo ("<p>Die Tabelle wurde " .
                "erzeugt!</p>");
```

```
        }
      }
      DisConn();
    ?>
</body>
...
```

Abb. 4.8: Ausgabe nach Erzeugen der Tabelle

HINWEIS

Auf die gleiche Weise können Sie auch alle anderen SQL-Anweisungen ausführen. Dazu kommt es nur auf eine korrekte Formulierung des SQL-Befehls an. Die Syntax der wichtigsten Anweisungen wurden in Kapitel 3 *Datenbankgrundlagen* erläutert.

4.5 Daten aktualisieren und einfügen

Zum Einfügen und Aktualisieren von Daten in eine Tabelle müssen Sie ebenfalls nur eine SQL-Anweisung ausführen. Dazu verwenden Sie `INSERT INTO`- und `UPDATE`-Anweisungen. Diese können Sie ebenso ausführen wie eben die `CREATE TABLE`-Anweisung. Daher soll das folgende Beispiel zeigen, wie die grundlegenden Schritte zum Einfügen und Ändern von Datensätzen funktionieren.

HINWEIS

Komplexere Anwendungen können Sie aber damit nur erstellen, wenn Sie Formulare für die Dateneingabe verwenden. Wie das geht, erfahren Sie im Kapitel 5 *Such- und Eingabeformulare erstellen*.

Das folgende Beispiel fügt in die Tabelle *gbuch* einen ersten Datensatz ein und gibt dann in einer Meldung den Wert des Feldes *ID* aus, der beim Erstellen des Datensatzes vom MySQL-Server erzeugt wurde.

HINWEIS

Sie benötigen den Wert des Feldes sehr häufig, wenn Sie dem Benutzer die *ID* als Benutzerkennung mitteilen möchten, mit der er sich dann bspw. aus einem Verteiler austragen oder seine Daten korrigieren kann. Nur mit dem Wert des Primärschlüssels kann der erzeugte Datensatz wirklich eindeutig ermittelt werden. Ansonsten bestünde die Gefahr, dass der Benutzer fremde Daten ändern kann.

Um einen Eintrag in das Gästebuch einzufügen, benötigen Sie eine `INSERT INTO`-Anweisung, die in etwas wie folgt lauten sollte.

```
INSERT INTO gbuch
(Name, Nachricht, EMail, Webadresse)
VALUES (
'Helma Spona',
'Herzlich willkommen im Gästebuch! Sie können es gerne verwenden, um
Anmerkungen zur Seite zu hinterlassen. Kritik dazu ist hier
willkommen. Wenn Sie jedoch Fragen haben, auf die Sie eine Antwort
erwarten, sollten Sie dazu das Kontaktformular verwenden.',
'helma.spona@t-online.de',
'http://www.helma-spona.de')
```

Diese SQL-Anweisung brauchen Sie nur auszuführen, um den Datensatz einzufügen. Die ID können Sie im Anschluss mit der Funktion `mysql_insert_id` ermitteln. Sie gibt immer den von der letzten Einfügeoperation gesetzten Auto-Increment-Wert zurück. Damit nicht versehentlich eine ID aus einer späteren INSERTINTO-Anweisung zurückgegeben wird, sollten Sie die Funktion daher unmittelbar nach dem Einfügen des Datensatzes ermitteln und in einer Variablen zur weiteren Verarbeitung speichern. Hier ist dies die Variable ID.

```
...
  <?
    Conn();
    $lstTabellen=mysql_list_tables($DB,$Conn);
    $boolGef=false;
...
    if ($boolGef==true)
    {
      echo ("<p>Die Tabelle 'gbuch' " .
          "ist vorhanden!</p>");
    }
    else
    {
    echo ("<p>Die Tabelle 'gbuch' gibt es " .
        "nicht!</p>");
    //Tabelle erstellen
    $strSQL="CREATE TABLE gbuch (ID INTEGER " .
       "AUTO_INCREMENT" .
       " NOT NULL, Name VARCHAR(30), Datum " .
       "TIMESTAMP, EMail VARCHAR(20), " .
       "Nachricht TEXT, Webadresse " .
       "VARCHAR(30), PRIMARY KEY (ID))";
    $Erg=mysql_query($strSQL);
    if ($Erg==true)
    {
      echo ("<p>Die Tabelle wurde erzeugt!</p>");
    }
    }
    $strSQL='INSERT INTO gbuch (Name, Nachricht, ' .
      'EMail, Webadresse) VALUES ("Helma Spona"' .
      ',"Herzlich willkommen im Gästebuch! ' .
      'Sie können es gerne verwenden, um Anmer' .
      'kungen zur Seite zu hinterlassen. Kritik' .
```

```
      ' dazu ist hier willkommen. Wenn Sie je' .
      'doch Fragen haben, auf die Sie eine Ant' .
      'wort erwarten, sollten Sie dazu das Kon' .
      'taktformular verwenden.","helma.spona@t-' .
      'online.de","http://www.helma-spona.de");';
    $Erg=mysql_query($strSQL);
    if ($Erg==true)
    {
      $ID=mysql_insert_id();
      echo "<p>Der Eintrag hat die ID $ID " .
          "bekommen!</p>";
    }
    DisConn();
  ?>
...
```

Abb. 4.9: Die Ausgabe der Datensatz-ID

Die so ermittelte ID können Sie bspw. verwenden, wenn Sie dem Benutzer über einen Link die Möglichkeit geben möchten, den Eintrag zu korrigicren, oder wenn Sie die eben gespeicherten Daten wieder aus der Datenbank abrufen möchten. Beides zeigt die folgende Erweiterung des Beispiels.

Nach Einfügen des Datensatzes soll ein Link angezeigt werden, mit dem der Benutzer die Möglichkeit hat, sich die eingefügten Daten anzeigen zu lassen. Dazu übergibt der Link die ID als URL-Parameter an die Folgeseite, die die Daten tabellarisch anzeigt. Zunächst müssen Sie dazu nur anstelle der einfachen Meldung einen Link erzeugen.

Um den Link zu erzeugen, brauchen Sie nur die Ausgabe der Seite anzupassen. Die Änderung ist also minimal:

```
...
if ($Erg==true)
    {
      $ID=mysql_insert_id();
      //echo "<p>Der Eintrag hat die ID" .
      // $ID bekommen!</p>";
      echo "<a href='Datenanzeigen." .
          "php?id=$ID'>Eintrag ansehen?</a>";
}
...
```

Etwas komplizierter ist schon die Folgeseite mit dem Namen *Datenanzeigen.php*, die für die Anzeige der eingegebenen Daten sorgt. Hier müssen Sie nicht nur den URL-Parameter auswerten, sondern auch noch die Feldnamen der Tabelle *gbuch* ermitteln und ausgeben und erst anschließend die Daten. Der ermittelte URL-Parameter wird einfach in die `WHERE`-Klausel der `SELECT`-Anweisung eingebaut. Die SQL-Anweisung `SELECT * FROM gtab WHERE ID=$url_id` liefert also alle Datensätze, deren Wert im Feld ID mit dem Wert des URL-Parameters `id` übereinstimmt. In diesem Fall ist das nur ein Datensatz, nämlich der gerade eingefügte.

HINWEIS

Die Übernahme von URL-Parametern wurde bereits in Kapitel 2 *PHP-Grundlagen* erläutert, die Ausgabe der Feldnamen im vorherigen Abschnitt.

Für die Ausgabe der ermittelten Daten sorgt hier eine `while`-Schleife, die zunächst alle Datensätze durchläuft. Für jeden Datensatz wird eine Tabellenzeile ausgegeben. Um die Daten in die Zeile zu schreiben, werden die einzelnen Arrayfelder des zurückgegebenen Datensatzes wiederum mit einer `foreach`-Schleife durchlaufen.

> **HINWEIS**
>
> Der Einsatz der `while`-Schleife wäre natürlich nicht erforderlich, weil die Abfrage immer maximal einen Datensatz liefert. Beim Einsatz alternativer Anweisungen müssten Sie aber vor dem Zugriff auf den Datensatz erst abfragen, ob es einen Datensatz im Abfrageergebnis gibt. Das entfällt und erleichtert Ihnen außerdem, den Code auch für andere Zwecke anzupassen.

```
<? include "DBconnect.inc" ?>
<html>
<head>
<title>Daten anzeigen</title>
<meta http-equiv="Content-Type" content="text/html; charset=ISO-8859-
1">
<style type="text/css" media="all">
  td,th {font-family:Palatino Linotype,Times New
  Roman, Times, Georgia, Serif;font-size:10pt }
</style>
</head>
<body>
<table width="100%">
<?
  import_request_variables('gp','url_');
  Conn();
  //Spaltentitel ausgeben
  $Felder=mysql_list_fields($DB,"gbuch",$Conn);
  if ($Felder)
  {
      echo "<tr>";
      while($Feld=mysql_fetch_field($Felder))
```

```
    {
        echo "<th>$Feld->name</th>";
    }
    echo "</tr>";
    mysql_free_result($Felder);
  }
  //Daten ausgeben
  $strSQL="SELECT * FROM gbuch WHERE ID=$url_id;";
  $RS=mysql_query($strSQL,$Conn);
  while($zeile=mysql_fetch_row($RS))
  {
    echo "\n\t<tr>";
    foreach ($zeile as $Wert)
    {
      echo "\n<td>$Wert</td>";
    }
    echo "\n\n</tr>";
  }
  mysql_free_result($RS);

  DisConn();
?>
</table>
</body>
</html>
```

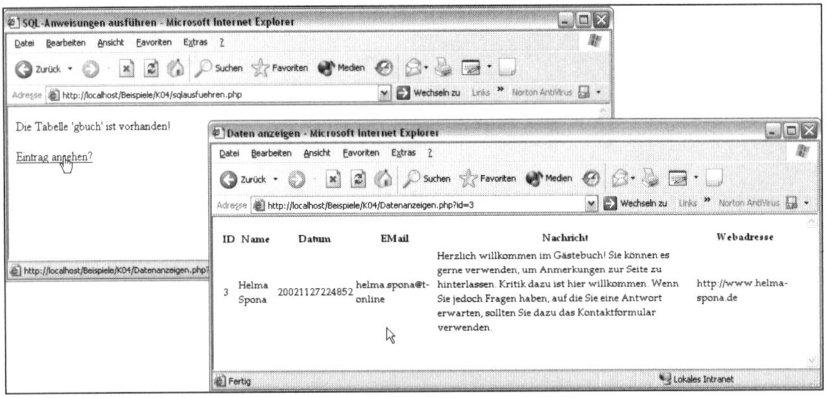

Abb. 4.10: Das Ergebnis der Änderungen

4.6 Fehlerbehandlung beim Datenbankzugriff

Wie Sie eventuell beim Ausprobieren der SQL-Anweisungen im letzten Kapitel schon bemerkt haben, kann man beim Formulieren der SQL-Befehle eine Menge falsch machen. Da vergisst man mal eben das Semikolon am Ende oder fügt ein Semikolon anstelle eines Kommas ein. Aber auch wenn man sich bei den Feldnamen vertippt, funktioniert die SQL-Anweisung nicht.

Wenn Sie die MySQL-Kommandozeile verwenden, ist das kein Problem. Es erscheint eine Fehlermeldung und Sie können daraufhin die Anweisung korrigiert neu eingeben. Innerhalb einer PHP-Seite geht das natürlich nicht. Allerdings verhält sich PHP auch da sehr gutmütig. Selbst wenn Sie versuchen, eine syntaktisch falsche SQL-Anweisung auszuführen, erscheint keine Fehlermeldung. Das ist zwar einerseits vorteilhaft, weil der Besucher der Seite von möglichen Fehlern nichts mitbekommt. Andererseits hat dies aber auch Nachteile.

1. Sie merken beim Testen nicht unbedingt, ob die Seite fehlerfrei funktioniert. Dazu müssen Sie sich die geänderten oder hinzugefügten Daten der Tabelle erst einmal im MySQL-Manager oder an der Kommandozeile anzeigen lassen.
2. Wenn SQL-Anweisungen nicht ausgeführt werden konnten, weil ein Fehler am SQL-Server aufgetreten ist, den Sie ja nicht unbedingt beseitigen können, wenn es der SQL-Server Ihres Providers ist, kann das teuer werden.

Realisieren Sie bspw. ein gut besuchtes Shop-System und können Bestellungen wegen eines Systemfehlers nicht gespeichert werden, verärgern Sie Ihre Kunden damit natürlich sehr, wenn diese auf die bestellten Artikel warten, Sie aber nichts von der Bestellung wissen.

Daher sollten Sie unbedingt dafür sorgen, dass relevante Fehler auch dem Benutzer gemeldet werden. Das können Sie natürlich so machen, dass dies nicht zwingend einen schlechten Eindruck hinterlässt.

Fehler erkennen und melden

PHP kennt zwei Funktionen, mit denen Fehlerinformationen über eine zuvor ausgeführte Datenbank-Abfrage ermittelt werden können, nämlich `mysql_error` und `mysql_errno`. Die erste gibt den Fehlertext, die zweite die Fehlernummer zurück.

Wichtig ist in jedem Fall, dass Sie die beiden Funktionen unmittelbar nach der SQL-Anweisung ausführen. Das folgende Beispiel soll eine Möglichkeit der Fehlerbehandlung zeigen. Dazu wurde die `CREATE-TABLE`-Anweisung absichtlich verfälscht, indem am Ende eine schließende runde Klammer entfernt wurde. Nach Aufruf der SQL-Anweisung wird dann geprüft, ob die Funktion `mysql_errno` einen Wert ungleich 0 hat. Wenn das der Fall ist, ist ein Fehler aufgetreten und seine Fehlernummer und Beschreibung wird ausgegeben.

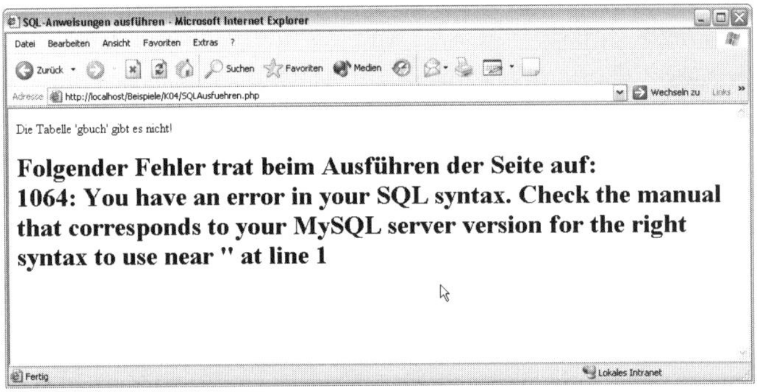

Abb. 4.11: Das Ergebnis der fehlerhaften SQL-Anweisung

Für eine solche Fehlermeldung reichen sieben Zeilen Quellcode aus. Sie müssen nichts weiter tun, als unmittelbar nach Ausführen der SQL-Anweisung mit `mysql_query` in einer `if`-Anweisung zu prüfen, ob die Funktion mysql_errno einen Wert ungleich 0 liefert. 0 bzw. NULL bedeutet, dass kein Fehler aufgetreten ist. Wenn das der Fall ist, geben Sie die Fehlermeldung einfach mit echo aus.

```
<body>
  <?
    Conn();
...
    //Tabelle erstellen
    $strSQL="CREATE TABLE gbuch (ID INTEGER" .
        "AUTO_INCREMENT NOT NULL, Name " .
        "VARCHAR(30), Datum TIMESTAMP, " .
        "EMail VARCHAR(20), Nachricht TEXT, " .
        "Webadresse VARCHAR(30), PRIMARY KEY (ID)";
    $Erg=mysql_query($strSQL);
    if (mysql_errno()!=0)
    {
      echo "<h1>Folgender Fehler trat beim " .
        "Ausführen der Seite auf:<br>" .
        mysql_errno()  . ": " .
        mysql_error() . "</h1>";
    }
    if ($Erg==true)
    {
      echo ("<p>Die Tabelle wurde erzeugt!</p>");
    }
    }
...
    DisConn();
  ?>
</body>
```

Fehlermeldungen optimieren

Sicherlich macht obige Ausgabe keinen guten Eindruck auf den Besucher der Seite. Daher ist es in den allermeisten Fällen sinnvoller, solche Fehlermeldungen für die zu veröffentlichende PHP-Anwendung zu "übersetzen". Statt also den Fehler auszugeben, sollten Sie eine allgemeinere Fehlermeldung generieren und anzeigen. Der Benutzer soll schließlich wissen, dass es einen Fehler gab, es soll aber nicht erkennbar sein, wessen Fehler das ist.

Es bietet sich daher an, in einer INC-Datei eine allgemeine Fehlerbandlungsroutine zu definieren, die für die Ausgabe des Fehlers sorgt. Wie die aussehen könnte, zeigt das folgende Listing. Die Funktion `fehler` prüft anhand der Fehlernummer, welche Art Fehler aufgetreten ist. Zwei spezielle Fehler, die auftreten, wenn die Datenbank nicht erreichbar ist (1046) oder der ganze MySQL-Server nicht erreichbar ist (2005) werden mit speziellen Meldungen ausgestattet. Für alle anderen Fehler wird die Fehlermeldung aus dem `default`-Zweig ausgegeben.

```
function fehler()
{
  $strTemp="";
  switch (mysql_errno())
  {
    case 0:
      $strTemp="";
      break;
    case 1046:
      $strTemp="Die Datenbank ist " .
      "derzeit nicht erreichbar! Das Problem " .
      "wurde dem Webmaster bereits gemeldet " .
      "und wird zügig behoben.";
      break;
    case 2005:
      $strTemp="Der Server ist derzeit nicht " .
        erreichbar! Das Problem wurde " .
      "dem Webmaster bereits gemeldet und " .
      "wird zügig behoben.";
      break;
    default:
      $strTemp="Die Seite konnte nicht fehler" .
      "frei ausgeführt werden. Bitte versuchen " .
      "Sie es später noch mal!";
      break;
```

```
    }
    echo "<p style='color:red;font-style:bold'>" .
        "$strTemp</p>";
  }
```

Innerhalb der PHP-Seite müssen Sie die Funktion nun nur noch nach fehleranfälligen Datenbankaktionen aufrufen.

```
...
    else
    {
...
    $Erg=mysql_query($strSQL);
    fehler();
    if ($Erg==true)
    {
      echo ("<p>Die Tabelle wurde erzeugt!</p>");
    }
    }


    $strSQL='INSERT INTO gbuch (Name, Nachricht, ' .
      'EMail, Webadresse) VALUES ("Helma Spona"' .
      ',"Herzlich willkommen im Gästebuch! ' .
      'Sie können es gerne verwenden, um Anmer' .
      'kungen zur Seite zu hinterlassen. Kritik' .
      ' dazu ist hier willkommen. Wenn Sie je' .
      'doch Fragen haben, auf die Sie eine Ant' .
      'wort erwarten, sollten Sie dazu das Kon' .
      'taktformular verwenden.","helma.spona@t-' .
      'online.de","http://www.helma-spona.de");';
    $Erg=mysql_query($strSQL);
    fehler();
    if ($Erg==true)
    {
      $ID=mysql_insert_id();
      echo "<a href='Datenanzeigen.php?" .
          "id=$ID'>Eintrag ansehen?</a>";
    }
    DisConn();
```

```
    fehler();
  ?>
...
```

Auf diese Weise können Sie zwar den Benutzer von Problemen in Kenntnis setzen, bei bestimmten Fehler spuckt PHP aber leider immer noch seine eigenen Warnungen aus. Das ist mehr als unschön, wie Sie an der folgenden Abbildung sehen können.

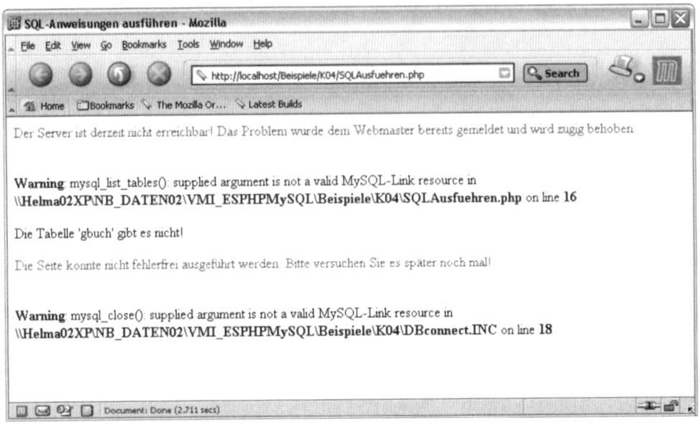

Abb. 4.12: Die roten Fehlermeldungen hat die Funktion `fehler` erzeugt

Diese Warnungen kommen daher, dass hier zum Testen als Server- und als Datenbankname ungültige Angaben gemacht wurden. Es konnten also weder der MySQL-Server noch die Datenbank gefunden werden und daher konnte die Datenbankverbindung nicht geöffnet werden.

> **HINWEIS**
>
> Solche Fehlermeldungen, insbesondere in INC-Dateien sind nicht nur unschön, sondern auch ein Sicherheitsrisiko. Nun weiß der potenzielle Hacker nämlich, dass die INC-Datei *DBConnect.INC* heißt und in welchem Verzeichnis sie liegt. Er braucht also nur noch den Namen als URL im Browser anzugeben, und schon kann er die Datei mitsamt den möglicherweise darin gespeicherten Kennwörtern herunterladen.

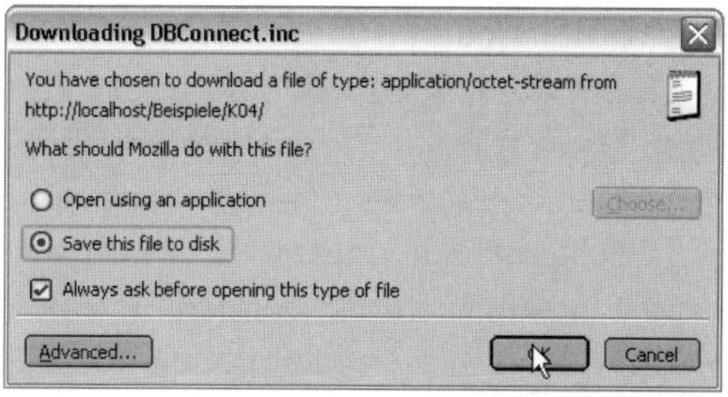

Abb. 4.13: Ist der Name der INC-Datei bekannt, kann sie heruntergeladen werden

Sie sollten daher unbedingt dafür sorgen, dass solche Fehlermeldungen nicht angezeigt werden. Dazu können Sie bspw. die Anzeige von Warnungen unterdrücken, indem Sie am Anfang der INC-Datei die Anweisung `error_reporting (1);` ausführen. Sie sorgt dafür, dass nur Fehler angezeigt werden, keine Warnungen. Wenn Sie aber generell die Meldungen ausschalten, finden Sie natürlich auch beim Testen Ihrer Seiten die Fehler nicht. Daher sollten Sie eine Variable definieren, mit der Sie bestimmen können, ob Sie sich im Testmodus oder im Laufzeitmodus befinden. Diese Variable können Sie dann einmal in der INC-Datei setzen und so für alle Seiten die Fehleranzeige ein- oder ausschalten. Dazu ergänzen Sie den Anfang der Datei einfach wie folgt:

```
<?PHP
    $DB="helma_spona_ded";
    $Server="localhosts";
    $Conn=NULL;
    $mode="debug"; // alternative "release"
    if ($mode=="debug")
    {
        error_reporting (1+2+4+8+16+32);
    }
    else
    {
        error_reporting (1);
    }
...
```

Die Variable mode definiert nun, ob der Code im Debug-Modus (Wert "debug"), also zum Testen ausgeführt werden soll oder als fertige Anwendung im praktischen Einsatz. Dann muss der Variablen ein anderer Wert als "debug" bspw. "release" zugewiesen werden. Abhängig vom Wert der Variablen legen Sie die Fehlerbehandlungsmethode fest, indem Sie die Funktion error_reporting aufrufen. Ihr können Sie einen numerischen Wert oder eine Summe aus den vordefinierten Werten übergeben.

Wenn alle möglichen Fehler und Warnungen zu einer Fehlerausgabe führen sollen, müssen Sie eine Summe aller möglichen Einstellungen übergeben, wie dies im Beispiel durch den Ausdruck 1+2+4+8+16+32 geschieht. Beim praktischen Einsatz der PHP-Seiten sollen natürlich nur die wirklichen Fehler angezeigt werden, keine Warnungen. Dazu übergeben Sie den Wert 1 an die Funktion, wenn die Variable mode einen anderen Wert als "*debug*" hat. Das ist auch schon alle, was notwendig ist.

> HINWEIS
>
> Um nach dem Test aller Seiten, die die INC-Datei verwenden, die Fehleranzeige zu deaktivieren, brauchen Sie vor dem Veröffentlichen der Seite nur die Variable mode auf einen anderen Wert als "debug" zu setzen.

Diese Methode, die Fehlermeldungen bei Bedarf ein- und auszuschalten, bietet überdies die Möglichkeit, für den Test der Seiten auch die vollständigen Fehlermeldungen anzeigen zu lassen. Dazu müssen Sie nur in Abhängigkeit vom Wert der Variablen mode der Variablen strTemp einen anderen Wert zuweisen.

```
function fehler()
{
 global $mode;
 $strTemp="";
 switch (mysql_errno())
```

```
  {
    case 0:
      $strTemp="";
      break;
    case 1046:
     $strTemp="Die Datenbank ist " .
     "derzeit nicht erreichbar! Das Problem wurde " .
     "dem Webmaster bereits gemeldet und wird " .
     "zügig behoben.";
     if ($mode=="debug")
     {
      $strTemp=mysql_errno() . ": " . mysql_error();
     }
     break;
    case 2005:
     $strTemp="Der Server ist " .
     "derzeit nicht erreichbar! Das Problem wurde " .
     "dem Webmaster bereits gemeldet und wird " .
     "zügig behoben.";
     if ($mode=="debug")
     {
      $strTemp=mysql_errno() . ": " . mysql_error();
     }
     break;
    default:
     $strTemp="Die Seite konnte nicht fehlerfrei" .
     "ausgeführt werden. Bitte versuchen Sie es " .
     "später noch mal!";
     if ($mode=="debug")
     {
      $strTemp=mysql_errno() . ": " . mysql_error();
     }
     break;
  }
  if ($strTemp!="")
  {
  echo "<p style='color:red;font-" .
    "style:bold'>$strTemp</p>";
  }
}
```

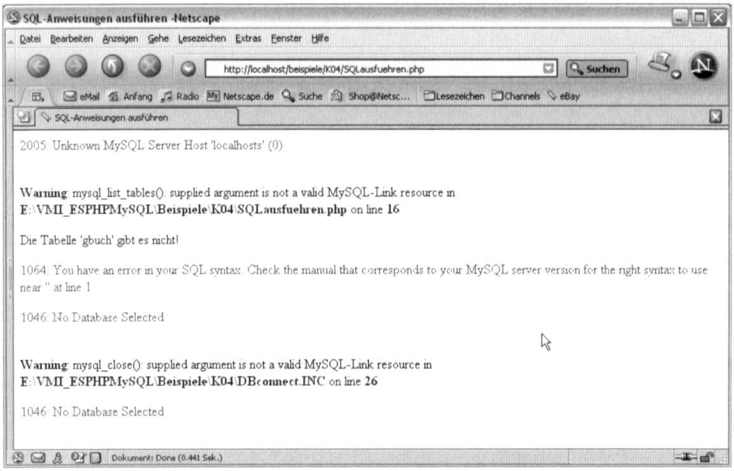

Abb. 4.14: Ausführliche Meldungen im Debug-Modus ...

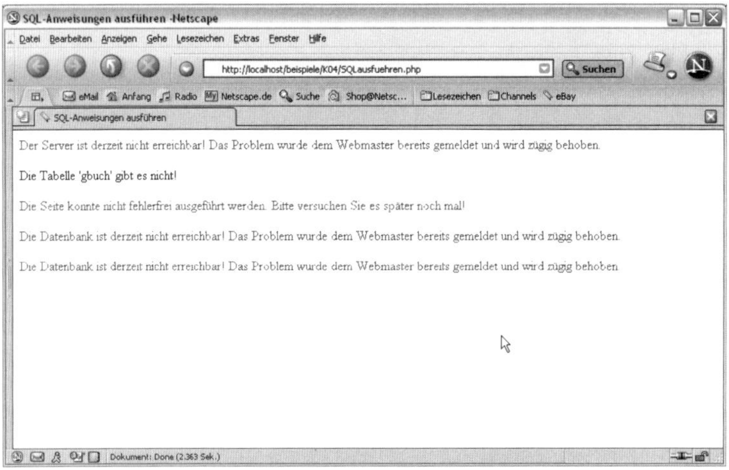

Abb. 4.15: ... und kurze benutzerfreundliche in der "Release"-Version.

HINWEIS

Wenn Sie den Benutzern mitteilen, dass der Webmaster benachrichtigt wurde, sollten Sie das natürlich auch tun. Dazu können Sie in der Funktion *Fehler* eine Funktion aufrufen, die einfach eine Mail mit den Fehlerinformationen sendet.

4.7 Zusammenfassung, Fragen und Übungen

Zusammenfassung

- PHP stellt spezielle Funktionen und Anweisungen zur Verfügung, um auf SQL-Datenbanken zuzugreifen.
- Alle diese Funktionen beginnen mit `mysql_`.
- Um eine Verbindung zu einer Datenbank herzustellen, sind zwei Schritte notwendig. Zuerst muss die Verbindung zum MySQL-Server hergestellt und danach die Datenbank ausgewählt werden.
- SQL-Anweisungen jeder Art können Sie mit `mysql_query` ausführen.
- Wenn Sie Fehler beim Zugriff auf die Datenbank erkennen möchten, fragen Sie dazu die Fehlernummer mit der Funktion `mysql_errno` ab.

Fragen und Übungen

1. Wozu dient die Funktion `mysql_connect`?
2. Welche Funktion müssen Sie aufrufen, um eine Datenbank zu aktivieren?
3. Welche Aufgabe hat folgender Codeblock?

```
$RS=mysql_query($strSQL,$Conn);
while($zeile=mysql_fetch_row($RS))
{
  echo "\n\t<tr>";
  foreach ($zeile as $Wert)
```

Fragen und Übungen

```
    {
      echo "\n<td>$Wert</td>";
    }
    echo "\n\n</tr>";
  }
  mysql_free_result($RS);
```

4. Welche Aufgabe hat die Funktion `mysql_free_result`?
5. Warum stellen Fehlermeldungen in INC-Dateien ein potenzielles Sicherheitsrisiko dar?

5 Such- und Eingabeformulare erstellen

Wie Sie sicherlich bemerkt haben, waren die Beispiele aus dem vorherigen Kapitel zwar funktionsfähig, aber in der Praxis so natürlich nicht einsetzbar. Das lag einfach daran, dass eine Interaktion mit dem Benutzer nicht möglich war. So hatte der Benutzer bspw. keine Möglichkeit, selbst die Daten für den Gästebucheintrag einzugeben, so dass immer die gleichen, im Skript definierten Eingaben gemacht wurden.

Diese Unzulänglichkeit lässt sich mit Formularen recht einfach aus der Welt schaffen, da sie es ermöglichen, Eingaben vom Benutzer entgegenzunehmen, die Sie dann verarbeiten können. Wie das genau funktioniert, zeigt dieses Kapitel.

5.1 Grundlagen der Formularverarbeitung

Um Formulare sinnvoll einsetzen zu können, müssen Sie zunächst verstehen, wie sie verarbeitet werden. Das ist eigentlich ganz einfach. Formulare sind reiner HTML-Code. Mit speziellen HTML-Tags werden alle Steuerelemente des Formulars definiert, sie werden benannt und formatiert. Für das Formular selbst ist PHP also nicht zwingend erforderlich.

Die Daten, die der Benutzer in das Formular eingibt, sind zunächst nur dem Client, also dem Browser bekannt, weil der Benutzer sie ja im Browser eingibt. Um sie serverseitig mit einer PHP-Seite auswerten zu können, müssen die Daten also irgendwie an den Server geschickt werden. Dazu wird im `<form>`-Tag, mit dem ein Formular definiert wird, ein `action`-Attribut angegeben. Es definiert, an welche Seite die

Formulardaten gesendet werden. Der Browser gibt die Daten dann einfach beim Klicken auf den *Senden*-Button des Formulars an den Server zurück und der übergibt sie wiederum an die Folgeseite, in der sie dann ausgewertet werden können.

Um ein Formular zu definieren, müssen Sie also zunächst einmal die Formularsteuerelemente im HTML-Code definieren können. Anschließend geht es dann um die Auswertung der Formulardaten.

Formulare erstellen

Formulare werden durch das `form`-Element definiert. Sie werden also in `<form>` und `</form>` eingeschlossen. Mit dem `<form>`-Tag definieren Sie, was mit den Daten des Formulars geschehen soll und in welcher Form sie an den Server gesendet werden. Dazu stehen drei wichtige Attribute zur Verfügung:

- `action`
- `method`
- `enctype`

Das action-Attribut

Das `action`-Attribut des `<form>`-Tags definiert, an welche Seite oder welches Skript die Daten des Formulars gesendet werden. In der Regel geben Sie dazu eine URL an, wie beispielsweise:

```
action="/skripte/kontaktmail.php" oder
action="mailto:meineadresse@meinserver.xx"
```

Im ersten Fall würden die Formulardaten an die PHP-Seite `kontaktmail.php` übertragen, im zweiten Fall per E-Mail an die Adresse `meineadresse@meinserver.xx` versendet. Die URL können Sie als relative oder absolute Pfadangabe angeben und anstelle eines PHP-Skriptes können Sie natürlich auch eine ASP-Seite, ein Perl-Skript oder ein Skript in einer anderen Skriptsprache angeben.

HINWEIS

Einfache statische HTML-Seiten oder clientseitig auszuführende Skripte können nicht angegeben werden, da hier die Formularwerte nicht übergeben werden können.

Das Attribut method

Mit dem Attribut `method` können Sie festlegen, auf welche Art und Weise die Daten übergeben werden. Hier stehen die Werte `Get` und `Post` zur Verfügung. Verwenden Sie `Get`, werden die Daten getrennt durch ein ? an die URL der Folgeseite angehängt, sind also in der Adressleiste des Browsers sichtbar. Diese Übergabe entspricht der Definition von URL-Parametern in Links, die schon einige Male verwendet wurde. Sie eignet sich natürlich nicht für das Senden von Kennwörtern und ähnlichen geschützten Daten, da diese dann sichtbar wären. Zudem ist die Länge der URL und damit auch die Anzahl der möglichen Werte begrenzt. Sie sollten daher nur bei wenigen Werten Gebrauch von der Methode `Get` machen.

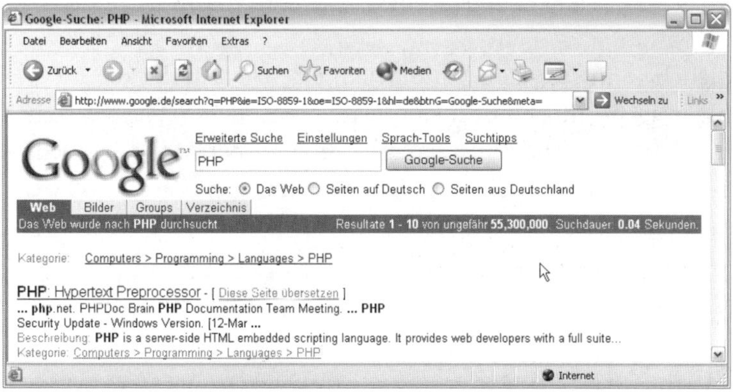

Abb. 5.1: Übergabe von Formularwerten über die URL mit `Get`

Die Alternative ist die Angabe von `Post`. Hierbei werden die Formulardaten separat an die Zieladresse geschickt und sind damit nicht sichtbar. Auf diese Weise können auch sehr große Datenmengen versendet werden.

> **HINWEIS**
>
> Die Angabe für das `method`-Attribut des Tags legt bei den meisten Skript- und Programmiersprachen auch fest, in welcher Weise Sie auf die Daten zugreifen können. Es ist also für ein bereits vorhandenes Skript nicht egal, wie Sie die Daten versenden. Ändern Sie die Angabe im Formular, müssen Sie unter Umständen auch das Skript anpassen.

Die Verschlüsselung definieren

Normalerweise verschlüsselt der Browser die Daten, bevor er sie versendet. Das führt beispielsweise dazu, dass Leer- und Sonderzeichen ersetzt werden, um bei der `GET`-Methode gültige Angaben in der URL zu erhalten. Die Verschlüsselung legen Sie über das `enctype`-Attribut des `<form>`-Tags fest. Der Standardwert, der verwendet wird, wenn Sie das Attribut weglassen, ist für die Verwendung serverseitiger Skripte zur Auswertung der Daten in der Regel ausreichend.

> **HINWEIS**
>
> Lediglich wenn Sie dem Benutzer mit dem Formular die Möglichkeit geben möchten, lokale Dateien an den Server zu senden, oder wenn das Formular vom Browser per Mail versendet werden soll, können Sie abweichende Angaben machen. Dazu stehen die Werte
>
> - `enctype="text/plain"`
> - `enctype="multipart/form-data"`
>
> zur Verfügung.

HINWEIS

Möchten Sie die Formulardaten per Mail senden, verwenden Sie text/plain, zum Hochladen von Dateien multipart/form-data.

Wichtige Steuerelemente

Innerhalb des <form>-Tags ordnen Sie die Steuerelemente des Formulars an. Damit ein solches Formular gesendet werden kann, ist zumindest ein Button zum Absenden der Daten erforderlich. Diesen erstellen Sie genau wie die meisten Steuerelemente mit dem <input>-Tag. Über dessen type-Attribut legen Sie fest, dass es sich um den Button zum Senden des Formulars handelt.

Ein gültiges Formular, dessen Daten serverseitig verarbeitet werden sollen, könnte also beispielsweise wie folgt deklariert sein:

```
<!DOCTYPE HTML PUBLIC "-//W3C//DTD HTML 4.0 Transitional//EN">
<html>
  <head>
    <title>Formularvorlage</title>
  </head>
  <body>
    <form action="suchen.php" method="post">
      <input type="submit">
    </form>
  </body>
</html>
```

Das Formular definiert als Ziel der Formulardaten eine PHP-Seite. Mit dem <input>-Tag wird der *Submit*-Button definiert. Da keine Aufschrift für den Button definiert wird, verwendet der Browser den Standardtext.

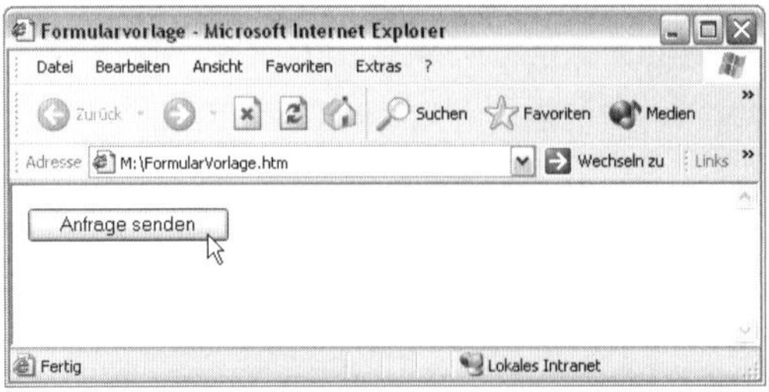

Abb. 5.2: Das Formular im Internet Explorer 6 …

Abb. 5.3: … und in Netscape 6

Wie Sie sehen können, verwenden die Browser unterschiedliche Aufschriften für die Buttons. Daher ist es sinnvoll, die Aufschrift explizit festzulegen. Das funktioniert recht einfach über zusätzliche Attribute für das Formularfeld.

Allgemeine Attribute von Formularfeldern

Die Attribute der Formularfelder legen nicht nur bestimmte Einstellungen für die Formatierung fest, sondern sind auch notwendig, um Zugriff auf die Daten des Formulars zu haben. Die wichtigsten Attribute sind:

- `value`
- `name`

- `readonly`
- `maxlength`
- `disabled`
- `accesskey`
- `accept`
- `tabindex`
- `src`
- `size`

Die Attribute value, disabled und readonly

Mit dem Attribut `value` können Sie ein Steuerelement mit einem Wert vorbelegen. Bei einer Textbox erscheint der damit definierte Wert im Eingabefeld, bei Kontrollkästchen und Optionsfeldern ist dies der Wert, der gesendet wird, falls das Steuerelement aktiviert ist. Wenn Sie das `value`-Attribut für Kontrollkästchen und Optionsfelder weglassen, haben diese Steuerelemente den Wert "on", wenn sie aktiviert sind. Sie können mit Hilfe des Attributs `readonly` festlegen, dass der Wert des Steuerelements zwar angezeigt wird, aber nicht geändert werden kann. Berücksichtigt wird das Attribut jedoch nur für Eingabefelder und Passwortfelder und auch nicht von jedem Browser. Netscape 4.x ignoriert es beispielsweise und lässt Eingaben dennoch zu.

> **HINWEIS**
>
> Sinnvoll sind gesperrte Felder beispielsweise für die Anzeige von Artikeldaten in einem Shop, die nicht geändert werden dürfen. Ansonsten könnte der Benutzer ja einfach den Artikelpreis ändern. Wenn Sie die Preise unbedingt in Formularfeldern darstellen müssen, sollten Sie neben dem sichtbaren Formularfeld auch ein verstecktes Feld einfügen, das den gleichen Wert hat. Dann haben Sie nämlich in einem serverseitigen Skript die Möglichkeit, Manipulationen festzustellen und dem Benutzer eine Fehlermeldung anzuzeigen.

Wenn Sie Eingabefelder anzeigen lassen, die für Eingaben gesperrt sind, ist das für den Benutzer noch nicht sichtbar. Er könnte daher dazu verleitet werden, Eingaben zu machen, und wundert sich dann, dass es nicht klappt. Daher ist es sinnvoll, die gesperrten Felder auch deaktiviert darzustellen. Dazu geben Sie das Attribut `disabled` an.

HINWEIS

Beide Attribute, sowohl `disabled` als auch `readonly`, haben keine Werte. Sie müssen also nur das Attribut selbst angeben.

Abb. 5.4: Darstellung eines gesperrten Textfeldes in Netscape 6 und Netscape Navigator 4.x

Steuerelemente benennen mit dem name-Attribut

Neben dem Attribut `value` ist auch das Attribut `name` äußerst wichtig. Nur Formularelemente, die Sie mit dem `name`-Attribut versehen, können Sie nämlich serverseitig korrekt ermitteln und abfragen, da neben dem Wert auch der Name des Steuerelements mit gesendet wird. Wichtig ist daher auch, dass alle Werte für die `name`-Attribute eines Formulars innerhalb des Formulars eindeutig sind. Zudem sollten Sie auf Umlaute und Sonderzeichen (?, ß, #, +, *, ...) innerhalb des `name`-Attributs verzichten, da diese zu Problemen beim Senden und Verarbeiten der Formulardaten führen kann.

> **HINWEIS**
> Wenn Sie in einem clientseitigen Skript auf die Formularfelder zugreifen möchten, können Sie zusätzlich das `id`-Attribut verwenden, um das Feld zu benennen. Es wird nicht durch das `name`-Attribut ersetzt.

Größe und maximale Länge bestimmen: maxlength und size

Oft ist es auch notwendig, nicht nur die Länge eines Textfeldes zu bestimmen, sondern auch, wie viel Zeichen maximal eingegeben werden können. Dazu stehen die Attribute `maxlength` und `size` zur Verfügung. `Size` gibt die Größe an, in der das Steuerelement angezeigt wird, und `maxlength` die Anzahl Zeichen, die maximal eingegeben werden dürfen.

> **HINWEIS**
> Die Angaben beziehen sich immer auf die Anzahl Zeichen, die angegeben bzw. angezeigt werden können. Auch für das Attribut `size` ist keine Angabe in Pixel erforderlich.

Zugriffsmöglichkeiten für die Steuerelemente bestimmen

In der Regel werden Formularfelder aktiviert, indem man den Cursor hineinsetzt oder sie anklickt. Gerade für behinderte Surfer ist dies jedoch problematisch. Für sie ist es günstiger, die Formularfelder per Shortcut oder mit der [⇄]-Taste aktivieren zu können.

Viel Aufwand müssen Sie dazu nicht betreiben. Mit dem Attribut `accesskey` können Sie einen Shortcut definieren. Als Wert geben Sie einfach einen Buchstaben oder eine Ziffer an, mit der das Steuerelement aktiviert werden kann, beispielsweise `accesskey="a"`. In diesem Fall müsste der Benutzer [Alt] + [A] drücken, um das Steuerelement zu aktivieren.

Die Shortcuts innerhalb einer Webseite müssen eindeutig sein und sollten eventuell auch durch die Beschriftungen der Steuerelemente deutlich werden, indem beispielsweise der entsprechende Buchstabe der Beschriftung hervorgehoben wird.

Darüber hinaus können Sie auch mit dem Attribut `tabindex` die Tabulatorreihenfolge der Steuerelemente im Formular definieren. Damit bestimmen Sie die Reihenfolge, in der die Formularfelder beim Drücken auf Taste Tab aktiviert werden. Als Wert geben Sie eindeutige und möglichst fortlaufende Zahlen an. Optimal ist die gleiche Reihenfolge wie die, in der die Felder im Formular angeordnet sind. Dann kann der Benutzer leichter dem Cursor folgen, als wenn zuerst das oberste, dann das unterste und danach ein Steuerelement in der Mitte aktiviert wird.

Nicht alle Browser berücksichtigen die beiden Attribute `tabindex` und `accesskey`. Allerdings können Sie davon ausgehen, dass behinderte Benutzer, die auf diese Funktionen angewiesen sind, einen geeigneten Browser verwenden. Bei Browsern, die die Attribute nicht unterstützen, wirkt sich die Verwendung jedoch nicht negativ aus. Daher sollten Sie für behindertengerechte Seiten auf jeden Fall beide Attribute festlegen. Damit haben die Benutzer nämlich auch die Möglichkeit, das Formular per Sprachsteuerung auszufüllen.

Grafiken und Aufschriften für Schaltflächen definieren

Wenn Sie *Submit*-Schaltflächen erstellen möchten, die eine Grafik anstelle einer normalen Aufschrift verwenden, geben Sie die Grafik mit dem `src`-Attribut an, beispielsweise: `src="ok.gif"`. Dazu müssen Sie dem `type`-Attribut des `<input>`-Tags den Wert "*image*" geben.

> **HINWEIS** Ein mit type="image" definierter Button wird immer als *submit*-Button behandelt, sendet also beim Anklicken das Formular.

Für alle mit <input> definierte Buttons legen Sie die Aufschrift über das Attribut value fest. Bei grafischen Buttons (type="image") wird das Attribut allerdings ignoriert. Aufschriften für normale Buttons werden nicht über ein Attribut definiert, sondern über den Inhalt des <input>-Tags.

Einfache Formularsteuerelemente mit <input> erstellen

Die meisten einfachen Formularsteuerelemente werden mit dem <input>-Tag festgelegt und unterscheiden sich oft nur durch den Wert für das type-Attribut. Die Tabelle zeigt die zulässigen Werte für das type-Attribut des <input>-Tags.

Wert	Ergebnis
submit	Abschicken-Button
reset	Abbrechen-Button
button	einfache Schaltfläche
checkbox	Kontrollkästchen
file	Dateiauswahlfeld
hidden	verstecktes Feld
image	grafischer Button
password	Kennwortfeld mit verdeckter Eingabe
radio	Optionsfeld
text	Eingabefeld

Tab. 5.1: Verfügbare Werte für type

Auswahllisten definieren

Auswahllisten werden nicht mit Hilfe des <input>-Tags definiert. Dazu gibt es spezielle Tags, wie beispielsweise den <select>-Tag. Mit ihm können Sie Listenfelder definieren. Ob es sich bei der Liste um eine einfache Liste, unter Umständen mit erweiterter Mehrfachauswahl handelt, oder um ein Kombinationslistenfeld, bei dem immer nur der ausgewählte Listeneintrag sichtbar ist, legen Sie über die Attribute des Tags fest. Möchten Sie eine einfache Auswahlliste mit mehreren Einträgen erstellen, verwenden Sie dazu den <select>-Tag mit dem Attribut `size`. Das Attribut definiert, wie viele sichtbare Listeneinträge es gibt. Wenn Sie also drei Einträge anzeigen lassen wollen, geben Sie `<select size="3">` an. Den <select>-Tag müssen Sie mit </select> abschließen. Dazwischen definieren Sie die Einträge der Liste mit `option`-Elementen. Jeder Tag stellt einen Eintrag in der Liste dar. Mit dem folgenden Code würden Sie somit ein Listenfeld erstellen, das drei Listeneinträge enthält, die alle sichtbar sind.

```
<select size="3">
  <option>
    Listeneintrag 1</option>
  <option>
    Listeneintrag 2</option>
  <option>
    Listeneintrag 3</option>
</select>
```

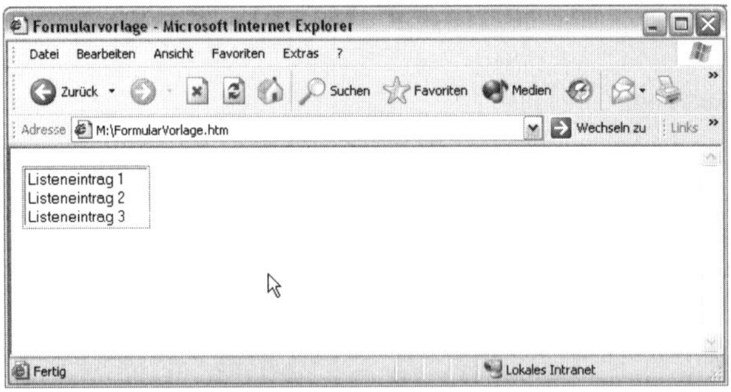

Abb. 5.5: Das erzeugte Listenfeld im Internet Explorer 6

Natürlich können Sie auch auf die Breite des Listenfeldes Einfluss nehmen und einen Listeneintrag markieren, der standardmäßig ausgewählt sein soll. Dazu brauchen Sie lediglich im `style`-Attribut mit der Eigenschaft `width` die Breite festzulegen. Den vorausgewählten Eintrag legen Sie fest, indem Sie zum `<option>`-Tag das Attribut `selected` hinzufügen.

```
...
   <select size="3" style="width:150px">
   <option>
      Listeneintrag 1</option>
   <option selected>
      Listeneintrag 2</option>
   <option>
      Listeneintrag 3</option>
  </select>
...
```

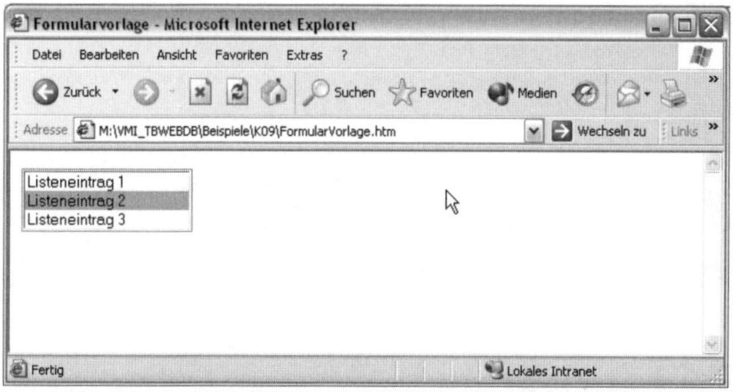

Abb. 5.6: Das Listenfeld mit 150 Pixel Breite und ausgewähltem zweiten Eintrag

Bei normalen Listenfeldern können Sie dem Benutzer auch die Auswahl von mehr als einem Listeneintrag ermöglichen. Dazu ergänzen Sie im `<select>`-Tag einfach das Attribut `multiple`.

```
<select size="3" style="width:150px" multiple>
</select>
```

Pulldown- oder Kombinationslistenfelder erstellen Sie im Prinzip genauso einfach. Sie müssen dazu nur die beiden Attribute `size` und `multiple` des `<select>`-Tags weglassen. Dann wird die Liste automatisch als Pulldownliste angezeigt.

```
<select style="width:150px">
  <option>
   Listeneintrag 1</option>
  <option selected>
   Listeneintrag 2</option>
  <option>
   Listeneintrag 3</option>
</select>
```

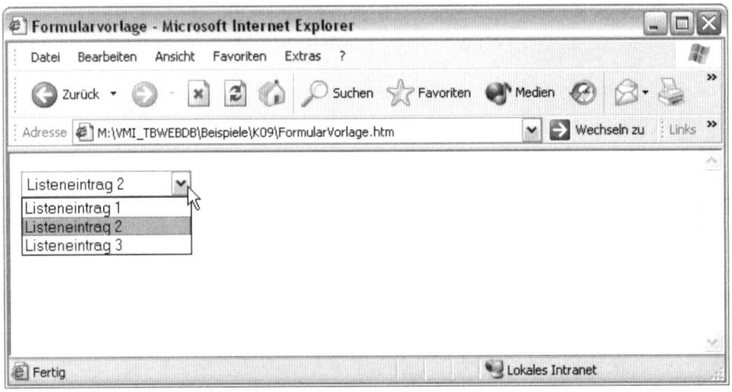

Abb. 5.7: Die geöffnete Pulldown-Liste im Internet Explorer

Formulardaten auswerten

Mit den zuvor erläuterten Formularelementen soll nun ein Eingabeformular für das Gästebuch, also die Dateneingabe der Tabelle *gbuch* erstellt werden. Diese Daten werden dann an die Seite `gbucheintragen.php` gesendet und von dort in das Gästebuch geschrieben. Sie benötigen dazu im Prinzip nur einfache Textfelder und ein Textarea-Feld, in dem die Nachricht verfasst werden kann.

Um die Felder und deren Beschriftungen optisch ansprechend anzuordnen, sollten Sie eine zweispaltige Tabelle erstellen und in eine Spalte die Beschriftungen und in die zweite die Steuerelemente einfügen.

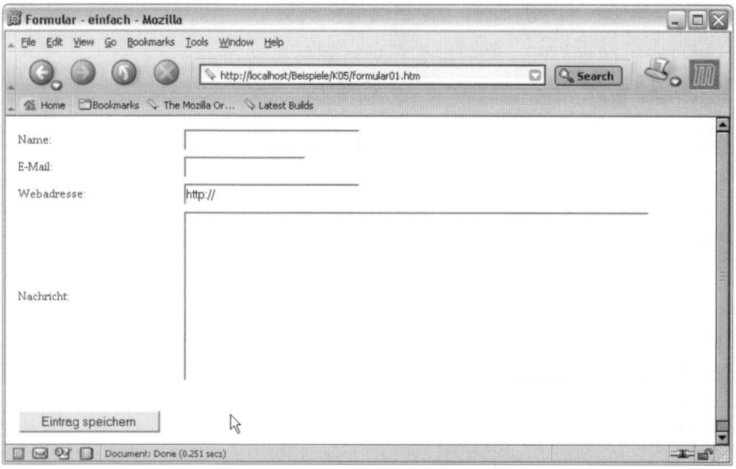

Abb. 5.8: So könnte das Formular dann aussehen

Um ein solches Formular zu erzeugen, benötigen Sie den folgenden Quellcode. Wesentlich dafür, dass der Quellcode zur Formularauswertung funktioniert, sind die fett hervorgehobenen Attribute des Formulars.

HINWEIS

Wenn Sie darauf achten, dass Sie mit dem Attribut `maxlength` der Formularfelder die maximale Anzahl Zeichen für die entsprechenden Tabellenfelder festlegen, verhindern Sie damit, dass Texte abgeschnitten werden. Der Benutzer des Formulars kann dann nämlich nur so viele Zeichen eingeben, wie auch gespeichert werden können.

```
<!DOCTYPE HTML PUBLIC "-//W3C//DTD HTML 4.01 Transitional//EN">
<html>
<head>
```

```
<title>Formular - einfach</title>
<meta http-equiv="Content-Type" content="text/html; charset=iso-8859-
1">
<style type="text/css">
<!--
td {
    font-family: "Palatino Linotype", Georgia,
        "Times New Roman", Times, serif;
    font-size: 12px;
    font-style: normal;
    color: #990000;
}
-->
</style>
</head>

<body>
<form action="gbucheintragen.php"
    method="post" name="GbuchDaten" id="GbuchDaten">
  <table width="100%" border="0" cellspacing="5">
    <tr>
      <td>Name:</td>
      <td><input name="Name" type="text" id="Name"
          size="30" maxlength="30"></td>
    </tr>
    <tr>
      <td height="23">E-Mail:</td>
      <td><input name="EMail" type="text"
          id="EMail" size="20" maxlength="20"></td>
    </tr>
    <tr>
      <td>Webadresse:</td>
      <td><input name="Webadresse" type="text"
          id="Webadresse" value="http://" size="30"
          maxlength="30"></td>
    </tr>
    <tr>
      <td>Nachricht:</td>
      <td><textarea name="Nachricht" cols="60"
          rows="10" id="Nachricht"></textarea></td>
    </tr>
    <tr>
      <td> </td>
```

```
      <td> </td>
    </tr>
    <tr>
      <td><input type="submit" name="Submit"
          value="Eintrag speichern"></td>
      <td> </td>
    </tr>
  </table>
</form>
</body>
</html>
```

Nun benötigen Sie natürlich noch die Folgeseite, an die das Formular gesendet wird. Das muss im Gegensatz zum Formular selbst zwingend eine PHP-Seite sein. Erstellen Sie dazu eine zunächst leere PHP-Seite, in der Sie wieder die INC-Datei aus dem vorherigen Kapitel einbinden, und nennen Sie diese Datei wie im Formular angegeben *gbucheintragen.php*.

```
<? include "DBconnect.inc" ?>
<html>
<head>
<title>SQL-Anweisungen ausführen</title>
<meta http-equiv="Content-Type" content="text/html; charset=ISO-8859-
1">
<style type="text/css" media="all">
  td {font-family:'Palatino Linotype','Times New
    Roman', Times, Georgia, Serif; font-size:10pt }
  .gw {border-top:1px red solid}
</style>

</head>
<body>
    <?
      //Datenbankverbindung aufbauen
      Conn();
      //Datenbankverbindung abbauen
      DisConn();
    ?>
</body>
</html>
```

Die Auswertung von Formulardaten funktioniert im Prinzip genauso wie die Nutzung von URL-Parametern. Sie importieren die Werte also mit der Funktion `import_request_variables`. Bisher wurde sie durch Angabe von "gp" als ersten Parameter immer dazu genutzt, alle gesendeten Daten zu importieren. "gp" bedeutet, dass Daten importiert werden, die per `GET` (g) und per `POST` (p) gesendet wurden. Wenn Sie nur Formulardaten importieren möchten und diese mit der Methode `POST` gesendet werden, reicht es aber auch aus, nur "p" anzugeben. Den Namen der Steuerelemente werden dann die Zeichen vorangestellt, die als zweiter Parameter angegeben werden. Nach Ausführen der Funktion, wie sie im Beispiel verwendet wird, können Sie auf das Formularfeld `Nachricht` zugreifen, indem Sie die Variable `frm_Nachricht` verwenden. Analog dazu können Sie die Daten der anderen Formularfelder über die Variablen `frm_Webadresse`, `frm_Name`, `frm_EMail` ermitteln.

HINWEIS

> Die Variablen entstehen alleine durch Aufruf der Funktion `import_request_variables`. Sie brauchen daher nicht deklariert zu werden und stehen nach Aufruf der Funktion automatisch zur Verfügung.

Im folgenden Listing sehen Sie die Anweisungen, die erforderlich sind, um die Formulardaten zu importieren und den Inhalt des Feldes *Webadresse* auszugeben.

```
<body>
    <?
      //Importieren der mit POST gesendeten Daten
      import_request_variables('p','frm_');
      echo $frm_Webadresse;
...
    ?>
</body>
```

Möchten Sie die Daten nun einfügen, brauchen Sie nur noch eine SQL-Anweisung zu erstellen, in der Sie die Daten angeben und ausführen.

Dazu erweitern Sie den Code der Seite wie folgt. Nachdem Sie die Datenbankverbindung mit der `Conn`-Funktion in der INC-Datei aufgebaut haben, müssen Sie nun noch die Datenbank auswählen.

> **HINWEIS**
>
> Das war bisher nicht notwendig, weil in den vorherigen Beispielen immer zuerst eine Funktion aufgerufen wurde, der die Datenbank als Parameter übergeben wurde. Damit wurde dann die Datenbank aktiviert und alle nachfolgenden MySQL-Befehle haben die aktive Datenbank genutzt. Der `mysql_query`-Funktion können Sie die Datenbank aber nicht übergeben, so dass Sie sie vorher separat aktivieren müssen.

Um die Datenbank auszuwählen, rufen Sie die `mysql_select_db`-Funktion auf. Ihr übergeben Sie als Parameter den Datenbanknamen und die Datenbankverbindung in den Variablen `$Conn` und `$DB`, die beide in der INC-Datei definiert und initialisiert wurden.

> **HINWEIS**
>
> Die Funktion `fehler` sorgt dann dafür, dass Fehler ausgegeben bzw. unterdrückt werden. Was es damit genau auf sich hat, wurde im Kapitel 4 *Zugreifen auf MySQL-Datenbanken mit PHP* im Abschnitt zur Fehlerbehandlung ausführlich erläutert.

Die `INSERT-INTO`-Anweisung können Sie danach einfach mit der `mysql_query`-Funktion ausführen und anschließend mit der `mysql_affected_rows`-Funktion ermitteln, wie viele Datensätze eingefügt wurden.

> **HINWEIS**
>
> Die Funktion gibt an, wie viele Datensätze von der vorher ausgeführten SQL-Anweisung geändert oder gelöscht wurden. Beim Einfügen eines einzelnen Datensatzes gibt sie also 1 zurück bzw. –1, wenn ein Fehler aufgetreten ist und die Daten nicht eingefügt werden konnten.

```
...
<body>
  <?
    //Importieren der mit POST gesendeten Daten
    import_request_variables('p','frm_');
    $strSQL="INSERT INTO gbuch " .
        "(Name,EMail,Webadresse,Nachricht)" .
        " VALUES('$frm_Name','$frm_EMail'," .
        "'$frm_Webadresse','$frm_Nachricht');";
    Conn();
    mysql_select_db($DB,$Conn);
    fehler();
    mysql_query($strSQL);
    fehler();
    echo mysql_affected_rows() .
        " Datensatz/Datensätze eingefügt!";
    fehler();
    DisConn();
  ?>
</body>
...
```

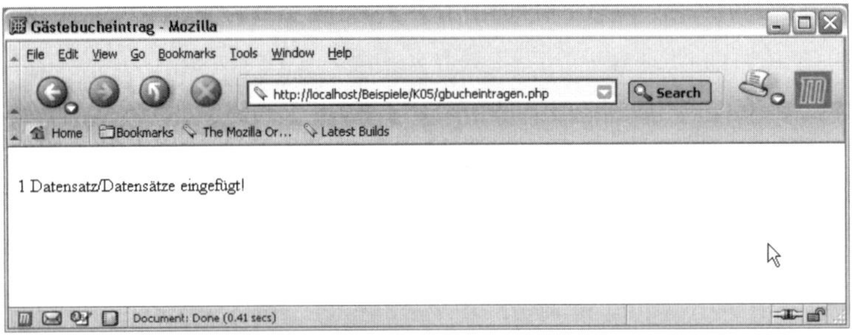

Abb. 5.9: Die Bestätigung für die INSERTINTO-Anweisung

Wie Sie sehen, ist es recht einfach, Formulare zu erstellen und die Daten zu verarbeiten. Allerdings war dieses erste Beispiel auch sehr simpel gehalten. In den folgenden Abschnitten werden Sie sehen, wie Sie bspw. Auswahllisten mit Datenbankwerten füllen und so auch komplexe Eingaben für den Benutzer problemlos gestalten können.

Formulare formatieren

Wie alle HTML-Tags werden auch die Formularelemente einfach nebeneinander, und wenn der Platz nicht ausreicht, untereinander ausgerichtet. Wenn Sie ein ansprechendes Ergebnis erzielen möchten, müssen Sie also zunächst einmal die Formularfelder ordentlich ausrichten und anschließend formatieren. Sie können Formularfelder mit Hilfe von Style Sheets absolut oder relativ positionieren. Dies verursacht allerdings ziemliche Arbeit und kann außerdem von alten Browsern oder von Netscape 4.x mit deaktiviertem JavaScript nicht dargestellt werden. Viel bequemer ist es daher, die Formularfelder und ihre Beschreibungen einfach in Tabellenzellen zu setzen. Sie stehen dann immer linksbündig untereinander und können damit exakt angeordnet werden. Bei Bedarf können Sie den Text in den Tabellenzellen aber auch rechtsbündig ausrichten, ganz wie Sie möchten. Diese Technik wurde im vorherigen Beispiel schon verwendet. Sie brauchen dazu lediglich eine Tabelle zwischen den Tags `<form>` und `</form>` zu definieren. Für kleinere Formulare reicht eine zweispaltige Tabelle aus, bei der dann in der linken Spalte die Beschriftungen und in der rechten die Steuerelemente eingefügt werden. Wenn Sie sehr viele Formularfelder darstellen müssen, können Sie natürlich auch einfach vier Spalten verwenden.

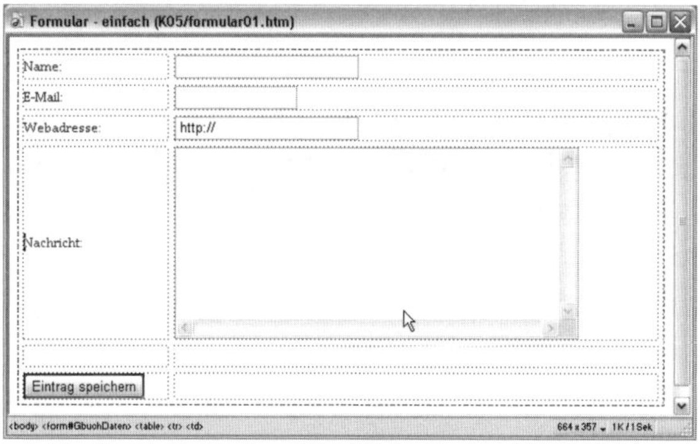

Abb. 5.10: Aufbau des Formulars – in Dreamweaver wird der Aufbau der Tabelle deutlich

Selbstverständlich können Sie Steuerelemente aber nicht nur mit Hilfe einer Tabelle ausrichten, sondern mit entsprechenden Style Sheets lassen sich auch Farbe und Schriftart sowie die Umrandung der Steuerelemente ändern. Sie können beispielsweise alle Steuerelemente des oben definierten Formulars mit einem roten Rand und einer Füllung versehen. Dazu brauchen Sie im Kopf der Seite nur ein `style`-Element mit Style Sheets für den `<textarea>`- und `<input>`-Tag einzufügen.

```
...
<style type="text/css">
<!--
td {
    font-family: "Palatino Linotype", Georgia,
        "Times New Roman", Times, serif;
    font-size: 12px;
    font-style: normal;
    color: #990000;}
input {border: 1px solid #990000;
    background-color:rgb(255,200,200)}
textarea {border: 1px solid #990000;
    background-color:rgb(255,200,200)}

}
-->
</style>
...
```

Das hat jedoch, wie die Abbildung zeigt, auch zur Folge, dass grafische Buttons mit einem Rahmen versehen werden und bei den Buttons der Windows-XP-Look im Internet Explorer überschrieben wird. Die Buttons lassen sich damit kaum von Eingabefeldern unterscheiden, was den ungeübten Surfer verwirren könnte.

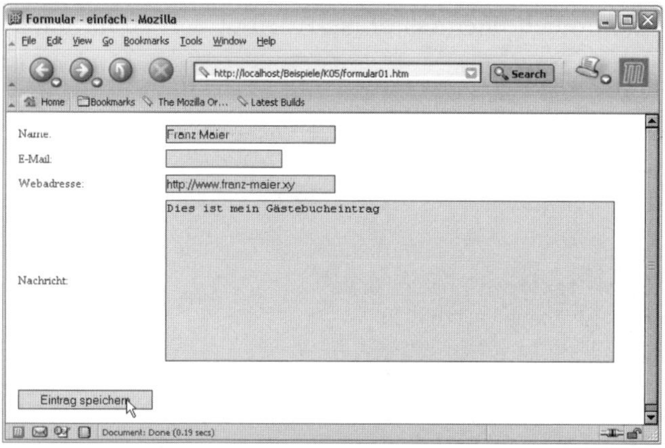

Abb. 5.11: Die formatierten Steuerelemente

Sinnvoller ist daher auf jeden Fall, nur bestimmte Steuerelemente, wie Eingabe- und Listenfelder zu formatieren, Buttons jedoch nicht. Dazu müssen Sie lediglich die Formatierungen in einer CSS-Klasse definieren und diese den Steuerelementen über das `class`-Attribut zuweisen. Die dazu notwendigen Style Sheets können Sie beispielsweise `textfeld` und `liste` nennen.

```
<style type="text/css">
<!--
td {
    font-family: "Palatino Linotype", Georgia,
        "Times New Roman", Times, serif;
    font-size: 12px;
    font-style: normal;
    color: #990000;}
.textfeld {border: 1px solid #990000;
    background-color:rgb(255,200,200)}
.liste {border: 1px solid #990000;
    background-color:white}

}
-->
</style>
```

Diese müssen Sie dann noch über das `class`-Attribut den zu formatierenden Steuerelementen zuweisen.

```
<form action="gbucheintragen.php" method="post" name="GbuchDaten"
id="GbuchDaten">
  <table width="100%" border="0" cellspacing="5">
    <tr>
      <td>Name:</td>
      <td><input class="textfeld" name="Name"
          type="text" id="Name" size="30"
          maxlength="30"></td>
    </tr>
    <tr>
      <td height="23">E-Mail:</td>
      <td><input class="textfeld"  name="EMail"
          type="text" id="EMail" size="20"
          maxlength="20"></td>
    </tr>
    <tr>
      <td>Webadresse:</td>
      <td><input class="textfeld"  name="Webadresse"
          type="text" id="Webadresse" value="http://"
          size="30" maxlength="30"></td>
    </tr>
    <tr>
      <td>Nachricht:</td>
      <td><textarea class="textfeld"
          name="Nachricht" cols="60" rows="10"
          id="Nachricht"></textarea>
      </td>
    </tr>
    <tr>
      <td> </td>
      <td> </td>
    </tr>
    <tr>
      <td><input type="submit" name="Submit"
         value="Eintrag speichern">
      </td>
      <td> </td>
    </tr>
  </table>
</form>
```

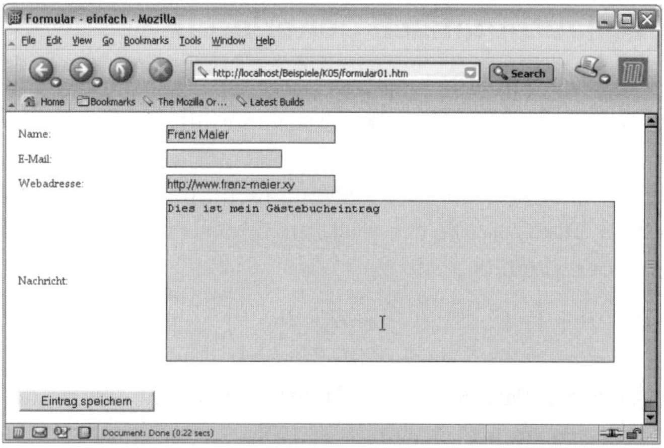

Abb. 5.12: Nun sieht die Schaltfläche auch wieder nach Schaltfläche aus

5.2 Eingabeformulare erstellen

Das zuvor schon erstellte Eingabeformular für das Gästebuch ist zwar funktionstüchtig, es gibt aber natürlich effizientere Möglichkeiten, Eingabeformulare zu erstellen. Beispielsweise könnten Sie alle Felder einer Tabelle, in die Daten eingegeben werden sollen, auslesen und die Eingabefelder automatisch erzeugen. Das ist zwar an einige Bedingungen gebunden, aber vor allem dann interessant, wenn Sie den gleichen Code später noch für andere Eingabeformulare verwenden möchten. Dann brauchen Sie nämlich nur den Tabellennamen anzupassen.

Die zweite Möglichkeit, Eingabeformulare zu erstellen, ist sinnvoll, wenn Sie nur eine Auswahl von Feldern für das Formular benötigen. Dann können Sie Feldnamen und auch Beschriftungen in Arrays definieren und das Formular automatisch erstellen. Es gibt zudem noch eine dritte Möglichkeit. Dabei erstellen Sie ein Formular mit statischem HTML-Code und fügen nur Listeneinträge in Auswahllisten aus der Datenbank mit Hilfe von PHP ein. Alle drei Methoden, Eingabeformulare zu erstellen, haben ihre Berechtigung und Einsatzgebiete. Daher sollen hier auch alle drei vorgestellt werden.

Formulare vollautomatisch generieren

Formulare lassen sich dann vollautomatisch für eine Tabelle der Datenbank generieren, wenn einige Voraussetzungen erfüllt sind.

- Das Formular soll für alle Tabellenfelder, die nicht `Auto Increment`- und `Timestamp`-Felder sind, ein Eingabefeld enthalten. Ausnahmen gibt es keine.
- Die Feldnamen sind als Beschriftungen für die Eingabefelder geeignet.
- Die Reihenfolge der Tabellenfelder entspricht der Reihenfolge der Eingabefelder im Formular.

> **HINWEIS**
> Bei Abweichungen von diesen Voraussetzungen ist es zwar dennoch möglich, das Formular vollautomatisch zu generieren, das ist dann aber sehr aufwändig und lohnt in der Regel nicht, zumal bei der Nutzung für eine andere Tabelle umfangreiche Änderungen erforderlich sind.

Das Formular lässt sich bei Vorliegen der Voraussetzungen ganz einfach erzeugen. Sie geben die Feldliste der gewünschten Tabelle aus der Datenbank zurück und durchlaufen sie in einer Schleife. Für jedes Feld prüfen Sie dann, ob es sich um ein `Auto_Increment`- oder `Timestamp`-Feld handelt. Dann muss kein Formularfeld erzeugt werden. Ansonsten können Sie eine Tabellenzeile einfügen und in der ersten Zelle den Feldnamen ausgeben. In der zweiten Zelle geben Sie dann ein Textfeld aus, dessen Länge sich durch die Feldlänge und den Felddatentyp bestimmt.

> **HINWEIS**
> Auch die folgenden Beispiele nutzen wieder die INC-Datei, die im vorherigen Kapitel bereits erstellt wurde und die Funktionen und Konstanten zum Aufbau der Datenbankverbindung enthält.

Der Weg zum perfekten Formularskript führt über ein paar Zwischenschritte. Zuerst soll jedes Tabellenfeld als einfaches Tabellenfeld in der Standardlänge ausgegeben werden. Das zeigt das folgende Listing. Der `<form>`-Tag und der darin enthaltene `<table>`-Tag werden als statischer HTML-Code eingefügt. Erst danach beginnt das Skript. Es stellt zunächst die Verbindung zum MySQL-Server mit der `Conn`-Funktion her und wählt dann die Datenbank mit der `mysql_select_db`-Funktion aus. Danach rufen Sie die Feldliste mit der Funktion `mysql_list_fields` ab. Der Funktion übergeben Sie neben dem Datenbanknamen auch den Namen der Tabelle und die Datenbankverbindung.

> **HINWEIS**
> Nur den Tabellennamen brauchen Sie anzupassen, wenn Sie später mit dem Skript auch ein Eingabeformular für eine andere Tabelle erstellen möchten.

Gibt die Funktion einen Wert zurück, wird der Inhalt der folgenden `if`-Anweisung und damit die `while`-Schleife ausgeführt. Sie durchläuft alle Felder, die von der Funktion `mysql_list_fields` zurückgegeben wurden. Dazu werden diese nacheinander von der Funktion `mysql_fetch_field` zurückgegeben. Der für das Formularfeld auszugebende Code wird dann in der Variablen `Zeile` gespeichert. Dabei wird der Name des Tabellenfeldes über `$Feld->name` ermittelt und sowohl als Beschriftung wie auch als Wert für die Attribute `ID` und `name` verwendet. `Name` ist dabei eine Eigenschaft des Objektes, das in der Variablen `$Feld` gespeichert ist. Die so erzeugte Tabellenzeile wird anschließend mit `echo` ausgegeben. Das ist auch schon alles. Damit haben Sie die wesentliche Arbeit getan, um ein Formular für die Eingaben in die Tabelle zu erstellen.

```
<body>
<form action="folgeseite.php">
<table border="0" width="100%">

  <?
    Conn();
```

```
    mysql_select_db($DB,$Conn);

    //Verbindung zur mysql-Datenbank aufbauen
    $Felder=mysql_list_fields($DB,"gbuch",$Conn);
    fehler();
    if ($Felder)
    {
      while($Feld=mysql_fetch_field($Felder))
      {
      $Zeile="<tr>";
      $Zeile .="<td width=\"50%\">$Feld->name</td>";
      $Zeile .="<td width=\"50%\"><input type=" .
        "'text' id='$Feld->name' name=" .
        "'$Feld->name'></td>";
      $Zeile .="</tr>";
      echo $Zeile;
    }
    mysql_free_result($Felder);
    fehler();
    }
    DisConn();
  ?>
<tr><td><input type="submit" value="Senden"
title="Senden"></td><td> </td></tr>
</table>
</form>
</body>
```

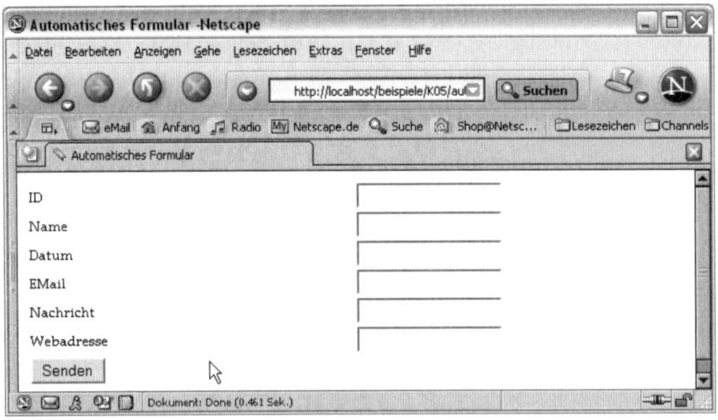

Abb. 5.13: Das erzeugte Formular zur Laufzeit

Nun müssen Sie natürlich noch ein paar Details ändern. Beispielsweise müssen Sie prüfen, ob überhaupt Eingaben in das Tabellenfeld gemacht werden dürfen. Das ist dann nicht möglich, wenn es sich bei dem Feld um ein `Timestamp`- oder `Auto_Increment`-Feld handelt. Außerdem müssen Sie die Länge des Textfeldes abhängig vom Datentyp und der Feldlänge des Tabellenfeldes bestimmen.

Zunächst einmal stellt sich also die Frage, wie Sie an die benötigten Informationen zu den Feldern kommen. Am einfachsten ist das sicherlich bei den `timestamp`-Feldern. Um solche Felder zu identifizieren, müssen Sie nur über die `type`-Eigenschaft des Feldes den Datentyp ermitteln. Diese Eigenschaft gibt für solche Felder bspw. den Text "timestamp" zurück. Auch die anderen Datentypen können Sie auf diese Weise ermitteln. Lediglich für die Felder mit dem Datentyp `Text` gibt die Funktion einen ungenauen Wert zurück, nämlich „blob". Wenn Sie nicht jeden einzelnen numerischen Datentyp unterscheiden möchten, können Sie über die `numeric`-Eigenschaft des Feldes ermitteln, ob es sich um ein numerisches Feld handelt. In diesem Fall hat die Eigenschaft den Wert `true`. In Feldern dieses Datentyps können Sie binäre Daten wie Bilder speichern. Für Textfelder wird ebenfalls dieser Wert zurückgegeben, obwohl Sie dort natürlich Text speichern. Das ist aber im Prinzip kein Problem, wenn Sie davon ausgehen, dass binäre Daten über ein Formularfeld ohnehin nicht eingegeben werden können und somit Formulare nur vollautomatisch erzeugt werden, wenn die Tabelle keine `BLOB`-Felder enthält. Mit der Erkenntnis, dass für Textfelder der Typ "blob" zurückgegeben wird, können Sie bei solchen Feldern also einfach ein `<textarea>`-Element ausgeben.

Die Länge der Felder brauchen Sie natürlich auch, für numerische Felder spielt sie eine untergeordnete Rolle. Wichtig ist dies vor allem für `Char`- und `VarChar`-Felder. Für solche Felder sollten Sie die Eingabefelder in der Länge an die Feldlänge anpassen. Die Länge eines Tabellenfeldes können Sie über die Funktion `mysql_field_len` ermitteln. Ihr müssen Sie als Parameter die Feldliste und den Index des Feldes innerhalb der Feldliste übergeben. Den können Sie durch Mitführen einer Variablen in der while-Schleife feststellen. Dazu müssen Sie nur wissen, dass das erste Feld den Index 0 hat.

Um festzustellen, ob es sich um ein AUTO_INCREMENT-Feld handelt, müssen Sie die Feldeigenschaften ermitteln. Dazu können Sie die Funktion mysql_field_flags aufrufen. Sie gibt alle beschreibenden Eigenschaften wie NOT NULL, PRIMARY KEY und AUTO_INCREMENT zurück. Alle diese Eigenschaften werden, falls sie vorhanden sind, nacheinander durch Leerzeichen getrennt angegeben. Für Felder, die mit NOT NULL deklariert sind, wird daher die Zeichenkette not_null ausgegeben, für Primärschlüsselfelder primary_key. Diese Erkenntnisse reichen aus, damit Sie das Skript vervollständigen können.

Sie müssen dazu nur innerhalb der while-Schleife, die die Felder durchläuft, eine if-Anweisung einfügen, die dafür sorgt, dass nur dann eine Tabellenzelle ausgegeben wird, wenn es sich nicht um ein AUTO_INCREMENT- oder Timestamp-Feld handelt. Innerhalb der Verzweigung fügen Sie dann drei weitere if-Verzweigungen oder alternativ eine switch-Anweisung ein. In diesen Verzweigungen prüfen Sie dann, ob es sich um ein Textfeld, ein numerisches Feld oder ein Char- bzw. VarChar-Feld handelt, und geben die dafür notwendigen Eingabefelder aus.

```
...
  <?
    Conn();
    mysql_select_db($DB,$Conn);

    //Verbindung zur mysql-Datenbank aufbauen
    $Felder=mysql_list_fields($DB,"gbuch",$Conn);
    fehler();
    $I=0;
    if ($Felder)
    {
     while($Feld=mysql_fetch_field($Felder))
     {
      if (($Feld->type!="timestamp") &&
        (strPos(mysql_field_flags($Felder,$I),
```

```
      "auto_increment")==false))
    {
      $Zeile="<tr>";
      $Zeile .="<td width=\"50%\">$" .
        "Feld->name</td>";
      if ($Feld->numeric==true)
      {
        $Zeile .="<td width=\"50%\">" .
        "<input type='text'" .
        " id='$Feld->name' name='" .
        "$Feld->name'></td>";
      }
      if ($Feld->type=="string")
      {
        $Zeile .="<td width=\"50%\">" .
        "<input type='text'" .
        " id='$Feld->name'  maxlength='" .
        mysql_field_len($Felder,$I) .
        "' size='" . mysql_field_len($Felder,$I) .
        "' name='$Feld->name'></td>";
      }
      if ($Feld->type=="blob")
      {
        $Zeile .="<td width=\"50%\"><textarea" .
        " type='text' id='$Feld->name' cols=" .
        "'60' rows='10' name='$Feld->name'>"
        "</textarea></td>";
      }
      $Zeile .="</tr>";
      echo $Zeile;
    }
    $I++;
  }

  mysql_free_result($Felder);
  fehler();
  }
  DisConn();
?>
...
```

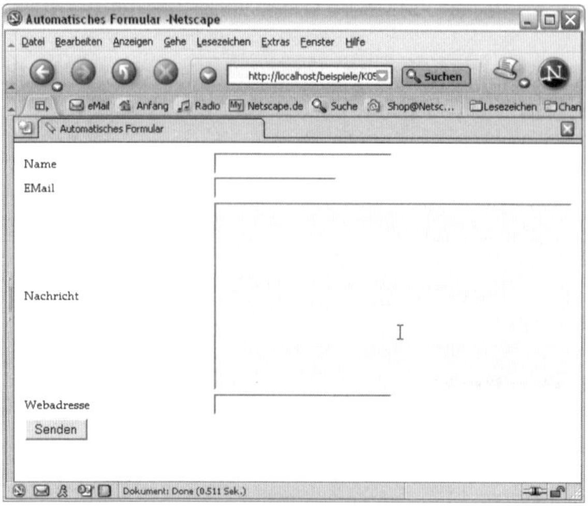

Abb. 5.14: Jetzt werden auch die Feldgrößen in der Tabelle für das Formular berücksichtigt

Formulare aus Arrays erstellen

Wenn Sie ein Eingabeformular erstellen möchten, bei dem Sie die Reihenfolge der Eingabefelder unabhängig von der in der Tabelle bestimmen möchten oder eventuell nur einzelne Felder einer größeren Tabelle anzeigen lassen möchten, sollten Sie dazu Arrays zu Hilfe nehmen. Dann können Sie nämlich auch die Aufschriften der Felder unabhängig von den Feldnamen bestimmen.

Sie benötigen dazu zwei Arrays, eines definiert die Feldnamen und die Reihenfolge, in der die Eingabefelder des Formulars angezeigt werden sollen. Das zweite Array legt die Beschriftungen für die Felder fest. Notwendigerweise muss natürlich die Reihenfolge der Beschriftungen mit der Reihenfolge der Feldnamen übereinstimmen.

Im folgenden Listing heißen diese beiden Arrays `arrFelder` und `arrFeldbeschriftungen`. Anschließend wird wieder eine Datenbankverbindung aufgebaut und die Datenbank ausgewählt. Statt nur einer

Zählvariable, wie bisher, benötigen Sie nun aber zwei. Eine zum Zugriff auf die Beschriftungen für die Formularfelder und eine zum Zugriff auf die Felder in der Feldliste. Das heißt, Sie müssen nun eine Variable, hier `intI` definieren und ihr einen geeigneten Anfangswert zuweisen. Da die Variable hier vor der Verwendung erhöht wird, muss der Anfangswert -1 sein, damit sie bei der ersten Verwendung zum Zugriff auf das Array den Wert 0 hat.

In einer `foreach`-Schleife durchlaufen Sie jetzt das Array `arrFelder` und für jeden Wert im Array rufen Sie die Feldliste erneut ab. Sie müssen anschließend in der Feldliste für jeden Arraywert das entsprechende Feld suchen. Haben Sie es gefunden, erfolgt die Ausgabe auf die gleiche Weise wie im letzten Beispiel. Wichtig ist allerdings, dass Sie innerhalb der `foreach`-Schleife die Variable `I` auf 0 zurücksetzen, weil bei jeder Suche in der Feldliste die Variable `I` den Index des Feldes haben soll. Die Variable `intI` erhöhen Sie stattdessen bei jedem Schleifendurchlauf um 1.

```
...
<body>
<form action="folgeseite.php">
<table border="0" width="100%">
    <?
      $arrFelder=array("Buchnr","Kurztext",
        "Beschreibung","Link");
      $arrFeldbeschriftungen=array("Buch-Nr.",
        "Kurztext, bspw. 'Kritik'," .
        "'Beispiele','Ergänzungen'",
        "Beschreibung","URL");
      Conn();
      mysql_select_db($DB,$Conn);
      //Verbindung zur mysql-Datenbank aufbauen
      fehler();
      $intI=-1;
      foreach ($arrFelder as $strFeld)
        {
            //Für jedes Feld im Array die Feldliste
            //nach dem Feldnamen durchsuchen.
            $Felder=mysql_list_fields(
```

```
  $DB,"zusatzinfos",$Conn);
$I=0;
$intI++;
  while($Feld=mysql_fetch_field($Felder))
{
    if ($Feld->name==$strFeld)
    {
        //gesuchtes Feld gefunden
        //Ausgabe starten
         $Zeile="<tr>";
        $Zeile .="<td width=\"50%\">" .
          $arrFeldbeschriftungen[$intI] .
          "</td>";
        if ($Feld->numeric==true)
        {
          $Zeile .="<td width=\"50%\">" .
          "<input type='text'" .
          " id='$Feld->name' name=" .
          "'$Feld->name'></td>";
        }
        if ($Feld->type=="string")
        {
          $Zeile .="<td width=\"50%\">" .
          "<input type='text' " .
          "id='$Feld->name' maxlength" .
          "='" .
          mysql_field_len($Felder,$I) .
          "' size='" . mysql_field_len(
          $Felder,$I) . "' name=" .
          "'$Feld->name'></td>";
        }
        if ($Feld->type=="blob")
        {
          $Zeile .="<td width=\"50%\">" .
          "<textarea type='text'" .
          " id='$Feld->name'  " .
          "cols='60' rows='10' " .
          "name='$Feld->name'>" .
          "</textarea></td>";

      $Zeile .="</tr>";
      echo $Zeile;
      break;
```

```
                }
                $I++;
            }
        }
        mysql_free_result($Felder);
        fehler();
        DisConn();
    ?>
<tr><td><input type="submit" value="Senden"
title="Senden"></td><td> </td></tr>
</table>
</form>
</body>
...
```

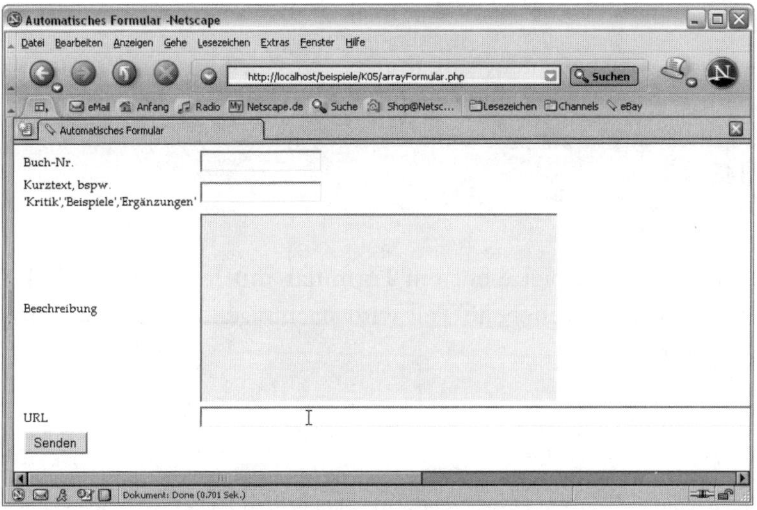

Abb. 5.15: Das erzeugte Formular im Browser

Auswahllisten füllen

Möchten Sie Eingabeformulare für Tabellen erstellen, die über ein Schlüsselfeld miteinander verknüpft sind, gibt es dazu prinzipiell zwei Möglichkeiten. Wenn Sie das vorstehend gezeigte Skript nutzen, muss der Benutzer entweder wissen, welche Buchnummer er eintragen muss oder Sie müssen diese Nummer automatisch im Skript eintragen lassen. Das könnte bspw. geschehen, indem das Formular über einen entsprechenden Link aufgerufen wird, der die Nummer des Buches als URL-Parameter übergibt.

Die zweite Möglichkeit besteht darin, statt eines einfachen Eingabefeldes eine Auswahlliste zu erstellen und diese mit den Daten der Datenbank zu füllen. Dies soll hier gezeigt werden. Sie können sie entweder mit einem statischen Formular oder auch mit einem dynamisch erzeugten Formular wie im vorherigen Beispiel verwenden. Die Anpassung eines solchen Formulars an eine andere Tabelle ist dann jedoch mit etwas Aufwand verbunden.

> **HINWEIS** Um das Beispiel nicht mit unnötigem Code zu überfrachten, wird hier ein statisches Formular verwendet, in dem nur per PHP-Code die Listeinträge aus der Datenbank eingefügt werden.

Als Basis für das Beispiel dient ein Formular mit folgendem HTML-Code. Der fett hervorgehobene Teil wird nachfolgend durch eine Auswahlliste ersetzt.

```
<html>
<head>
<title>Automatisches Formular</title>
<meta http-equiv="Content-Type" content="text/html; charset=ISO-8859-
1">
<style type="text/css" media="all">
  td {font-family:"Palatino Linotype",
    "Times New Roman",
  Times, Georgia, Serif;font-size:10pt }
  .gw {border-top:1px red solid}
  textarea {background-color:rgb(240,240,240);
  font-family:"Palatino Linotype",
    "Times New Roman", Times, Georgia, Serif;
    font-size:10pt }
```

```
</style>
</head>
<body>
<form action="folgeseite.php">
  <table border="0" width="100%">
    <tr>
      <td width="50%">Buch-Nr.</td>
      <td width="50%"><input type='text' id='Buchnr'
        name='Buchnr'></td>
    </tr>
    <tr>
      <td width="50%">Kurztext, bspw.
        'Kritik','Beispiele','Ergänzungen'</td>
      <td width="50%">
        <input type='text' id='Kurztext'
        maxlength='20' size='20'
        name='Kurztext'></td>
    </tr>
    <tr>
      <td width="50%">Beschreibung</td>
      <td width="50%"><textarea type='text'
        id='Beschreibung'  cols='60' rows='10'
        name='Beschreibung'></textarea></td>
    </tr>
    <tr>
      <td width="50%">URL</td>
      <td width="50%"><input type='text' id='Link'
        maxlength='200' size='200' name='Link'>
      </td>
    </tr>
    <tr>
      <td><input type="submit" value="Senden"
        title="Senden"></td>
      <td> </td>
    </tr>
  </table>
</form>
</body>
</html>
```

Wenn Sie eine Auswahlliste erstellen möchten, die als Werte und Aufschriften die Buchnummern und Buchtitel enthält, müssen Sie eigentlich nur mit PHP die `<OPTION>`-Tags der Auswahlliste schreiben. Die *ID* geben Sie als Wert an, den Titel des Buches als Text.

Zunächst benötigen Sie dazu wieder die INC-Datei, die Sie am Anfang der Seite einfügen.

```
<? include "DBconnect.INC" ?>
<html>
<head>
...
```

Der Code zum Füllen der Liste ist gegenüber den anderen Formular-Skripten recht kurz. Sie müssen innerhalb der Tabellenzelle, in der die Auswahlliste eingefügt werden soll, nur ein Skript-Element einfügen.

Darin öffnen Sie die Datenbankverbindung und führen eine einfache SQL-Abfrage aus. Sie gibt hier das Feld *ID* und das Feld *titel* der Tabelle *buecher* zurück. Das Ergebnis der Abfrage durchlaufen Sie dann in einer `while`-Schleife und geben die einzelnen Zeilen als Array mit Hilfe der Funktion `mysql_fetch_array` zurück. Auf das erste Feld können Sie dann mit dem Index 0, auf das zweite mit dem Index 1 zugreifen. In der Schleife brauchen Sie nur noch den `<OPTION>`-Tag für die Liste auszugeben.

```
<td width="50%">
  <select name="Buchnr">
<?
  //Verbindung zur mysql-Datenbank aufbauen
  Conn();
   mysql_select_db($DB,$Conn);
  fehler();
  $strSQL="SELECT ID,titel FROM buecher " .
    "ORDER BY titel";
  $Erg=mysql_query($strSQL);
  while ($Zeile=mysql_fetch_array($Erg))
  {
    echo "<option value=\"$Zeile[0]\">" .
      "$Zeile[1]</option>";
  }
```

```
      //<option>unnamed1</option>
      mysql_free_result($Erg);
      DisConn();
    ?>
    </select>
  </td>
...
```

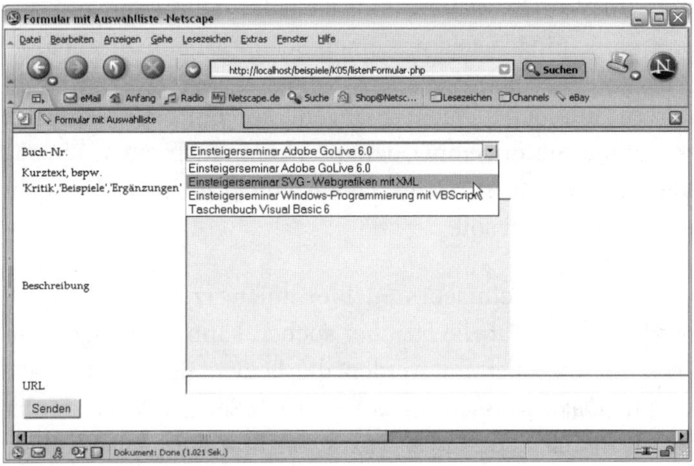

Abb. 5.16: Die erzeugte Auswahlliste

5.3 Suchformulare realisieren

Suchformulare sind eigentlich keine besonderen Formulare. Es gibt aber einige Dinge, die Sie beachten sollten, wenn Sie möglichst wenig Aufwand beim Auswerten haben möchten.

Aufbau eines Suchformulars

Suchformulare enthalten in der Regel nicht alle Felder einer Tabelle, sondern oft nur Auswahllisten oder ein paar Eingabefelder, mit denen Suchkriterien formuliert oder mit `AND` oder `OR` als boolesche Operatoren verknüpft werden können.

Eingabefelder haben den Vorteil, dass der Benutzer eine beliebige Anzahl von Suchbegriffen eingeben kann. Allerdings bedeutet das auch immer, dass durch die Formfreiheit der Eingabe die Auswertung recht komplex ist. Das heißt, Sie müssten prüfen, ob die Suchbegriffe durch Kommata oder durch Leerzeichen getrennt sind. Die Auswertung ist also sehr kompliziert. Viel einfacher ist die Auswertung, wenn Sie für mehrere Suchbegriffe auch mehrere Eingabefelder definieren und den Benutzer anweisen, je Eingabefeld nur einen Suchbegriff einzugeben.

Bei Auswahllisten, aus denen nicht zwingend ein Eintrag ausgewählt werden muss, sollten Sie unbedingt darauf achten, auch einen Eintrag einzufügen, der ausgewählt ist, wenn das Listenfeld nicht in die Suchkriterien einbezogen werden soll.

Das erste Beispiel soll ein einfaches Suchformular erzeugen, das nach zwei Suchbegriffen in der Tabelle *buecher* suchen kann. Abhängig vom gewählten Verknüpfungsoperator werden die beiden Begriffe mit `AND` oder `OR` verknüpft. Dazu müssen Sie eine HTML-Seite anlegen, in der Sie ein Formular erstellen, das zwei Textfelder und eine Auswahlliste enthält. Über die Auswahlliste kann der Benutzer den Operator wählen. Der Quellcode, den Sie schreiben müssen, um das Formular in der nachfolgenden Abbildung zu erzeugen, sieht wie folgt aus:

```
<!DOCTYPE HTML PUBLIC "-//W3C//DTD HTML 4.01 Transitional//EN">
<html>
<head>
<title>Textsuche</title>
<meta http-equiv="Content-Type" content="text/html; charset=iso-8859-
1">
</head>

<body>
<form action="textsuche.php" method="post">
<table border="0">
<tr>
    <td colspan="3">Suchkriterien</td>
</tr>
```

```
<tr>
    <td><input type="text" name="Suchtext1"
        id="Suchtext1"></td>
    <td>
        <select name="Operator" id="Operator">
            <option value="AND" SELECTED>UND</option>
            <option value="OR">ODER</option>
        </select>
    </td>
    <td>
      <input type="text" name="Suchtext2"
      id="Suchtext2">
    </td>
</tr>
<tr>
    <td colspan="3">
      <input type="submit"
      value="Suche starten">
    </td>
</tr>
</table>
</form>
</body>
</html>
```

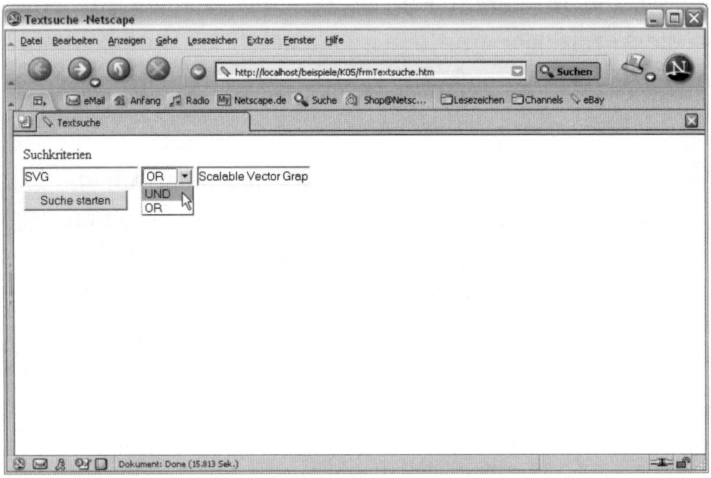

Abb. 5.17: Das Formular zur Laufzeit

Beim Abschicken des Formulars werden die Eingabedaten an die Folgeseite gesendet. Erst hier werden die Formulardaten ausgewertet und das Ergebnis angezeigt. Der wesentliche PHP-Code befindet sich daher auf der Folgeseite, die hier den Namen *textsuche.php* hat.

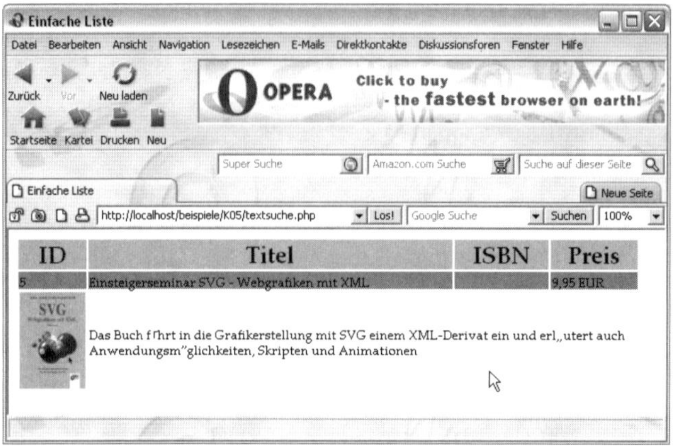

Abb. 5.18: Das Suchergebnis in Opera 6

Um das Suchergebnis zu ermitteln, ist lediglich eine `SELECT`-Anweisung notwendig, die in diesem Fall etwas komplexer ausfällt. Alles andere, also die Anzeige der ermittelten Datensätze ist aber recht simpel und wurde schon mehrfach auf gleiche Weise realisiert und beschrieben.

Zunächst benötigen Sie wieder die INC-Datei, die nicht nur die Datenbankverbindung auf- und abbaut, sondern auch die Funktion `getZelle` enthält, mit der der Code einer Tabellenzelle einschließlich der Formatierungen zurückgegeben werden kann. Für das richtige Suchergebnis ist die korrekte Formulierung der `SELECT`-Anweisung zuständig. Wenn Sie wie im Beispiel die Suchbegriffe sowohl im Feld *Titel* als auch im Feld *Beschreibung* suchen möchten, könnte die bspw. wie folgt lauten, wenn der Benutzer die Suchbegriffe "SVG" und "Scalable Vector Graphics" eingegeben hat und als Operator OR gewählt hat.

> **HINWEIS**
> Die fett hervorgehobenen Teile der `SELECT`-Anweisung sind die, die durch die übermittelten Formulardaten bestimmt werden.

Die `WHERE`-Bedingung ist im Prinzip ganz einfach. Für jedes Feld, in dem gesucht werden soll, müssen Sie einen Ausdruck erstellen, der nach dem ersten und nach dem zweiten Suchbegriff im Feld sucht. Für das Feld *Titel* lautet der Vergleichsausdruck für den ersten Suchbegriff: `buecher.Titel Like "%SVG%"`. Das heißt, es wird im Feld *Titel* nach Text gesucht, der an beliebiger Stelle die Zeichenfolge "SVG" enthält.

> **HINWEIS**
> Die Zeichen % sind Platzhalter für ein oder mehrere beliebige Zeichen. Leere Felder erfüllen diese Bedingung also selbst dann nicht, wenn kein Suchbegriff eingegeben wurde, weil dann nicht mindestens zwei Zeichen vorhanden sind, die durch die Platzhalter % erforderlich sind.

Die beiden Teilausdrücke müssen Sie dann natürlich noch mit einem Operator verbinden. Das muss der Operator sein, den der Benutzer auswählt. Die beiden Ausdrücke für jedes Feld, also `(buecher.Beschreibung Like "%SVG%") OR (buecher.Beschreibung Like "%Scalable Vector Graphics%")` und `(buecher.Titel Like "%SVG%") OR (buecher.Titel Like "%Scalable Vector Graphics%")`

verbinden Sie ebenfalls mit einem booleschen Operator. Welcher das ist, hängt davon ab, was Sie erreichen möchten. Im Beispiel wird `OR` verwendet, weil ja alle Datensätze geliefert werden sollen, bei denen die Suchbegriffe entweder im Titel oder in der Beschreibung vorkommen. Würden Sie `AND` wählen, müssten sie in beiden Feldern vorkommen, damit der Datensatz als Ergebnis geliefert wird.

```
SELECT
buecher.ID, buecher.Titel, buecher.ISBN,
buecher.Preis, buecher.Beschreibung,
buecher.Bild
FROM buecher
WHERE
(buecher.Beschreibung Like "%SVG%") OR (buecher.Beschreibung Like
"%Scalable Vector Graphics%")
OR (buecher.Titel Like "%SVG%") OR (buecher.Titel Like "%Scalable
Vector Graphics%")
ORDER BY buecher.Preis, buecher.Titel ;
```

Der Rest des Codes ist eigentlich ganz einfach. Er besteht nur aus einer Schleife, mit der das Ergebnis der Abfrage durchlaufen wird. Für die erste auszugebende Tabellenzeile werden die entsprechenden Feldwerte an die Funktion getZelle übergeben.

```
<? include "DBconnect.INC" ?>
<html>
<head>
<title>Einfache Liste</title>
<meta http-equiv="Content-Type" content="text/html; charset=ISO-8859-
1">
<style type="text/css" media="all">
  td,body,p,th {font-family:"Palatino Linotype",
    "Times New Roman", Times, Georgia, Serif;
    font-size:10pt }
  th{background-color:rgb(255,170,100);
    font-style:bold;font-size:150%}
  .buchtitel{background-color:rgb(255,100,50);
    font-style:bold}
</style>
</head>
<body>
<table border="0">
<tr><th>ID</th><th>Titel</th><th>ISBN</th><th>Preis</th></tr>
  <?
  import_request_variables ("gp" ,"frm_");
  $strSQL="SELECT buecher.ID, buecher.Titel," .
  "buecher.ISBN, buecher.Preis, " .
  "buecher.Beschreibung, buecher.Bild FROM " .
  "buecher WHERE (buecher.Beschreibung Like" .
```

```
  " \"%$frm_Suchtext1%\") $frm_Operator " .
  "(buecher.Beschreibung Like \"%$frm_Suchtext2%\") "
  . "OR (buecher.Titel Like" .
  " \"%$frm_Suchtext1%\") $frm_Operator " .
  "(buecher.Titel Like \"%$frm_Suchtext2%\") " .
  "ORDER BY buecher.Preis, buecher.Titel ;" ;
  //$Conn=mysql_connect($Server);
  Conn();
  mysql_select_db($DB,$Conn);
  fehler();
  //Verbindung zur mysql-Tabelle aufbauen
  $RS=mysql_query($strSQL,$Conn);
  fehler();
  //Daten ausgeben
  $preis=0;
  $strFormat="buchtitel";
  while($zeile=mysql_fetch_array($RS,MYSQL_ASSOC))
  {
  echo "\n\t<tr>" . getZelle($zeile["ID"]
    ,$strFormat) .
     getZelle($zeile["Titel"],$strFormat)  .
     getZelle($zeile["ISBN"],$strFormat) .
     getZelle(number_format(
     $zeile["Preis"],2,",","."))
    . " EUR",$strFormat) . "\n\n</tr>";
  echo "\n\t<tr><td><img src='" .
    $zeile["Bild"] . "' alt='Cover "
    . $zeile["Titel"] .
    "'></td><td colspan='3'>" .
    $zeile["Beschreibung"] . "</td></tr>";
  $preis=$zeile["Preis"];
  }
  mysql_free_result($RS);
  DisConn();
  ?>
</table>
</body>
</html>
```

Besondere Einstellungen für einfache Auswertungen

Wenn Sie keine einfache Textsuche realisieren möchten, sondern dem Benutzer die Möglichkeit bieten möchten, nach bestimmten Feldwerten zu suchen, ist es sinnvoll, dazu keine Eingabefelder zu verwenden, sondern Auswahllisten, die Sie vorab mit den Werten der Datenbank füllen. Das ist recht aufwändig, vermeidet aber Fehleingaben und daraus resultierende Laufzeitfehler im Skript. Diese können nämlich auftreten, wenn der Benutzer Werte eingibt, für die es keine passenden Datensätze gibt, und Sie nicht prüfen, ob es Ergebnisdatensätze gibt. Zudem ist der Benutzer nicht so gefrustet, wenn er zahlreiche Suchen starten muss, weil er immer andere Suchbegriffe eingibt, als in der Datenbank gespeichert sind.

Ein solches Suchformular besteht im Wesentlichen aus dem gleichen Code, wie oben schon für die Eingabeformulare zum Füllen von Listenfeldern vorgestellt wurde. Sie können das aber natürlich auch mit anderen Suchfeldern kombinieren. Das folgende Beispiel zeigt, wie Sie ein Suchformular erstellen, in dem der Benutzer wahlweise nach Preis oder nach Autor suchen kann. Dazu wird ein Textfeld benötigt, in dem der Benutzer den maximalen Preis eingibt, und eine Auswahlliste, in dem er den Autor auswählen kann. Wichtig ist dabei, dass Sie neben den aus der Datenbank ermittelten Werten auch einen Wert einfügen, den der Benutzer wählen kann, falls er nicht nach Autor suchen möchte. Schließlich müssen Sie an irgendetwas erkennen, ob hier eine Eingabe erfolgt ist oder die Voreinstellung des Formulars gesendet wurde.

HINWEIS

Im vorherigen Formular für die Textsuche war das egal, weil die formulierten Suchbedingungen ohne Eingabe eines Wertes immer dazu führten, dass beliebige Feldwerte (außer leere Felder) die Bedingung erfüllen.

Abb. 5.19: Das erzeugte Formular

Um die Liste mit den Autorennamen zu füllen, benötigen Sie lediglich den Code, der schon zuvor im Abschnitt *Auswahllisten füllen* beschrieben wurde. Der einzige Unterschied besteht darin, dass Sie vor den Listeneinträgen, die aus der Datenbank kommen, noch einen Eintrag mit statischem HTML-Code einfügen, den Sie mit dem Attribut `selected` versehen. Das bewirkt, dass der Eintrag standardmäßig ausgewählt ist, wenn das Formular erscheint. Die SQL-Anweisung müssen Sie natürlich ebenfalls anpassen. Sie brauchen hier nur den Autornamen, aber keine *ID*, das heißt, Sie müssen nur das Feld *Autor* abrufen und auch nach diesem sortieren. Damit keine doppelten Einträge in der Liste erscheinen, verwenden Sie das Schlüsselwort `DISTINCTROW`. Für die Eingabe des Preises reicht ein einfaches Textfeld.

```
...
<body>
<form action="SucheAutorPreis.php" method="POST">
  <table border="0" width="100%">
    <tr>
      <td width="50%">Autor =</td>
      <td width="50%"> <select name="Autor">
          <option value="%"
          selected>- keine Auswahl -</option>
          <?
          //Verbindung zur mysql-Datenbank aufbauen
          Conn();
```

```
            mysql_select_db($DB,$Conn);
           fehler();
         $strSQL="SELECT DISTINCTROW Autor FROM " .
           "buecher ORDER BY Autor";
         $Erg=mysql_query($strSQL);
         while ($Zeile=mysql_fetch_array($Erg))
         {
             echo "<option value=" .
               "\"$Zeile[0]\">$Zeile[0]</option>";
         }
         mysql_free_result($Erg);
         DisConn();
       ?>
       </select></td>
   </tr>
   <tr>
     <td> </td>
     <td>ODER</td>
   </tr>
   <tr>
     <td>Preis &lt;=</td>
     <td><input name="Preis" type="text"
       id="Preis" value="10,00">
       EUR </td>
   </tr>
   <tr>
     <td><input name="submit" type="submit"
       title="Suchen" value="Suche starten">
     </td>
     <td> </td>
   </tr>
  </table>
</form>
</body>
...
```

Was nun noch fehlt, ist natürlich die Zielseite des Formulars, eine PHP-Seite mit dem Namen *SucheAutorPreis.php*. Zur Darstellung der Suchergebnisse können Sie wieder das gleiche Skript verwenden wie für die vorherige Suchseite. Lediglich die Formulierung der SELECT-Anweisung ist ein wenig komplexer. Zunächst müssen Sie wieder die Formularwerte importieren und im Anschluss prüfen, ob Werte eingegeben wurden. Dazu wird im Beispiel zunächst geprüft, ob die Variable `frm_Autor` einen Wert ungleich "%" hat. Dies ist der Wert, den der Eintrag "- *keine Auswahl* -" hat. Wurde ein Wert ausgewählt, wird die erste Teilbedingung des `WHERE`-Ausdrucks formuliert und der Variablen `Bed1` zugewiesen. Wenn kein Wert ausgewählt wurde, bekommt die Variable den Wert "". Auf die gleiche Weise wird auch die Eingabe im Feld *Preis* geprüft. Hier definiert aber das Formular einen Vorgabewert von 10,00, der nur dann nicht berücksichtigt werden soll, wenn der Benutzer einen anderen Preis eingibt oder den Wert aus dem Feld löscht. Sie müssen also prüfen, ob die Zeichenfolge in der Variablen `frm_Preis` leer ist. In diesem Fall muss die Eingabe nicht für die Bedingung berücksichtigt werden und die Variable `Bed2` bekommt den Wert "".

Wenn Sie auf diese Weise beide Teilbedingungen ermittelt haben, müssen Sie diese nur noch zu einem Gesamtausdruck, eingeleitet durch `WHERE` zusammensetzen. Im besten Fall, wenn beide Teilausdrücke einen Wert ungleich einer leeren Zeichenfolge haben, müssen Sie die beiden Teilausdrücke nur durch den `OR`-Operator verbinden. Wenn aber ein Teilausdruck eine leere Zeichenfolge enthält, muss der andere Teilausdruck als Gesamtausdruck der Variablen `Bed` zugewiesen und mit dem Schlüsselwort `WHERE` eingeleitet werden. Sollten beide Teilausdrücke eine leere Zeichenfolge sein, muss die `WHERE`-Bedingung ganz entfallen. Das sorgt dafür, dass in diesem Fall alle Datensätze angezeigt werden. Daher muss die Bedingung einfach auf eine leere Zeichenfolge gesetzt werden.

In der SQL-Anweisung wird an der Stelle, an der die `WHERE`-Klausel eingefügt werden soll, die Variable `Bed` angegeben. Wenn Sie eine leere Zeichenfolge enthält, gibt es in der fertigen SQL-Anweisung keine `WHERE`-Bedingung und die Datensätze werden nicht gefiltert. Im Anschluss wird die SQL-Anweisung ausgeführt und die Daten werden wie im vorherigen Beispiel ausgegeben.

```
...
    <?
      import_request_variables ("gp" ,"frm_");
      if ($frm_Autor!="%")
      {
          //Autor gewählt
        $Bed1="(Autor=\"$frm_Autor\")";
      }
      else
      {
          $Bed1="";
      }
      if ($frm_Preis!="")
      {
        //Dezimalkomma durch Dezimalpunkt ersetzen
        //Tausender-Punkt löschen
        $frm_Preis=str_replace(".","",$frm_Preis);
        //Dezimalkomma durch Punkt ersetzen
        $frm_Preis=str_replace(",",".",$frm_Preis);
        //Leerzeichen am Ende und Anfang abschneiden
        $frm_Preis=chop($frm_Preis);
        $frm_Preis=ltrim($frm_Preis);
          $Bed2="(Preis<=$frm_Preis)";
      }
      else
      {
          $Bed2="";
      }
      if (($Bed1!="") && ($Bed2!=""))
      {
          $Bed=" WHERE ($Bed1 OR $Bed2)";
      }
      else
      {
          if ($Bed1!="")
        {
            $Bed=" WHERE $Bed1";
        }
        elseif ($Bed2!="")
        {
            $Bed=" WHERE $Bed2";
        }
        elseif (($Bed2=="") && ($Bed1==""))
```

```
      {
          $Bed="";
      }
    }
    $strSQL="SELECT buecher.ID, buecher.Titel," .
      "buecher.ISBN, buecher.Preis, " .
      "buecher.Beschreibung, buecher.Bild FROM " .
      "buecher $Bed " .
      "ORDER BY buecher.Preis, buecher.Titel ;" ;
    //Verbindung zur mysql-Tabelle aufbauen
    Conn();
    mysql_select_db($DB,$Conn);
    fehler();
    $RS=mysql_query($strSQL,$Conn);
    fehler();
    //Daten ausgeben
...
```

5.4 Zusammenfassung, Fragen und Übungen

Zusammenfassung

- Formulare dienen zur Interaktion mit dem Benutzer.
- Damit lassen sich Eingabeformulare für die Datenerfassung erstellen oder Suchanfragen vom Benutzer formulieren.
- Unter bestimmten Bedingungen lassen sich Formulare vollautomatisch aus einer MySQL-Tabelle erzeugen.
- Suchformulare können auch reine HTML-Seiten sein. Wichtig ist nur, dass die Folgeseite eine PHP-Seite ist, die die Daten auswertet.
- Formulardaten können mit der Methode `GET` oder `POST` übertragen werden.

Zusammenfassung

- Abhängig davon, wie die Daten übertragen werden, sind sie in der URL der Folgeseite sichtbar, nämlich dann, wenn die Methode `GET` verwendet wird.
- Gesendete Formulardaten können mit der Funktion `import_request_variables` ermittelt werden.

Fragen und Übungen

1. Was ist der Unterschied zwischen `GET` und `POST`?
2. Welche Bedeutung haben die beiden Parameter der `import_request_variables`-Funktion?
3. Welche Bedeutung hat das `name`-Attribut eines Formularfeldes?
4. Wie kann in einer Auswahlliste ein Listeneintrag vorausgewählt werden?
5. Wie wird die Folgeseite eines Formulars festgelegt?
6. Wie können Steuerelemente in Formularen zueinander ausgerichtet werden?

6 Daten schützen

Wer Daten ins Internet oder auf einem Server im Intranet zur Verfügung stellt, sollte sich möglichst schnell auch Gedanken über die Sicherheit der Daten machen. Auch bei der Speicherung von personenbezogenen Daten ist dies relevant, immerhin gibt es gesetzliche Regelungen, die bestimmen, wann, welche und ob überhaupt Daten gespeichert und verarbeitet werden dürfen.

6.1 Die Möglichkeiten im Überblick

Es gibt im Prinzip mehrere Möglichkeiten und Arten des Datenschutzes. Sie können die in einer Datenbank gespeicherten Daten beispielsweise mit Kennwörtern und Zugriffsrechten schützen und so sicherstellen, dass sie nur von Ihnen selbst oder den PHP-Skripten genutzt werden können, die für den Zugriff die entsprechenden Daten enthalten. Eventuell haben Sie jedoch auch das Bedürfnis, Teile oder ganze Websites vor Zugriffen zu schützen, damit nur Ihre Mitarbeiter, aber nicht Ihre Konkurrenz die Daten einsehen kann. Aber auch, wer ein besonderes Design oder besondere Funktionen clientseitig programmiert hat, denkt eventuell darüber nach, wie er die Daten vor anderen so schützen kann, dass sie zwar vom Browser dargestellt, aber der Quellcode nicht eingesehen werden kann. Alle diese Fragen sollen in diesem Kapitel behandelt werden.

Quellcode verbergen und schützen

Jede Woche einmal stellt in den einschlägigen Newsgroups jemand die Frage, wie er oder sie den mühsam erstellten HTML-Code so schützen kann, dass die Besucher ihn im Browser nicht einsehen können. Diese Frage ist recht einfach zu beantworten. Das geht nicht!

Das liegt daran, dass die Browser nur HTML-Code verarbeiten können, der als ASCII- bzw. Unicode-Text und damit im Klartext vorliegt. Jede Seite, die im Browser dargestellt wird, ist aber damit schon auf den lokalen Rechner des Besuchers übertragen und liegt in einem Verzeichnis als temporäre Datei. Selbst Maßnahmen, wie JavaScript-Skripte, die zumindest oberflächlich Abhilfe schaffen, lassen sich einfach dadurch aushebeln, dass

- ein Browser ohne JavaScript zum Abrufen der Seite verwendet wird
- die auf dem Rechner vorliegende Seite mit Notepad oder einem anderen Editor betrachtet wird, der mit JavaScript nichts am Hut hat
- JavaScript im Browser deaktiviert wird

Solche Methoden sind also keineswegs sicher.

Es gibt zwar Programme, die vorgeben, den HTML-Code der Webseite zu verschlüsseln, um ihn unlesbar zu machen, aber auch das ist nur wieder eine Möglichkeit, dem ahnungslosen Entwickler Geld aus der Tasche zu ziehen. Jede Verschlüsselung von HTML-Quellcode muss so erfolgen, dass sie auch wieder entschlüsselt werden kann, und zwar in dem Moment, in dem der Browser die Seite aufruft, denn der Browser selbst kann ja nur gültigen HTML-Code in Textdateien verarbeiten.

Entweder muss die Ver- und Entschlüsselung also serverseitig erfolgen, was dann bedeuten würde, dass der Browser den Code doch im Klartext bekommt, oder ein JavaScript müsste clientseitig für die Entschlüsselung sorgen. Dies funktioniert dann natürlich nur, wenn JavaScript aktiviert ist und der Browser grundsätzlich JavaScript kann.

Sollen auch Browser ohne JavaScript in der Lage sein, den Code darzustellen, scheidet eine Verschlüsselung somit aus. Es gibt allerdings Programme, die HTML- und ASP-Code angeblich verschlüsseln, ohne dass zum Entschlüsseln weitere Eingriffe, Skripte oder Programme erforderlich sind. Das hört sich auf den ersten Blick zwar gut an, ist jedoch auch nicht sicher. Diese Programme machen nichts weiter als Leerzeichen, Tabulatoren und Zeilenumbrüche zu entfernen, die nicht notwendig sind. Dadurch wird der Code für das menschliche Auge unleserlich. Mit Verschlüsselung hat das allerdings eher wenig zu tun. Wer Ahnung von HTML hat, kommt auch so an den Code. Und wer dazu noch einen guten Editor hat, der beispielsweise wie Adobe® GoLive® selbstständig den Code formatieren kann, der schickt ihn einmal durch einen solchen Editor, und schon ist er wieder gut lesbar.

PHP-Quellcode schützen

Wer komplexe Anwendungen mit PHP oder auch mit anderen serverseitigen Techniken erstellt hat, möchte in der Regel auch seinen Code vor fremden Blicken schützen. Wenn nur der Programmcode, nicht aber der erzeugte HTML-Code geschützt werden soll, ist dies schon sehr viel einfacher möglich, als HTML-Code clientseitig zu schützen.

Das macht der Webserver nämlich von sich aus, ohne dass Sie was dazu beitragen müssen. Lediglich, wenn der Webserver Störungen aufweist und aus irgendeinem Grund den Skriptcode nicht ausführt, sondern komplett an den Browser liefert, ist Ihr Code sichtbar.

Auch der Administrator des Servers und alle, die lokal (also ohne über den Webserver zugreifen zu müssen) Zugriff auf das Verzeichnis der Anwendung haben, können natürlich die Dateien und damit den Quellcode einsehen. Sie sollten daher die Zugriffsrechte auf dem Server nur ausgewählten Leuten gestatten, wenn Sie dazu die Möglichkeit haben. Ansonsten müssen Sie schon denen vertrauen, die bei Ihrem Provider den Server warten.

Es gibt aber dennoch etwas, das Sie tun können, um im Falle einer Störung auf dem Server zu vermeiden, dass beispielsweise Kennwörter für Ihre Datenbank oder sonstige wichtige Daten in die falschen Hände fallen. Berücksichtigen Sie dazu einfach folgende Regeln:

- Speichern Sie Kennwörter und Benutzernamen niemals direkt in einer ASP- bzw. PHP-Seite, sondern in einer externen Datei, die Sie dann importieren. Wie das geht, hängt von Ihrer Skriptsprache ab. In PHP können Sie die `include`-Anweisung verwenden.
- Prüfen Sie regelmäßig die Funktionstüchtigkeit Ihrer Seiten und damit den Server.
- Wenn Sie einen eigenen Server betreiben, installieren Sie regelmäßig die angebotenen Sicherheitsupdates und Patches von Betriebssystem und Webserver.

Quellcode, der serverseitig ausgeführt wird, ist durch den Server selbst geschützt. Jeder andere Code, also der clientseitig auszuführende JavaScript-Code und der HTML-Quelltext, kann nicht wirklich sicher geschützt werden, ohne dass Sie dabei Gefahr laufen, dass die Seite für bestimmte Browser unbrauchbar wird. Sie sollten daher solche Bestrebungen von vornherein unterlassen. Grundsätzlich gilt: Wenn Sie HTML-Seiten erstellen, deren Inhalte so geheim sind, dass Sie auf einen Schutz nicht verzichten können, veröffentlichen Sie sie nicht auf einem Webserver oder schützen Sie schon den Zugriff auf die Seite, so dass diese gar nicht erst an den Browser übermittelt wird.

HINWEIS

Bedenken Sie, dass dieses Kapitel nur die Möglichkeiten aufzeigen kann. Für vollständige Datenschutz- und Sicherheitskonzepte wären für jedes Betriebssystem und jeden Webserver alleine 500 Seiten notwendig. Sie sollten sich bei erhöhtem Sicherheitsbedarf daher unbedingt mit entsprechender Fachliteratur passend zu Ihrem Betriebssystem und Webserver eindecken oder von darauf spezialisierten Firmen fachlich beraten lassen.

6.2 Datenbanken schützen

Datenbanken können Sie in der Regel recht einfach mit einem Datenbankkennwort schützen. Dieses Kennwort müssen Sie dann in Ihrem Code, der die Datenbank ausliest bzw. verwendet, angeben. Das heißt, dieser Schutz ist nur funktionsfähig, wenn das Kennwort in einem serverseitigen Skript übergeben wird, da es sonst im Klartext vorliegt und für jeden gescheiten Surfer ersichtlich ist. Standardmäßig sind MySQL-Datenbanken durch Benutzernamen und Kennwörter geschützt. Wenn Sie noch keine Kennwörter und Benutzernamen definiert haben, gibt es einen Benutzer *root*, für den kein Kennwort erforderlich ist. Damit ist natürlich jedem Hacker Tür und Tor geöffnet.

HINWEIS

Wenn Sie die Datenbank bei einem Provider veröffentlichen, ist dies in der Regel nicht möglich. Hier werden Sie gezwungen sein ein Datenbankkennwort festzulegen, bevor Sie die Datenbank einrichten können. Für den Test auf Ihrem lokalen Rechner sollten Sie den gleichen Benutzer mit dem gleichen Kennwort einrichten, um die PHP-Skripte mit dem Kennwort auch lokal testen zu können.

Einen Benutzer einrichten

Benutzer richten Sie ebenfalls an der MySQL-Kommandozeilenebene *mysql.exe* ein. Diese müssen Sie also starten.

HINWEIS

Wie das geht, wurde ausführlich in Kapitel 3: *Datenbankgrundlagen* erläutert.

Nach dem Start von *mysql.exe* können Sie einen Benutzer für eine Datenbank einrichten, indem Sie die `GRANT`-Anweisung ausführen. Sie verfügt über eine recht komplexe Syntax, für die hier vorgestellten Anweisungen reicht jedoch folgende vereinfachte Syntax aus:

```
GRANT ALL|SELECT|INSERT|ALTER|DELETE|UPDATE
ON Datenbankname.*
TO PUBLIC|Benutzername@Server
[IDENTIFIED BY 'Kennwort'];
```

Nach dem Schlüsselwort `GRANT` folgt ein Schlüsselwort, das bestimmt, für welche Datenbankaktion der Zugriff möglich sein soll. Geben Sie `ALL` an, kann der Benutzer alle Aktionen durchführen. Geben Sie bspw. nur `SELECT` an, kann er zwar Datenbankabfragen ausführen, aber keine Daten mit `INSERT` einfügen oder mit `UPDATE` aktualisieren.

Danach geben Sie das Schlüsselwort `ON` an, nach dem dann die Datenbank folgt, für die der Benutzername gelten soll. Nach dem eigentlichen Datenbanknamen folgt ein `.*`. Das bewirkt, dass die Zugriffsrechte für alle Dateien der Datenbank gelten. Nach dem Schlüsselwort `TO` folgt die Angabe des Benutzers, für den die Einstellungen gelten sollen. Wenn Sie einen Benutzernamen angeben, müssen Sie nach einem @-Zeichen auch den Servernamen angeben, von dem der Benutzer Zugriff haben soll. Wenn Sie für den lokalen Test den Benutzernamen festlegen möchten, müssen Sie also *Benutzername*`@localhost` angeben. Wenn Sie einen Benutzernamen angeben, der noch nicht existiert, wird damit der Benutzer erzeugt.

HINWEIS

`Localhost` trifft immer dann zu, wenn die Webseiten, die auf den MySQL-Server zugreifen, und der MySQL-Server auf dem gleichen Server laufen.

Anstelle eines Benutzernamens können Sie auch `PUBLIC` angeben, dann werden die definierten Rechte für die Datenbank nicht nur einem bestimmten Benutzer zugewiesen, sondern allen Benutzern. Optional folgt am Ende das Schlüsselwort `IDENTIFIED BY`, mit dem Sie das

Kennwort des Benutzers festlegen können. Im einfachsten Fall könnte eine solche Anweisung also wie folgt lauten:

```
GRANT ALL ON *.* TO PUBLIC;
```

In diesem Fall würden alle Rechte (ALL) für alle Datenbanken (*.*) allen Benutzern (PUBLIC) gegeben. Das ist natürlich nicht Sinn der Sache. Möglich aber ist es. Möchten Sie bspw. einen Benutzer helma einrichten, der zwar alle Rechte hat, aber nur für die Datenbank helma_spona_de und nur beim Zugriff vom lokalen Server, müsste die Anweisung daher GRANT ALL ON helma_spona_de.* TO helma@localhost; [↵] lauten.

Ein Kennwort definieren

Wenn Sie außerdem noch ein Kennwort definieren möchten, ergänzen Sie dahinter noch die IDENTIFIEDBY-Klausel. Mit der folgenden Anweisung wird dem Benutzer helma Zugriff vom lokalen Rechner auf die Datenbank helma_spona_de gewährt und als Kennwort helma01 festgelegt.

```
GRANT ALL ON helma_spona_de.* TO helma@localhost IDENTIFIED BY
'helma01';
```

Benutzer und Kennwort bei der Datenbankabfrage übergeben

Wenn Sie ein Kennwort und einen Benutzer eingerichtet haben, sollten Sie diese natürlich auch in den PHP-Anwendungen übergeben, wenn Sie die Datenbankverbindung herstellen. Wenn Sie eine INC-Datei verwenden, die die Datenbankverbindungen auf- und abbaut, ist das kein Problem. Dann können Sie das in dieser Datei für alle Seiten der PHP-Anwendung definieren. Ansonsten müssen Sie folgende Änderungen in jeder PHP-Datei vornehmen. Benutzername und Kennwort können Sie an die mysql_connect-Anweisung übergeben. Nach dem

Servernamen folgt der Benutzername und dann das Kennwort. Bei Verwendung einer INC-Datei ist es sinnvoll, beides am Anfang der Datei als Variablen zu definieren und dann die Variablen an die Funktion zu übergeben.

```
<?PHP
    $DB="helma_spona_de";
    $Benutzer="helma";
    $Kennwort="helma01";
    $Server="localhost";
    $Conn=NULL;
    $mode="debug"; // alternative "release"
    if ($mode=="debug")
    {
        error_reporting (1+2+4+8+16+32);
    }
    else
    {
        error_reporting (1);
    }

    function Conn()
    {
        global $Conn;
        global $Server;
        global $Benutzer;
        global $Kennwort;
        //$Conn=mysql_connect($Server);
        $Conn=mysql_connect(
          $Server,$Benutzer,$Kennwort);
        fehler();
    };
...
```

6.3 Verzeichnisse und HTML-Seiten schützen

Den Zugriff auf bestimmte Verzeichnisse und das Abrufen von Seiten in diesen Verzeichnissen können Sie über entsprechende Serverkonfigurationen erreichen, die nachfolgend näher erläutert werden. Versuche, dies clientseitig per JavaScript zu machen, scheitern allerdings daran, dass Kennwörter im Klartext im Quellcode der Seite oder der verknüpften JS-Datei stehen und zudem der Schutz über die Deaktivierung von JavaScript im Browser ausgehebelt werden kann.

> **HINWEIS**
> Einige Provider bieten auch die Möglichkeit geschützte Verzeichnisse anzulegen und Benutzerrechte dafür zu vergeben, ohne dass Sie dazu Zugriff auf die Webserverkonfiguration haben müssen.

Anmeldung erzwingen

Wenn der verwendete Webserver keine der hierfür gebräuchlichen Methoden unterstützt oder Sie keinen Zugriff auf die Einstellungen am Webserver haben, bleibt aber immer noch die Möglichkeit, eine Anmeldung über serverseitige Skripte zu realisieren.

In diesem Fall müssen Sie dafür sorgen, dass von jeder Seite, auf die nur angemeldete Benutzer Zugriff haben sollen, auf die Anmeldeseite umgeleitet wird, wenn keine Anmeldung erfolgt ist. Das hört sich jetzt einfacher an, als es ist. Eine solche Programmierung ist doch recht aufwändig und sollte daher die letzte Möglichkeit bleiben, wenn Sie Daten und Seiten vor Zugriffen schützen möchten.

Den Webserver konfigurieren

Die richtige Konfiguration des Webservers ist wesentlicher Bestandteil einer sicheren Webanwendung. Und dabei ist es unerheblich, ob Sie Apache unter Linux oder den IIS auf einem Windows-Server betreiben. Beide können Sie entsprechend konfigurieren und auch über entsprechende Zugriffsrechte bestimmen, welche Benutzer darauf zugreifen dürfen.

HINWEIS

Die nachfolgenden Ausführungen beziehen sich allerdings nur auf die Grundeinstellungen. Sicherheitslücken sollten Sie schließen, indem Sie regelmäßig Servicepacks für Ihr Betriebssystem und den Webserver installieren.

.htaccess für Apache

Apache macht es einem recht leicht, eine ganze Webseite oder ein Verzeichnis mit Zugriffsrechten zu versehen. Was Sie dazu brauchen, ist ein Apache-Webserver und die Datei *.htaccess*. Mit ihr können Sie bestimmte Standardeinstellungen individuell überschreiben und so den Apache-Webserver Ihres Providers selbst konfigurieren, ohne Zugriff auf das `.bin`-Verzeichnis haben zu müssen.

HINWEIS

Allerdings funktioniert die *.htaccess* nur dann bei Ihrem Provider, wenn dort der Webserver entsprechend konfiguriert ist. Bevor Sie sich also die Mühe machen, eine solche Datei zu erstellen, sollten Sie sich diesbezüglich bei Ihrem Provider erkundigen.

In der *.htaccess*-Datei können Sie verschiedene Einstellungen vornehmen, nicht nur Benutzerrechte und Benutzergruppen definieren. Die nachfolgende Beschreibung beschränkt sich jedoch auf die Benutzerrechte und Zugriffsmodalitäten auf Verzeichnisse.

Genau wie bei Ihrem Provider ist aber auch auf Ihrer lokalen Apache-Installation die Verwendung der *.htaccess* standardmäßig deaktiviert. Um das zu ändern, müssen Sie die Konfigurationsdatei des Apache-Servers anpassen. Dazu öffnen Sie in einem Editor die Datei *httpd.conf*. Sie finden sie im *bin*-Verzeichnis Ihrer Apache-Installation. Dort suchen Sie dann nach der Zeichenfolge "*.htaccess*". Im Windows-Editor können Sie dazu beispielsweise die Suchfunktion verwenden, die Sie über *Bearbeiten / Suchen* aufrufen können.

Sie sollten damit die folgende Stelle der Datei finden. Hier ändern Sie die `AllowOverride`-Anweisung in `AllowOverride All`.

```
...
#
# This controls which options the .htaccess files in directories can
# override. Can also be "All", or any combination of "Options",
"FileInfo",
# "AuthConfig", and "Limit"
#
    AllowOverride All

#
# Controls who can get stuff from this server.
#
    Order allow,deny
    Allow from all
</Directory>
#
...
```

Anschließend müssen Sie die Datei speichern und schließen und dann den Apache-Server neu starten, damit die Änderungen wirksam werden. Schon das Anlegen der *.htaccess*-Datei ist allerdings nicht ganz problemlos, zumindest nicht unter Windows. Wenn Sie den Versuch starten, die Datei manuell über den Arbeitsplatz oder Explorer als Textdatei zu erstellen, und dann in *.htaccess* umbenennen, weigert sich Windows, weil es vor dem Punkt mindestens ein Zeichen erwartet.

Um die Datei zu erstellen, gibt es im Prinzip zwei Möglichkeiten. Wenn es im *bin*-Verzeichnis des Apache-Servers eine Datei mit dem Namen *htaccess.exe* gibt, können Sie die einfach ausführen und so die Datei erstellen. Ist sie einmal vorhanden, lässt sie sich normal kopieren und verschieben.

Falls die Datei *htaccess.exe* nicht vorhanden ist, können Sie die *.htaccess*-Datei wie folgt erstellen. Starten Sie einen Texteditor, z.B.

Notepad oder den Windows-Editor. Erzeugen Sie darin ein neues Dokument, falls nicht automatisch eines geöffnet wird, und speichern Sie die Datei mit *Datei / Speichern* oder *Datei / Speichern unter* unter dem Namen *.htaccess* ab. Sollte der Name nicht akzeptiert werden, fassen Sie ihn in Anführungszeichen ein.

> **HINWEIS**
>
> Ob es ohne Anführungszeichen funktioniert, ist abhängig von Ihrer Windows- und Editor-Version.

Wenn Sie die Datei einmal erstellt haben und sie noch im Editor geöffnet ist, können Sie auch gleich die Inhalte definieren. Sie müssen zunächst den Pfad zur Benutzerdatei definieren. Mit dieser Datei legen Sie eine Liste von Benutzern an, die Zugriff auf ein Verzeichnis haben sollen. Um die Benutzerdatei zu erstellen, stellt der Apache-Server ein separates Tool zur Verfügung. Zunächst einmal sollten Sie die Datei *.htaccess* ergänzen. Fügen Sie dazu folgende Zeilen in die Datei ein:

```
AuthType Basic
AuthName "Privat"
AuthUserFile htdocs/html_auth/htpasswd
require valid-user
```

Die erste Zeile definiert die Art der Benutzerauthentifizierung. Mit `AuthName "Privat"` geben Sie einen Namen für den geschützten Bereich ein, den Sie jedoch frei wählen können. Die wichtigste Zeile ist die dritte. Sie definiert einen relativen Pfad zur Kennwortdatei *htpasswd*. Die Datei kann allerdings auch einen anderen Namen haben. Im oben dargestellten Fall liegt die Datei in einem Verzeichnis *html_auth*, das dem Stammverzeichnis untergeordnet ist. Das Stammverzeichnis wird durch die Angabe *htdocs/* repräsentiert.

Nun müssen Sie natürlich noch das Verzeichnis erstellen, in dem die *.htaccess*-Datei die Kennwortdatei sucht. Erstellen Sie dazu im *htdocs*-

Verzeichnis das Verzeichnis *html_auth*. Um die Kennwortdatei zu erstellen, müssen Sie zunächst die DOS-Eingabeaufforderung öffnen und in das *bin*-Verzeichnis des Webservers wechseln.

Hier geben Sie dann `htpasswd -c ../htdocs/html_auth/htpasswd admin` ↵ ein, um den Benutzer `admin` der Datei hinzuzufügen. Die Option `-c` bewirkt, dass die Datei `htpasswd` erstellt wird. Wenn das problemlos geklappt hat, werden Sie aufgefordert, das Kennwort für den Benutzer einzugeben. Auch das bestätigen Sie wieder mit ↵. Danach müssen Sie das Kennwort noch einmal bestätigen.

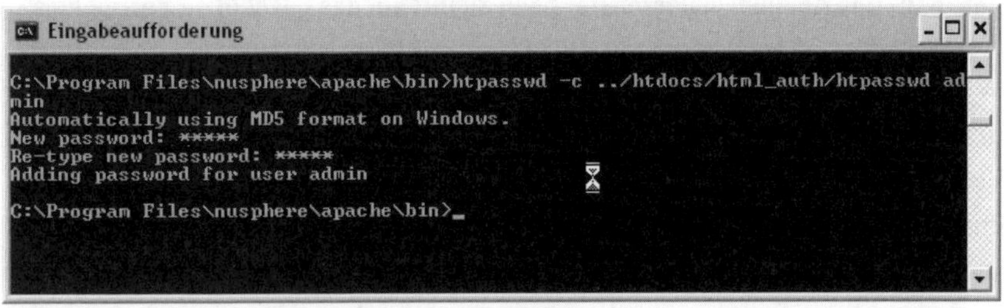

Abb. 6.1: Eingabe und Bestätigen des Kennworts

HINWEIS

Für jeden weiteren Benutzer, den Sie hinzufügen möchten, lassen Sie einfach die Option `-c` weg. Ansonsten würde die vorhandene Datei neu geschrieben werden.

Um den Benutzer *gast* hinzuzufügen, geben Sie beispielsweise

`htpasswd ../htdocs/html_auth/htpasswd gast` ↵

ein.

Kopieren Sie anschließend die *.htaccess*-Datei in das Verzeichnis, das Sie schützen möchten. Wenn Sie nun im Browser die URL des Verzeichnisses eingeben, sollte ein Anmeldedialogfenster erscheinen.

Abb. 6.2: Das Anmeldedialogfenster beim Zugriff auf das geschützte Verzeichnis

Wenn alles in Ordnung ist, sollten jetzt korrekte Eingaben akzeptiert und die Startseite des Verzeichnisses angezeigt werden. Bei falschen Eingaben wird das Dialogfenster maximal drei Mal angezeigt und dann eine Fehlermeldung `Zugriff verweigert` angezeigt. Es kann allerdings vorkommen, dass zwar das Anmeldedialogfenster angezeigt wird, aber auch korrekte Angaben nicht akzeptiert werden. Dann wird entweder die *htpasswd*-Datei nicht gefunden oder sie ist fehlerhaft. Woran es liegt, steht in der Log-Datei *\logs\err.log*. Diese Datei können Sie in jedem einfachen Editor öffnen.

Windows-Authentifizierung und Zugriffsrechte im IIS

Auch der IIS bietet die Möglichkeit, einzelne Verzeichnisse, virtuelle Websites und normale Websites mit Kennwörtern und Benutzernamen zu sichern. Dies geschieht am einfachsten, indem die anonyme Anmeldung, die standardmäßig aktiviert ist, deaktiviert wird.

> **HINWEIS**
>
> Für alle nachfolgenden Schritte benötigen Sie Administratorrechte auf dem Rechner, auf dem der Webserver läuft.

Damit werden die Anwender beim Zugriff auf Dateien im Verzeichnis gezwungen, einen gültigen Benutzernamen und das passende Kennwort einzugeben. Gültig sind der Benutzername und das Kennwort dann, wenn es einem Benutzerkonto des Windows-Rechners entspricht, auf dem der Webserver ausgeführt wird.

Wenn der Server in einem Netzwerk mit mehreren Domänen steht, können Sie allerdings für das Verzeichnis einstellen, in welcher Domäne die Benutzerkonten verwaltet werden.

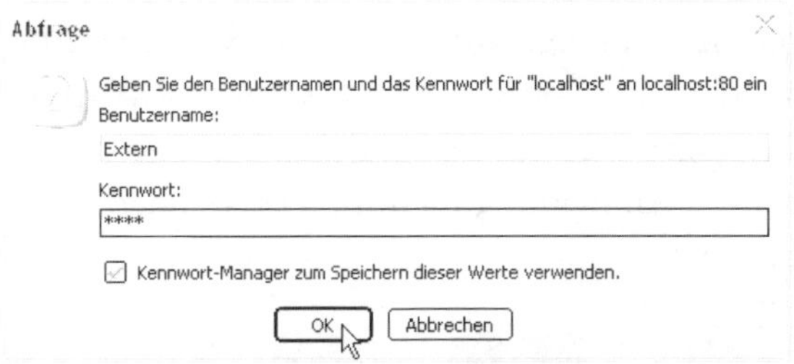

Abb. 6.3: Die Benutzeranmeldung von Netscape 6.2 bei aktivierter Authentifizierung

Sie können die Authentifizierung für alle Websites auf dem IIS aktivieren oder nur für einzelne. In jedem Fall müssen Sie erst einmal das Snap-In *Internet-Informationsdienste* über die Systemsteuerung starten. In der Regel finden Sie es dem Symbol *Verwaltung* untergeordnet.

Markieren Sie nun die Website oder das virtuelle Verzeichnis, für das Sie die Benutzeranmeldung aktivieren möchten, und öffnen Sie dann das Kontextmenü für die Markierung.

HINWEIS

Wählen Sie eine Website aus, wendet der IIS die Einstellungen auch auf die untergeordneten virtuellen Verzeichnisse an. Allerdings werden Sie vorher gefragt und können dies deaktivieren, sowohl für einzelne als auch für alle untergeordneten Elemente.

Klicken Sie im Kontextmenü nun einfach auf den Eintrag *Eigenschaften* und aktivieren Sie die Registerkarte *Verzeichnissicherheit*. Hier klicken Sie auf den oberen *Bearbeiten*-Button, um die Einstellungen für die Authentifizierung zu ändern.

Das Erste, was Sie machen müssen, ist, den anonymen Zugriff zu deaktivieren. Dazu entfernen Sie einfach das Häkchen im Kontrollkästchen *Anonymer Zugriff*. Anschließend aktivieren Sie die Kontrollkästchen *Standardauthentifizierung* und *Integrierte Windows-Authentifizierung*. Damit stellen Sie sicher, dass sich alle Benutzer gültig anmelden können. Nur der Internet Explorer 4.0 oder höher verwendet die integrierte Windows-Anmeldung, bei der das Kennwort und der Benutzername verschlüsselt übertragen werden. Die anderen Browser beherrschen die integrierte Windows-Anmeldung nicht und verwenden daher die *Standardauthentifizierung*.

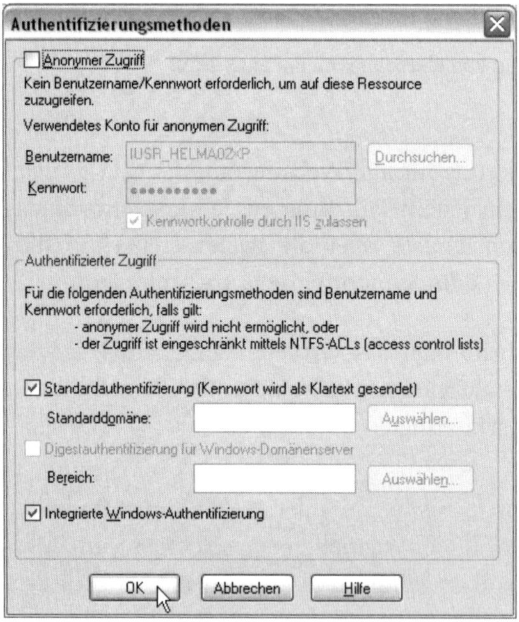

Abb. 6.4: Aktivieren der Benutzeranmeldung

Anschließend können Sie auch dieses Dialogfenster und alle noch geöffneten mit *OK* schließen. Damit haben Sie die Authentifizierung aktiviert.

Der Unterschied zwischen der Standardauthentifizierung und der integrierten Windows-Anmeldung liegt darin, dass bei der Windows-Anmeldung die Kennwörter und Benutzernamen verschlüsselt übertragen werden. Sie können damit nicht so einfach ausspioniert werden. Diese Form der Anmeldung ist somit wesentlich sicherer. Allerdings wird sie eben nur vom Internet Explorer 4.0 und höher unterstützt. Wenn Sie unverschlüsselte Anmeldungen nicht zulassen möchten, müssen Sie das Kontrollkästchen *Standardauthentifizierung* ebenfalls deaktivieren. Allerdings bedeutet dies natürlich auch, dass sich nur noch IE-Benutzer anmelden können. Dennoch ist dies praktikabel, wenn Sie damit Bereiche der Website schützen möchten, auf die beispielsweise nur Außendienstmitarbeiter Zugriff haben sollen. Diesen können Sie ja die Nutzung des Internet Explorers vorschreiben.

Wenn Sie mit dem Internet Explorer auf ein so geschütztes Verzeichnis zugreifen, wird in der Regel kein Anmeldedialogfenster erscheinen, wenn der Zugriff auf den lokal installierten Webserver oder auf einem Webserver im lokalen Netzwerk erfolgt. Das liegt daran, dass der Internet Explorer zunächst versucht, den Benutzer mit den aktuellen Windows-Anmeldedaten anzumelden. Im lokalen Netz klappt das in der Regel. Nur wenn diese Anmeldung nicht klappt, blendet er das Anmeldedialogfenster ein. Das veranlasst viele, zunächst anzunehmen, dass keine Anmeldung erfolgt. Das stimmt natürlich nicht, die Anmeldung ist nur nicht sichtbar.

Nun müssen Sie selbstverständlich noch die Benutzerkonten einrichten. Dazu doppelklicken Sie in der Systemsteuerung auf das Symbol *Benutzer und Kennwörter*, wenn Sie Windows NT/2000 verwenden. Unter Windows XP wählen Sie hingegen *Start / Systemsteuerung / Benutzerkonten* aus. Sie brauchen jetzt nur noch den Anweisungen des Dialogfensters zu folgen bzw. auf den passenden Link zu klicken.

6.4 Zusammenfassung, Fragen und Übungen

Zusammenfassung

- MySQL-Server können mit Benutzernamen und Rechten geschützt werden.
- Beides richten Sie über die `GRANT`-Anweisung ein.
- Verzeichnisse und Webseiten können Sie über Benutzerrechte schützen, die der Webserver verwaltet.
- Beim Apache-Webserver dienen dazu die *.htaccess*-Dateien.
- Der IIS ermöglicht dies über die Windows-Authentifizierung.

Fragen und Übungen

1. Was ist der Unterschied zwischen der integrierten Windows-Authentifizierung und der Standardauthentifizierung des IIS?
2. Welche Aufgabe hat die *.htaccess*-Datei?
3. Wie sicher ist der Schutz der Verzeichnissicherheit der Webserver?

7 Vom Shop zum Forum – Anwendungsbeispiele

In den vorangehenden Kapiteln wurden zwar einzelne Bestandteile größerer Anwendungen entwickelt, für die Praxis tauglich waren sie aber nur mit Erweiterungen und Ergänzungen. Das soll sich nun ändern. In diesem Kapitel werden alle die einzelnen Bestandteile, wie Listen, Eingabe- und Suchformulare zu einer komplexen Anwendung kombiniert. Dabei wird ein kleiner Buchshop entstehen, dem ein Forum angegliedert wird, in dem die Benutzer Fragen zu den Büchern stellen können.

7.1 Einen Buchshop aufbauen

Das komplexeste an einem Shop ist im Prinzip die Verwaltung der Shopdaten, also der Artikel und die Frage, wie Sie sicherstellen, dass nur Sie diese Daten ändern und verwalten, die Benutzer diese aber nur abrufen können.

> **HINWEIS** Eine Benutzerverwaltung würde prinzipiell auf die gleiche Weise geschehen. Das ist in unserem Fall aber nicht notwendig, weil hier die Bestellungen der Bücher über Links zu Amazon und das Amazon-Partnerprogramm realisiert werden.

Bevor Sie sich aber in die Programmierarbeit stürzen, sollten Sie erst darüber nachdenken, was die Anwendung können soll.

Aufbau und Funktionen der Anwendung

Sie benötigen für eine solche Anwendung einen Admin-Bereich und einen Benutzerbereich. Im Admin-Bereich benötigen Sie Seiten, mit denen Sie die Daten verwalten können. Sie müssen also die Artikeldaten erfassen, ändern und löschen können sowie davon abhängige Daten wie Downloaddaten verwalten können. Dabei müssen Sie natürlich sicherstellen, dass nur Sie und nicht ein normaler Benutzer diese Seiten aufrufen kann. Das lässt sich am einfachsten machen, indem Sie diese Seiten in einem eigenen Unterverzeichnis der Anwendung definieren und dieses Verzeichnis dann mit Benutzerrechten schützen. In der hier erstellten Beispielanwendung heißt dieses Verzeichnis *admin*.

> **HINWEIS**
> Wie Sie die Benutzerrechte definieren, wurde in Kapitel 6 *Daten schützen* beschrieben und soll daher hier außen vor bleiben.

Wenn Sie wie im Buchshop für jeden Artikel eine Grafik einbinden möchten, ist es sinnvoll, in der Datenbank nur den Namen der Grafikdatei zu speichern. Das senkt die Datenbankgröße und lässt jederzeit eine flexible Änderung zu. Dennoch können Sie Ordnung in Ihrer Anwendung halten, indem Sie alle Grafiken in ein Verzeichnis einfügen, hier heißt es *bilder*. Den relativen Pfad zu diesem Verzeichnis legen Sie in einer INC-Datei in einer Variablen fest, die Sie in jede PHP-Seite einfügen. In dieser INC-Datei definieren Sie dann auch alle global, für die ganze Anwendung gültigen Verzeichnisse, CSS-Klassen für die Formatierung und andere global gültige Daten.

Auch über die Fehlertoleranz der Anwendung sollten Sie sich natürlich Gedanken machen. So stellt sich bspw. die Frage, was mit nicht vorhandenen Dateien geschehen soll? Bei Grafiken ist es sinnvoll, eine leere Grafikdatei als Platzhalter zu erstellen und vor dem Erzeugen des `<img>`-Elements zu prüfen, ob die Datei vorhanden ist. Wenn nicht, binden Sie die URL der Platzhalterdatei ein. Damit stellen Sie sicher, dass auch bei fehlenden Grafiken das Layout Ihrer Seiten in Ordnung ist, und dies macht einen besseren Eindruck, als wenn der `alt`-Text des `<img>`-Tags angezeigt wird.

Bei Referenzen auf Downloads sollten Sie vor dem Erzeugen des Ausgabecodes prüfen, ob die Datei vorhanden ist. Wenn nicht, ist es besser, den Link gar nicht erst einzufügen.

> **HINWEIS** Wenn Sie die im Kapitel 4 *Zugreifen auf MySQL-Datenbanken mit PHP* vorgestellte Fehlerbehandlung in der INC-Datei nutzen, können Sie im Debug-Modus eine Fehlermeldung anzeigen, die Ihnen die Fehlersuche bei fehlenden Dateien erleichtert.

Zum Schluss müssen Sie natürlich auch noch die Funktionen der Anwendung im Detail festlegen. Für die hier erstellte Anwendung sollen folgende Funktionen realisiert werden.

Im Admin-Bereich muss es möglich sein,

- Buchdaten zu erfassen, zu ändern und zu löschen
- Downloads und Zusatzinfos in der Tabelle *zusatzinfos* zu erfassen, zu ändern und zu löschen

Im Benutzerbereich soll

- eine Suchfunktion implementiert werden
- die Anzeige vollständiger Listen nach verschiedenen Suchkriterien ermöglicht werden
- Detailinformationen sollen erst auf Anforderung des Benutzers sichtbar werden

HINWEIS

Die Formatierung der Anwendung soll über CSS erfolgen. Es bietet sich daher an, in der INC-Datei Variablen zu definieren, denen Sie die benötigten CSS-Klassen zuweisen. Nur dann können Sie auch später noch problemlos Namen der CSS-Klassen ändern und die Formatierung einfach anpassen.

Ergänzungen und Anpassungen der Datenbank

Die Nutzung des Amazon-Partnerprogramms für die Bestellungen macht auch die erste Datenbankänderung notwendig. In der bisher verwendeten Beispieldatenbank können Sie zwar alle Buchdaten speichern, nicht aber die Artikelnummer, die das Buch bei Amazon hat, die so genannte ASIN. Diese ist aber für den Link auf den Amazon-Shop erforderlich. Sie müssen daher die Datenbank um ein Feld ASIN erweitern, indem Sie folgende SQL-Anweisung ausführen.

```
ALTER TABLE buecher ADD ASIN varCHAR(20);
```

Den Admin-Bereich erstellen

Der Admin-Bereich soll im Verzeichnis *admin* der Anwendung erstellt werden. Sie werden später merken, dass dennoch einige Programmfunktionen identisch mit denen sind, die auch der Benutzer ausführt, wie bspw. die Darstellung bestimmter Daten. Daher sollten Sie sich rechtzeitig überlegen, wie Sie den Code strukturieren.

Strukturieren der Anwendung

Es bietet sich an, für die Anwendung drei INC-Dateien zu erstellen. Die bisher schon immer genutzte Datei *DBConnect.inc* enthält alle Funktionen zum Verbindungsaufbau mit der Datenbank. Hier können Sie auch alle SQL-Abfragen mit Hilfe von eigenen Variablen definieren und für häufig genutzte Programmfunktionen Funktionen zum Speichern und Aktualisieren von Daten erstellen. Eine weitere INC-Datei, *ausgabe.inc* sollte Funktionen und Konstanten zur Ausgabe der Daten enthalten. Sie werden später merken, dass dies die Codeeingabe unheimlich vereinfacht. Hier können Sie auch die Variablen mit den CSS-Klassennamen für die Formatierung definieren. Die dritte INC-Datei, *admin.inc,* ist nur für den Admin-Bereich. Sie soll spezielle Variablen und Funktionen enthalten, die für den Admin-Bereich erforderlich sind und kann daher auch im Verzeichnis *admin* der Anwendung gespeichert werden. Sie können diese Datei bspw. nutzen, um einer Variablen `Rechte` den Wert "admin" zuzuweisen. Abhängig vom Wert dieser Variablen, können dann die anderen Funktionen unterschiedlichen Code ausgeben, je nachdem ob die Funktion aus dem Admin-Bereich oder dem Benutzerbereich ausgeführt wird. Das erleichtert die Arbeit ungemein.

HINWEIS

Die INC-Dateien (mit Ausnahme der *admin.inc*, die nur im *admin*-Verzeichnis vorhanden sein muss) müssen Sie sowohl im *admin*-Verzeichnis wie auch im Stammverzeichnis der Anwendung erstellen. Es reicht allerdings für die ersten Tests aus, dass die Dateien im *admin*-Verzeichnis liegen. Später können Sie einfach Kopien dieser Dateien auch in das Stammverzeichnis der Anwendung kopieren. Dies ist notwendig, weil Sie keine Pfade zu den Dateien angeben können. Sie werden standardmäßig in dem Verzeichnis gesucht, in dem sich die aufrufende Datei befindet.

Erstellen Sie zunächst die drei INC-Dateien. Die Datei *DBConnect.inc* können Sie aus dem Kapitel 5 übernehmen und ihre Funktion *getZelle* aus dieser INC-Datei in die Datei *ausgabe.inc* verschieben. In der Datei *admin.inc* fügen Sie folgenden Code ein:

```
<?PHP
    $Rechte="admin";
?>
```

Außerdem müssen Sie natürlich noch dafür sorgen, dass die Variable `Rechte` auch im Benutzerbereich definiert ist. Fügen Sie dazu am Anfang der Datei *DBConnect.inc* die Deklaration `$Rechte="user";` ein.

Nun kommt es auf die Reihenfolge an, in der Sie die INC-Dateien in den PHP-Dateien laden, welchen Wert die Variable `Rechte` hat. Jede neue Datei im Admin-Bereich sollte daher wie folgt aussehen. Die *admin.inc*-Datei muss zum Schluss geladen werden.

```
<?
include "DBConnect.inc";
include "ausgabe.inc";
include "admin.inc";
?>
<html>
<head>
<title>Admin-Bereich::-> Startseite</title>
<meta http-equiv="Content-Type" content="text/html; charset=iso-8859-
1">
<link href="../formate.css" rel="stylesheet" type="text/css">
</head>
...
</html>
```

HINWEIS

Für den Benutzerbereich lassen Sie die letzte `include`-Anweisung einfach weg. Der Variablen `Rechte` wird dann kein neuer Wert zugewiesen. Sie behält stattdessen den Wert aus der Datei *DBConnect.inc*.

Die Startseite des Admin-Bereichs gestalten

Auf der Startseite des Admin-Bereichs, die hier `index.php` heißt, sollten Sie Links auf die einzelnen Seiten einfügen, die für die eigentlichen Funktionen verantwortlich sind. Der Code dazu könnte wie folgt aussehen:

```
...
<h1>Admin-Bereich</h1>
<p>Programmfunktionen:</p>
<ul>
  <li>
    <a href="lstBuchdaten.php">Buchdaten anzeigen,
    &auml;ndern und l&ouml;schen</a>
  </li>
  <li>
    <a href="frmBuchdaten.php">Buchdaten
    erfassen</a>
  </li>
</ul>
<p> </p>
...
```

> **HINWEIS**
>
> Nachfolgend werden die Namen aller Formularseiten mit dem Kürzel `frm` eingeleitet, die Seiten zur Ausgabe mit `lst` und die Folgeseiten der Formulare, die die SQL-Anweisungen ausführen, werden mit `akt` eingeleitet. Das schafft mehr Überblick in den Dateien.

Abb. 7.1: So könnte die Startseite aussehen

Eine spezielle Funktion zum Erfassen der Zusatzinformationen zu den einzelnen Büchern benötigen Sie nicht, weil Sie das über Links zu den einzelnen Büchern viel einfacher machen könnten. Die Formatierung der Seiten können Sie später erledigen. Zunächst soll lediglich die Funktion sichergestellt werden. Dazu brauchen Sie nur die Datei *formate.css* im *admin*-Verzeichnis und im Stammverzeichnis der Anwendung zu erstellen, die bereits über den `<style>`-Tag eingebunden wird.

Buchdaten anzeigen

An vielen verschiedenen Stellen der Anwendung müssen die Buchdaten ausgegeben werden. Daher bietet es sich an, dazu eine Funktion zu erstellen, die das erledigt. Dieser Funktion müssen Sie nur alle möglicherweise auszugebenden Daten als Parameter übergeben. Zur Ausgabe selbst eignet sich eine blinde Tabelle. Das ist eine Tabelle, die eine Rahmenstärke von 0 hat und somit nicht als Tabelle sichtbar ist.

> **HINWEIS**
> Da an vielen Stellen im Code solche Tabellen vorkommen und der einleitende `<table>`-Tag dazu immer gleich ist, sollten Sie diesen als Variable in der Datei *ausgabe.inc.* definieren. Ebenfalls in diese Datei können Sie auch die Variablen für die Formatierungen einfügen und die Basisadresse sowie die Partnernummer von Amazon.

```
<?PHP
    //ausgabe.inc
    $strAmazonURL=
      "http://www.amazon.de/exec/obidos/ASIN/";
    $strAmazonCode="/XXZ";
    $cssBuchKopf="buchtitel";
    $cssBuchInhalt="buchinhalt";
    $cssBuchDaten1="buchdaten1";
    $cssBuchDaten2="buchdaten2";
    $cssBuchDatenTitel1="buchdatentitel1";
    $cssBuchDatenTitel2="buchdatentitel2";
    $strBlindTab="<table cellspacing=\"0\" " .
      "cellpadding=\"0\" border=\"0\" " .
      "width=\"100%\">";
...
```

HINWEIS

Nachfolgend werden nur wichtige Teile aus dem Quellcode abgedruckt und erläutert, da sonst die verfügbaren Seiten voller Listings wären und für die Erklärungen kein Platz mehr bliebe. Sie können die kompletten Beispiele des Buchs von der Webseite *http://www.helma-spona.de* herunterladen.

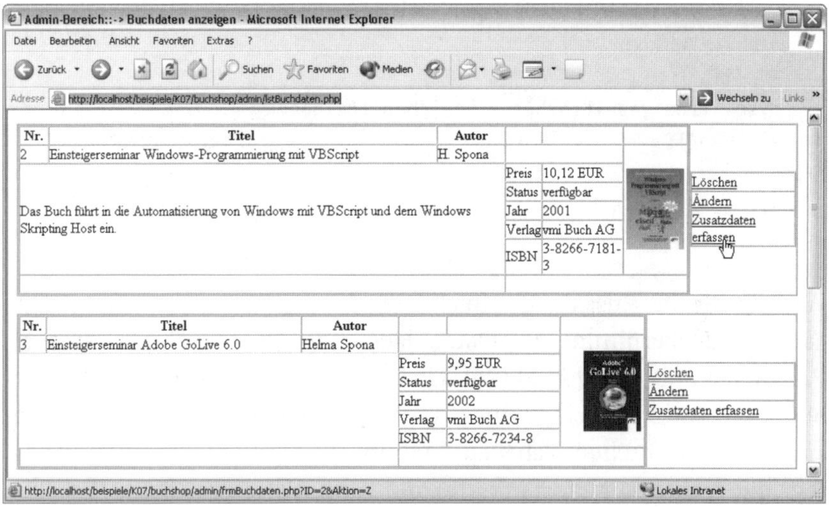

Abb. 7.2: Erzeugte Tabellen zur Demonstration mit einem 1-Pixel-Rand

Bevor die Ausgabe erfolgen kann, müssen die Daten natürlich erst einmal aus der Datenbank abgerufen werden. Dafür sorgen nur wenige Zeilen Code in der Date *lstBuchdaten.php*.

```
...
<body>
<?
    Conn();
    $RS=mysql_query($SQLalleBuchDaten);
    fehler();
    if ($RS==True)
    {
        while ($DS=mysql_fetch_assoc($RS))
```

```
        {
            echo "<p>" .
                ausgabeBuchdaten(
                $DS["ID"],$DS["Titel"],
                $DS["Beschreibung"],$DS["Preis"],
                $DS["ASIN"],$DS["ISBN"],$DS["Bild"],
                $DS["Status"],$DS["Autor"],
                $DS["Verlag"],True, True,
                $DS["Erscheinungsjahr"]) . "</p>";
        } //while
    } //if
    mysql_free_result($RS); //Speicher freigeben
    DisConn();
?>
</body>
...
```

Wichtig für die Ausgabe der Buchdaten ist die Funktion `ausgabeBuchdaten`. Sie übernimmt die Daten jedes abgerufenen Datensatzes als Parameter und gibt den HTML-Code für die in der vorstehenden Abbildung gezeigte Tabelle zurück. Diese Tabelle besteht aus zwei ineinander verschachtelten Tabellen. Die linke Tabelle enthält die Buchdaten, die rechte nur die Links für die Administration. Beide Tabellen werden nebeneinander in Zellen einer übergeordnete Tabelle eingefügt. Für die Ausgabe der Spaltenüberschriften und der normalen Zellen, die mit dem Attribut `class` auskommen, werden zwei Hilfsfunktionen `getHead` und `getZelle` verwendet, die sich in der gleichen INC-Datei befinden. Sie sorgen auch dafür, dass Sonderzeichen im HTML-Code in HTML-Codierungen umgesetzt werden. Dazu wird die Funktion `strConv` aufgerufen, die wiederum die Standard-PHP-Funktion `htmlentities` nutzt. Diese Funktion wandelt Sonderzeichen in die entsprechenden HTML-Codierungen wie `&` (&) `ß` (ß) etc. um. Der Link zu Amazon wird nur dann ausgegeben, wenn das Feld *ASIN* der Tabelle einen Wert ungleich NULL oder ungleich einer leeren Zeichenfolge liefert.

```
function ausgabeBuchdaten($ID,$Titel,
    $Beschreibung,$Preis,$ASIN,$ISBN,
    $Bild,$Status,$Autor,$Verlag,
    $boolZusatzInfos,$boolFAQ,$Jahr)
{
    global $strBlindTab;
    global $Rechte;
    global $cssBuchKopf;
    global $cssBuchInhalt;
    global $cssBuchDaten1;
    global $cssBuchDatenTitel1;
    global $cssBuchDaten2;
    global $cssBuchDatenTitel2;
    global $strAmazonURL;
    global $strAmazonCode;
    $strTabAussen=$strBlindTab;
    $strTempZI="";
    $strTempFAQ="";
    $strTemp=$strBlindTab;
    //Titelzeile
    $strTemp .="<tr>" .
      getHead("Nr.",$cssBuchKopf) .
      getHead("Titel",$cssBuchKopf) .
      getHead("Autor",$cssBuchKopf) .
      getHead("",$cssBuchKopf) .
      getHead("",$cssBuchKopf) .
      getHead("",$cssBuchKopf) . "</tr>";
    //Zeile 1
    $strTemp .="<tr>" .
      getZelle($ID,$cssBuchInhalt) .
      getZelle($Titel,$cssBuchInhalt) .
      getZelle($Autor,$cssBuchInhalt) ;
    if ($ASIN!="")
    {
      $strTemp .="<td nowrap class=" .
      "\"$cssBuchInhalt\" colspan=" .
      "\"2\">" . getLink($strAmazonURL .
      $ASIN . $strAmazonCode,
      "Bestellen bei Amazon", "_blank") .
      "</td>";
```

```
        }
        else
        {
         $strTemp .="<td nowrap class=" .
         "\"$cssBuchInhalt\" colspan=" .
         "\"2\"> </td>";
        }
        $strTemp .=
         "<td class=\"$cssBuchInhalt\" " .
         "rowspan=\"6\">" . getBild($Bild,"Cover") .
         "</td></tr>";
       //Zeile 2
...
       //Abschluss
       $strTemp .=$strTempZI . $strTempFAQ;
       $strTemp .="</table>";
       if ($Rechte=="admin")
       {
           $strTabAdmin=$strBlindTab .
               getAdminFktBuch($ID) .
               "</table>";
       }
       else
       {
           $strTabAdmin="";
       }
       $strTabAussen .="<tr><td>$strTemp</td>" .
           "<td>$strTabAdmin</td></tr></table>";
       return $strTabAussen;
   }
```

Wichtig ist vor allem das Ende der Funktion. Hier wird abhängig davon, ob die Variable `Rechte` den Wert "admin" hat, die zweite Tabelle erzeugt, deren Inhalt die Funktion `getAdminFktBuch` in der Datei *admin.inc*. liefert. Das ist möglich, weil der Aufruf der Funktion nur dann erfolgt, wenn die INC-Datei eingefügt wurde, und dann ist sie auch verfügbar. Durch diese kleine `if`-Abfrage, können Sie die gleiche Funktion auch zur Ausgabe der Buchdaten außerhalb des Admin-

Bereichs verwenden. Dann wird die zweite Tabelle einfach nicht erzeugt und die Ausgabe entspricht der folgenden Abbildung.

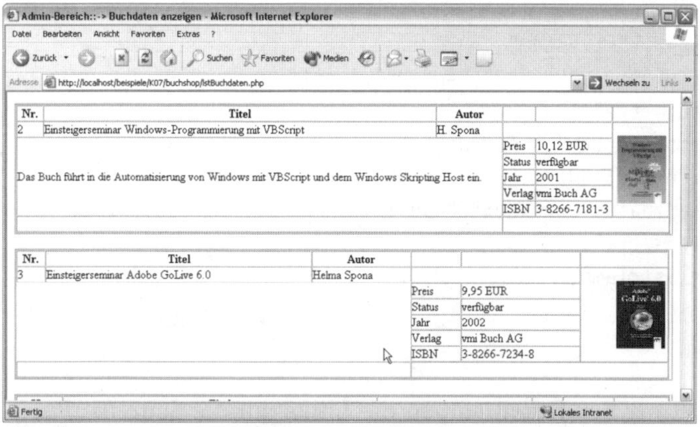

Abb. 7.3: Ausgabe der gleichen Datei, nur ohne die *admin.inc*

> **HINWEIS**
>
> Die Sache mit den Abbildungen funktioniert natürlich aufgrund der unterschiedlichen Verzeichnisstruktur nur, indem Sie in der *admin.inc* einen anderen relativen Pfad zu den Grafiken speichern als in der *ausgabe.inc* und diesen Pfad dann in der Funktion `getBild` vor den Namen der Bilddatei setzen.

In der *ausgabe.inc* müssen Sie die Variable wie folgt deklarieren:

```
$strBildPfad="bilder/";
```

Der Inhalt der *admin.inc* sollte lauten:

```
<?PHP
    $Rechte="admin";
    $strBildPfad="../bilder/";

    function getAdminFktBuch($ID)
    {
        $strURL=
```

```
          "frmBuchdaten.php?ID=$ID&amp;Aktion=";
        $strTemp ="<tr><td>" .
          getLink($strURL . "D","Löschen","_self") .
          "</td></tr>";
        $strTemp .="<tr><td>" .
          getLink($strURL . "U","Ändern","_self") .
          "</td></tr>";
        $strTemp .="<tr><td nowrap>" .
          getLink($strURL . "Z",
          "Zusatzdaten erfassen","_self") .
          "</td></tr>";
        return $strTemp;
    }
?>
```

Für die Verwaltung der Daten sorgen die Links auf die Seite *frmBuchdaten.php*. Dabei werden über die URLs der Links Parameter übergeben. Zum einen die Buch-ID des zu bearbeitenden Buchs und die Aktion, die ausgeführt werden soll. D steht dabei für Delete, also löschen, U für Update, also aktualisieren, und Z für die Verfassung von Zusatzinformationen zum Buch. Diese Funktionen müssen nun natürlich noch verwirklicht werden.

Das Formular frmBuchdaten.php erstellen

Die eigentliche Arbeit oder zumindest einen Teil davon übernimmt die Datei *frmBuchdaten.php*. Sie soll über URL-Parameter gesteuert werden und folgende Funktionen ausführen:

- Löschen eines Datensatzes, wenn als Aktion "D" übergeben wurde
- Anzeigen eines Formulars zur Datenänderung, wenn als Aktion "U" übergeben wurde
- Anzeigen eines Formulars zur Neueingabe von Daten, wenn kein Parameter übergeben wurde
- Weiterleiten auf eine Seite *lstZusatzinfos.php*, wenn als Parameter "Z" übergeben wurde

Zunächst einmal müssen Sie am Anfang der Seite also die verfügbaren Parameter ermitteln und abhängig davon unterschiedlichen Code ausführen. Wichtig ist zunächst festzustellen, ob der Parameter *Aktion* nicht übergeben wurden, und dann die entsprechende Variable auf den Wert "N" zu setzen. Nur dann können Sie später einwandfrei feststellen, dass ein neuer Datensatz erzeugt werden soll. Im Anschluss daran muss zwingend eine Weiterleitung erfolgen, falls die Aktion "Z" ist. Weiterleitungen werden in PHP nämlich erzeugt, indem ein bestimmter Header für die Datei angelegt wird. Der `http-Header` enthält Informationen, die der Browser auswerten und mit deren Hilfe er bspw. eine neue Seite laden kann. Ein solcher Header steht immer vor dem ersten HTML-Code der Seite und kann auch nur mit der `header`-Funktion von PHP erzeugt werden, wenn noch keine Ausgaben gemacht wurden. Als Ausgaben zählen aber auch Leerzeilen und Leerzeichen am Dateieinfang, Ausgaben, die mit `echo` oder `print` gemacht werden, oder einfacher HTML-Code wie der `<html>`-Tag der Seite.

HINWEIS

Aus diesem Grund ist es unbedingt erforderlich, dass die Weiterleitung am Anfang der Seite erfolgt und zwar noch bevor die INC-Dateien eingebunden werden. Die Weiterleitung erfolgt, indem Sie die `header`-Funktion aufrufen und als einzigen Parameter das Schlüsselwort `Location:` gefolgt von der Ziel-URL angeben. Dieser können Sie wie hier gezeigt auch URL-Parameter übergeben.

Mit der `exit`-Anweisung sorgen Sie dafür, dass die Skriptausführung dieser Seite unmittelbar nach Schreiben des Headers beendet wird. Der Server sendet nun die Seite, die nur aus dem Header besteht, an den Browser, der die Infos auswertet und auf die neue Seite weiterleitet.

```
<?
    import_request_variables("g","url_");
    if (@$url_Aktion==false)
    {
        $url_Aktion="N";
```

```
    }
    if ($url_Aktion=="Z")
    {
      header (
      "Location: lstZusatzinfos.php?ID=" . @$url_ID);
        exit;
    }

include "DBConnect.inc";
include "ausgabe.inc";
include "admin.inc";
?>
<html>
...
```

Den Code für alle übrigen Aktionen realisieren Sie wie gewohnt im <body>-Tag der Seite. Dazu reicht eine switch-Anweisung aus, die abhängig von der übergebenen Aktion unterschiedliche Funktionen aufruft.

```
<body>
<?
    switch ($url_Aktion)
    {
        case "N":
            echo ausgabeBuchFormular(-1);
            break;
        case "U":
            echo ausgabeBuchFormular($url_ID);
            break;
        case "D":
            echo DSLoeschen($url_ID,"ID","buecher",
              "lstBuchdaten.php");
            break;
    }
?>
</body>
```

Zum Löschen von Datensätzen jeglicher Art brauchen Sie nur eine einzige zu Funktion erstellen. Die können Sie bspw. in der *DBCon-*

nect.inc-Datei speichern. Alles, was Sie an Werten übergeben müssen, ist der Wert des Schüsselfeldes des zu löschenden Datensatzes, der Name des Schlüsselfeldes und der Name der Tabelle. Daraus können Sie die notwendige SQL-Anweisung bilden, um einen oder mehrere Datensätze aus beliebigen Tabellen zu löschen. Hier wird zusätzlich die URL für eine Folgeseite übergeben, mit deren Hilfe die Funktion dann einen Link generiert, der es ermöglicht, wieder auf eine Seite zurückzukehren, die weitere Aktionen ermöglicht.

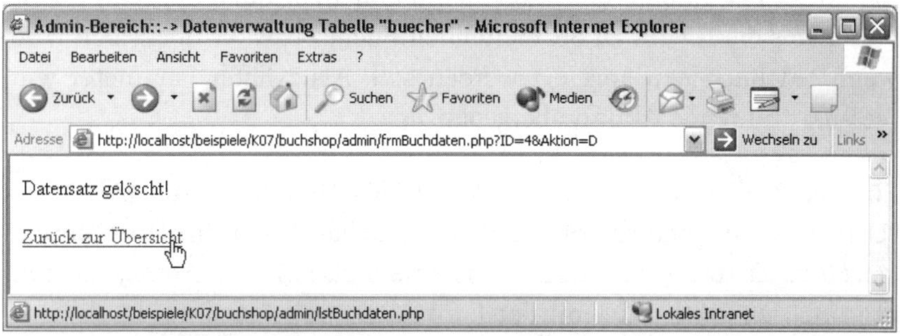

Abb. 7.4: Nach dem Löschen wird ein Link angezeigt, mit dem zur Datenliste zurückgekehrt werden kann

> **HINWEIS**
>
> Normalerweise hätten Sie natürlich nach Aufruf der `Conn`-Funktion erst einmal die Datenbank auswählen müssen. Aufgrund der Tatsache, dass dies immer wieder notwendig ist, wird die Anweisung `mysql_select_db` nun in der Funktion `Conn` aufgerufen.

```
function DSLoeschen($Schl,$SchlFeld,$Tab,$Url)
{
    $strSQL="DELETE FROM $Tab WHERE " .
        "$SchlFeld=$Schl";
    Conn();
    $Erg=mysql_query($strSQL);
    fehler();
    DisConn();
    if ($Erg==TRUE)
    {
```

```
            return "<p>Datensatz gelöscht!</p><p>" .
                getLink($Url,"Zurück zur Übersicht",
                "_self") . "</p>";
        }
    }
```

Sowohl für die Eingabe als auch für die Änderung der Daten ist ein Formular erforderlich. Als Basis dient das Formular *arrayFormular.php* aus dem Kapitel 5 *Such- und Eingabeformulare erstellen*. Allerdings wird der Code in eine Funktion *ausgabeBuchFormular* gepackt, der als Parameter die ID des zu bearbeitenden Buches bzw. -1 übergeben wird, wenn ein Buch neu angelegt werden soll. Als zweiter Parameter wird die auszuführende Aktion übergeben.

Für den Fall, dass ein Datensatz aktualisiert werden soll (Aktion = "U") ist es natürlich erforderlich, die aktuellen Daten im Formular anzeigen zu lassen. Dazu müssen Sie eine SQL-SELECT-Abfrage ausführen und den Datensatz mit der Funktion `mysql_fetch_assoc` als assoziatives Array zurückgeben. Dann können Sie über die Variable `Daten`, die das Array enthält, die aktuellen Werte über die `value`-Attribute der Eingabefelder bzw. als Inhalt des `<textarea>`-Elements einfügen. Sie müssen dabei aber den Operator @ voranstellen, damit Fehlermeldungen unterdrückt werden, die entstehen, wenn für die Neueingabe eines Datensatzes gar keine Daten aus der Datenbank abgerufen wurden.

```
function ausgabeBuchFormular($ID,$Aktion)
{
  global $DB;
  global $Conn;
  global $strBlindTab;
  $strTemp="<form action=\"aktBuch" .
        "daten.php\" method=\"post\">" .
        $strBlindTab;
  $arrFelder=array("ID","Titel",
    "Autor","Bild","Erscheinungsjahr",
    "Preis","ISBN","Beschreibung",
    "Status","Verlag","ASIN");
  $arrFeldbeschriftungen=array("Buch-ID",
```

```
    "Autor","Titel","Grafikname",
    "Erscheinungsjahr", "Preis",
    "ISBN","Beschreibung","Status",
    "Verlag","ASIN");

  //Verbindung zur mysql-Datenbank aufbauen
  Conn();
  fehler();
  $intI=-1;
  foreach ($arrFelder as $strFeld)
    {
      //Für jedes Feld im Array die Feldliste
      //nach dem Feldnamen durchsuchen.
      $Felder=mysql_list_fields(
          $DB,"buecher",$Conn);
      if ($Aktion=="U")
      {
          $strSQL="SELECT * FROM buecher " .
            "WHERE ID=$ID";
          $RS=mysql_query($strSQL);
          if ($RS==TRUE)
          {
              $Daten=mysql_fetch_assoc($RS);
          }
      }
      $I=0;
      $intI++;
        while($Feld=mysql_fetch_field($Felder))
      {
          if ($Feld->name==$strFeld)
          {
...
              if ($Feld->numeric==true)
              {
                $Zeile .="<td width=\"50%\">" .
                  "<input type='text'" .
                    " id='$Feld->name' name=" .
                  "'$Feld->name' value=\"" .
                  @$Daten[$Feld->name] .
                  "\"></td>";
              }
...
  $strTemp .="<tr><td><input " .
```

```
        "type=\"submit\" value=\"Senden" .
        "\" title=\"Senden\"></td><td>" .
        "<input type=\"hidden\" name=\"Akt" .
        "ion\" value=\"$Aktion\"></td>" .
        "</tr></table></form>";
    return $strTemp;
}
```

Das erzeugte Formular muss natürlich wiederum an eine Folgeseite geschickt werden, die für die Aktualisierung der Daten sorgt. Auch diese Seite muss über die notwendige Aktion informiert werden. Daher wird zusätzlich zu den notwendigen Formularfeldern ein verstecktes Feld *Aktion* eingefügt, in das der Wert des URL-Parameters *Aktion* geschrieben und mit den Formulardaten gesendet wird.

Abb. 7.5: Die gleiche Seite bei Aktion = "N" und Aktion = "U"

Nun fehlt noch die Folgeseite *aktBuchdaten.php*, die für die Aktualisierung, das Einfügen der Daten in die Datenbank, sorgt. Diese Seite ist allerdings recht einfach. Sie müssen nur abhängig von der übergebenen Aktion eine `UPDATE` oder `INSERT INTO`-Anweisung zusammensetzen, ausführen und einen Link zur vorherigen Seite einfügen.

```
...
<body>
<?
   import_request_variables("p","frm_");
   if ($frm_Aktion=="N")
   { //Aktion="N"
      $strSQL="INSERT INTO buecher (" .
         "Titel,Autor,Bild," .
         "Erscheinungsjahr,Preis" .
         ",ISBN,Beschreibung,Status" .
         ",Verlag,ASIN) VALUES (" .
         "'$frm_Titel','$frm_Autor'," .
         "'$frm_Bild',$frm_Erscheinungsjahr," .
         "$frm_Preis,'$frm_ISBN','" .
         "$frm_Beschreibung','$frm_Status'," .
         "'$frm_Verlag','$frm_ASIN');";
         $Ziel="index.php";
   }
   else
   { //Aktion="U"
      $strSQL="UPDATE buecher SET Titel=" .
         "'$frm_Titel',Autor='$frm_Autor',Bild=" .
         "'$frm_Bild',Erscheinungsjahr=" .
         "$frm_Erscheinungsjahr,Preis=$frm_Preis" .
         ",ISBN='$frm_ISBN',Beschreibung='" .
         "$frm_Beschreibung',Status='$frm_Status'," .
         "Verlag='$frm_Verlag',ASIN='$frm_ASIN'" .
         "WHERE ID=$frm_ID;";
         $Ziel="lstBuchdaten.php";
   }
   //Verbindung zur Datenbank herstellen
   Conn();
   $Erg=mysql_query($strSQL);
   fehler();
   DisConn();
   if ($Erg==TRUE)
   {
      echo "<p>Die Daten wurden " .
        "eingefügt/aktualisiert</p>";
      echo "<p>" . getLink($Ziel,
         "Zurück zur Übersicht","_self") . "</p>";
   }
?>
```

```
</body>
...
```

Damit haben Sie die Eingabe der Buchdaten realisiert. Was jetzt noch fehlt, sind die Seiten, die die Eingabe der Zusatzinformationen ermöglichen.

Zusatzinfos erfassen und verwalten

Die Erfassung der Downloads und zusätzlichen Informationen für die Bücher funktioniert im Prinzip nach dem gleichen Schema. Die Datei *lstZusatzinfos.php* listet alle Einträge zu dem als URL-Parameter übergebenen Buch auf und gibt sie tabellarisch aus. Wenn die Variable `Rechte` den Wert "admin" hat, wird zu jedem Eintrag auch ein Link zum Bearbeiten und Löschen angezeigt. Oberhalb der Tabelle wird zusätzlich ein Link für die Erzeugung eines neuen Eintrags angezeigt. Zur besseren Orientierung wird oberhalb der Tabelle ein Datensatz mit den wichtigsten Daten zum Buch ausgegeben.

Abb. 7.6: Die Seite zum Verwalten der Zusatzinfos

Der Code, der für die Ausgabe sorgt, ist verhältnismäßig kurz. Zunächst werden die Daten des Buches abgerufen und an die Funktion `getBuchdaten` übergeben. Der letzte Parameter der Funktion bestimmt, ob der Link zu den Buchdetails angezeigt wird.

HINWEIS

Damit der Link funktioniert, müssen Sie allerdings noch eine kleine Änderung an der Datei `lstBuchdaten.php` vornehmen. Sie müssen die URL-Parameter ermitteln und abhängig davon, ob die ID übergeben wurde, eine andere SQL-Anweisung ausführen.

Die Funktion `getBuchdaten` gibt einen Datensatz als `<tr>`-Element zurück, der somit noch in einen `<table>`-Tag eingefasst werden muss. Anschließend muss eine Linie als `<hr>`-Tag ausgegeben werden. Die Funktion `ausgabeZITab` erzeugt dann die Tabelle mit den Zusatzinformationen und gibt sie zurück.

```
<?
  import_request_variables("g","url_");
  include "DBConnect.inc";
  include "ausgabe.inc";
  include "admin.inc";
?>
<html>
<head>
<title>Admin-Bereich::-> Datenverwaltung Tabelle "zusatzinfos"</title>
<link href="../vorlagen/formate.css" rel="stylesheet" type="text/css">
<meta http-equiv="Content-Type" content="text/html; charset=iso-8859-
1">
</head>
<body>
<?
/* Liste der Zusatzinfos zu dem als ID
übergebenen Buch  ausgeben */
    echo "<h1>Bearbeiten der Zusatzinfos" .
        " für folgendes Buch:</h1>";
    //Buchinfos einzeilig ausgeben
    Conn();
    $RS=mysql_query("SELECT * FROM buecher " .
        "WHERE ID=$url_ID");
    fehler();
    if ($RS==True)
    {
        while ($DS=mysql_fetch_assoc($RS))
```

```
        {
            echo $strBlindTab . getBuchdaten(
                $DS["ID"],$DS["Titel"],$DS["Preis"],
                $DS["ISBN"],$DS["Status"],
                $DS["Erscheinungsjahr"],
                $cssBuchInhalt,TRUE) . "</table>";

        } //while
    } //if
    mysql_free_result($RS); //Speicher freigeben
    DisConn();
    echo "<hr/>";
    echo ausgabeZITab($url_ID);
?>
</body>
</html>
```

Für die Ausgabe der Daten aus der Tabelle *zusatzinfos* sorgen im Wesentlichen zwei Funktionen, nämlich ausgabeZITab und ausgabeZIZeile. Letztere gibt jeweils eine Tabellenzeile mit den Daten und Links zurück. Die Funktion ausgabeZITab ruft diese Funktion für jeden Datensatz auf, den die Abfrage geliefert hat, und sorgt zusätzlich bei einem Gruppenwechsel für die Anzeige des Feldes *Kurztext*. Nach diesem Feld werden die Datensätze sortiert, damit alle Downloads untereinander aufgeführt werden und alle Empfehlungen. Gespeichert sind beide Funktionen in der Datei *ausgabe.inc*. Problematisch ist bei der Ausgabe der Daten die Berechnung der Links. Immerhin kann auf Dateien der Anwendung verwiesen oder ein absoluter Pfad eingegeben werden. Das ist so lange kein Problem, wie nicht unterschiedliche Werte für das target-Attribut der Links angegeben werden. In der Regel sollen externe Links aber sicherlich in einem neuen Fenster angezeigt werden, während Links auf Seiten der Anwendung im gleichen Frame oder Fenster ausgeführt werden sollen. Somit ist eine Unterscheidung und die Erzeugung unterschiedlichen Codes unbedingt erforderlich. Im Beispiel sollen Dateien, die zum Download angeboten werden, in einem separaten Verzeichnis gesucht werden. Daher bietet es sich an, diese Dateinamen schon mit einem Schrägstrich eingeleitet einzugeben. Für Dateien, die sich im Stammverzeichnis der Anwendung befinden und keine Downloads sind, werden einfach nur deren Namen eingegeben und für Seiten außerhalb der Webseite die absolute Adresse. Das ermöglicht Ihnen eine eindeutige Unterscheidung. Sie müssen mit der substr-Funktion nur prüfen, ob das erste Zeichen des Feldwertes ein "/" ist. In diesem Fall ergänzen Sie einen relativen Pfad zum Downloadverzeichnis. Diese können Sie ähnlich wie das Bilderverzeichnis für die Grafiken sowohl in der *admin.inc*, als auch in der *ausgabe.inc* unterschiedlich definieren, damit die Links sowohl im Admin-Bereich als auch im Benutzerbereich funktionieren. Für URLs, die mit http beginnen, übergeben Sie an die Funktion getLink den Wert "_blank" als Ziel, für alle anderen Fälle "_self". Abhängig vom Wert der Variablen *Rechte* werden am Ende der Funktion noch zwei Zellen mit den Links zum Bearbeiten und Löschen ausgegeben bzw. alternativ zwei leere Zellen.

```
function getZIZeile($ID,$Beschreibung,
    $Link,$strFormat,$strFormatAdmin)
{
    //Gibt einen Datensatz Zusatzinfos als
    //eine Tabellenzeile zurück.
    global $Rechte;
    global $strDLPfad;
    $strZeile="<tr>";
    $strZeile .=getZelle($ID,$strFormat);
    if (substr($Link,0,1)=="/")
    {
        $strZeile .="<td class=\"" .
            "$strFormat\">" . getLink(
            $strDLPfad . $Link,
            $Beschreibung, "_self") .
            "</td>";
    }
    elseif (substr($Link,0,4)=="http")
    {
        $strZeile .="<td class=\"" .
            "$strFormat\">" . getLink(
            $Link,$Beschreibung, "_blank") .
            "</td>";
    }
```

```
        else
        {
            if ($Rechte=="admin")
            {
                $Link="../" . $Link;
            }
            $strZeile .="<td class=\"" .
                "$strFormat\">" . getLink(
                $Link,$Beschreibung, "_self") .
                "</td>";
        }
        if ($Rechte=="admin")
        {
            $strZeile .=
                "<td class=\"$strFormatAdmin\">" .
                getLink("frmZusatzinfos.php?ID" .
                "=$ID&amp;Aktion=U","bearbeiten",
                "_self") . "</td>";
            $strZeile .=
                "<td class=\"$strFormatAdmin\">" .
                getLink("frmZusatzinfos.php?ID" .
                "=$ID&amp;Aktion=D","löschen",
                "_self") . "</td>";
        }
        else
        {
           $strZeile .=getZelle("",$strFormat) .
               getZelle("",$strFormat);
        }
        $strZeile .="</tr>\n";
        return $strZeile;
    }
```

Die Eingabe der Daten erfolgt auch hier wieder über ein Formular, das bis auf wenige Änderungen identisch mit dem zur Eingabe der Buchdaten ist. Lediglich die Feldnamen und Beschriftungen in den Arrays müssen angepasst werden sowie die SQL-Anweisungen, die bei einer Datenänderung die Daten aus der Datenbank ermittelt. Bei der Neueingabe der Daten müssen Sie außerdem sicherstellen, das im Feld *Buchnr* die *ID* des Buches angezeigt wird, die im Falle der Neueingabe als Parameter *ID* an die Funktion übergeben wird. Dazu müssen Sie, immer wenn ein Feld des Arrays in der Feldliste gefunden wurde, prüfen, ob es sich um das Feld *Buchnr* handelt. In diesem Fall weisen Sie einer Variablen `Wert` den Parameter *ID* zu, andernfalls eine leere Zeichenfolge. Falls der Parameter `Aktion` den Wert "U" und nicht "N" hat, wird der Variablen der Wert der ausgelesenen Daten zugewiesen. In den Anweisungen, die für die Ausgabe der Formularfelder sorgen, brauchen Sie dann nur noch die Variable auszugeben.

```
function ausgabeZIFormular($ID,$Aktion)
    {
    //Bei Aktion="U" ist ID die Datensatz-ID,
    //Bei Aktion="N" ist ID die Buchnr.
    //Gibt ein Formular zur Eingabe bzw.
    //Änderung der Buchdaten zurück.
      global $DB;
      global $Conn;
      global $strBlindTab;
      $strTemp="<form action=\"aktZI" .
            "daten.php\" method=\"post\">" .
            $strBlindTab;
      $arrFelder=array("ID","Buchnr",
        "Kurztext","Beschreibung","Link");
      $arrFeldbeschriftungen=array("ID",
        "Buch",
        "Kurztext (Downloads|Errata|Empfehlungen)",
        "Beschreibung","Ziel-URL (nur Dateiname)");
      //Verbindung zur mysql-Datenbank aufbauen
...
            $intI++;
              while($Feld=mysql_fetch_field($Felder))
            {
                if ($Feld->name==$strFeld)
                {
                    //gesuchtes Feld gefunden
                    //Wert ermitteln
                    if (($Aktion=="N") &&
                      ($Feld->name=="Buchnr"))
                    {
                        $Wert=$ID;
                    }
                    else
                      && ($Feld->name!="Buchnr"))
```

```
                    {
                        $Wert=""; };

                    if ($Aktion=="U")
                    {
                        $Wert=@$Daten[$Feld->name];
                    }
                    //Ausgabe starten
...
    }
```

Abb. 7.7: Das Formular bei der Neueingabe – die Buchnummer wird automatisch eingetragen

> **HINWEIS**
> Wenn Sie möchten, dass die gleiche Tabelle mit den Zusatzinfos auch unterhalb der Bücher auf der Seite `lstBuchdaten.php` angezeigt wird, können Sie in der bisher noch leeren Funktion `getZusatzinfos` ebenfalls die Funktion `ausgabeZITab` aufrufen und deren Rückgabewert aus der Funktion zurückgeben.

```
function getZusatzinfos($ID)
{
    //Gibt Zusatzinfos zum Buch zurück
    return ausgabeZITab($ID);
}
```

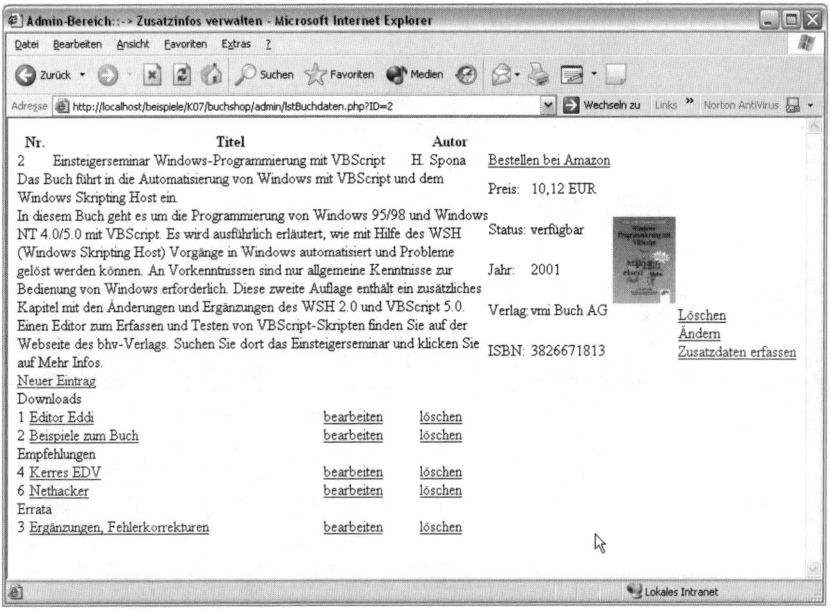

Abb. 7.8: Die gleiche Tabelle eignet sich auch zur Ergänzung der Buchdaten

Damit ist der Admin-Bereich der Anwendung prinzipiell fertig gestellt. Die Formatierungen müssen zwar noch erfolgen, die wichtigsten Funktionen sind jedoch vorhanden. Zunächst sollen daher die Funktionen für die Benutzer realisiert werden, bevor dann noch einige Verbesserungen am Code und die Formatierung erfolgt.

Buchanzeige und Suchfunktion programmieren

Für den Benutzer der Anwendung benötigen Sie zunächst eine Seite, mit der eine Buchliste mit allen Büchern angezeigt werden kann, über die der Benutzer dann die Details einblenden kann. Dazu eignet sich bspw. schon die Funktion `getBuchdaten`, mit der Sie die wichtigsten Buchdaten ausgeben können. Mit ihrer Hilfe ist die Liste ganz schnell erstellt.

Buchliste und Detaildaten anzeigen

HINWEIS

Damit das funktioniert, dürfen Sie natürlich nicht vergessen, die beiden aktuellen Dateien *DBConnect.inc* und *ausgabe.inc* aus dem *admin*-Verzeichnis in das Stammverzeichnis der Anwendung zu kopieren.

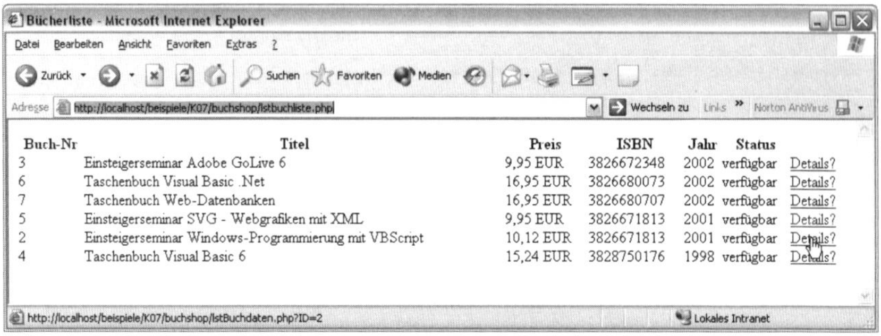

Abb. 7.9: So soll die Liste unformatiert einmal aussehen

Für diese Liste sind nur ein paar Codezeilen erforderlich. Nach dem Import der INC-Dateien am Anfang der Datei führen Sie eine SQL-Abfrage durch, die alle Datensätze der Tabelle *buecher* in der gewünschten Reihenfolge zurückgibt, und rufen für jeden Datensatz die Funktion `getBuchdaten` auf.

Innerhalb der Schleife, die die Datensätze durchläuft, bestimmt die Variable `intI`, wie viele Datensätze schon geschrieben wurden. Abhängig davon, ob es sich um eine ungerade oder gerade Zahl von Datensätzen handelt, wird eine andere CSS-Klasse zugewiesen, indem der Variablen `strFormat` ein anderer Wert zugewiesen wird. Das bewirkt, dass die Datensätze bei geeigneten Formaten in der CSS-Datei abwechselnd formatiert werden können.

```
<?
include "DBConnect.inc";
include "ausgabe.inc";
```

```
?>
<html>
<head>
<title>Bücherliste</title>
<link href="formate.css" rel="stylesheet" type="text/css">
<meta http-equiv="Content-Type" content="text/html; charset=iso-8859-
1">
</head>
<body>
<?
    Conn();
    $RS=mysql_query("SELECT * FROM buecher " .
        "ORDER BY Erscheinungsjahr DESC," .
        "Titel ASC;");
    fehler();
    echo $strBlindTab;
    $intZeile=0;
    if ($RS==True)
    {
        echo "<tr>" . getHead("Buch-Nr",
            $cssBuchKopf) .
            getHead("Titel",$cssBuchKopf) .
            getHead("Preis",$cssBuchKopf) .
            getHead("ISBN",$cssBuchKopf) .
            getHead("Jahr",$cssBuchKopf) .
            getHead("Status",$cssBuchKopf) .
            getHead("",$cssBuchKopf) . "</tr>";
        while ($DS=mysql_fetch_assoc($RS))
        {
            $intZeile++;
            if (($intZeile % 2)==0)
            {
                $strFormat=$cssBuchDaten2;
            }
            else
            {
                $strFormat=$cssBuchDaten1;
            }
            echo getBuchdaten(
                $DS["ID"],$DS["Titel"],$DS["Preis"],
                $DS["ISBN"],$DS["Status"],
                $DS["Erscheinungsjahr"],
                $strFormat,TRUE);
```

```
        } //while
    } //if

    mysql_free_result($RS); //Speicher freigeben
    DisConn();
    echo "</table>";
?>

</body>
</html>
```

Die Seite, mit der die Detaildaten angezeigt werden können, brauchen Sie nicht neu zu erstellen. Hier reicht es aus, eine Kopie der Datei `lstBuchdaten.php` aus dem Admin-Bereich in das Stammverzeichnis der Anwendung zu kopieren und dort die dritte `Include`-Anweisung zu löschen.

```
<?
include "DBConnect.inc";
include "ausgabe.inc";
//include "admin.inc";
import_request_variables("g","url_");
?>
<html>
<head>
<title>Buchdetails</title>
...
```

Eine Stichwortsuche realisieren

Für die Stichwortsuche eignet sich bspw. das Formular *frmTextsuche.htm* aus Kapitel 5 und das zugehörige Skript *textsuche.php*. Beide Dateien werden als Basis für die Anwendung genutzt. Das Formular können Sie unverändert aus der Datei *frmTextsuche.htm* übernehmen. Wenn Sie möchten, können Sie aber natürlich noch Hinweistexte hinzufügen. Als Folgeseite für das Formular sollten Sie die Datei *lstBuchliste.php* angeben, also die Buchliste. Diese müssen Sie dann nämlich nur noch um wenige Anweisungen ergänzen. Zunächst importieren Sie die Formulardaten mit der Funktion import_request_variables und prüfen dann, ob es einen Wert frm_Operator gibt. In diesem Fall wurden Formulardaten gesendet, da der Operator ja in jedem Fall im Formular gewählt wurde. Wenn das der Fall ist, weisen Sie der Variablen strSQL die SQL-Anweisung aus der Datei *textsuche.php* zu, die nur die Daten aus der Tabelle *buecher* ermittelt, die den Sortierkriterien genügen.

Wurden keine Parameter übergeben, weisen Sie der Variablen wieder die zuvor schon in der Seite verwendete SQL-Anweisung zu und führen dann die SQL-Anweisung in der Variablen strSQL aus.

```
<?
     import_request_variables("p","frm_");
     if (@$frm_Operator)
     {
        $strSQL="SELECT * FROM buecher " .
         "WHERE (buecher.Beschreibung Like" .
         " \"%$frm_Suchtext1%\") $frm_Operator " .
         "(buecher.Beschreibung Like " .
         "\"%$frm_Suchtext2%\") " .
         "OR (buecher.Titel Like" .
         " \"%$frm_Suchtext1%\") $frm_Operator " .
         "(buecher.Titel Like " .
         "\"%$frm_Suchtext2%\") " .
         "ORDER BY buecher.Erscheinungsjahr DESC," .
         " buecher.Preis DESC, buecher.Titel ASC ;" ;
     }
     else
     {
        $strSQL="SELECT * FROM buecher " .
      "ORDER BY Erscheinungsjahr DESC," .
      "Titel ASC;";
     }
   Conn();
   $RS=mysql_query($strSQL);
...
```

Funktionen optimieren

Es gibt einige Funktionen der Anwendung, die zwar zurzeit funktionieren, aber noch etwas optimiert werden müssen. Dazu gehört die Funktion `getBild`, die dazu genutzt wird, den `<img>`-Tag für die Einbindung der Cover zu erzeugen und zurückzugeben. Solange die Grafikdateien vorhanden sind, funktioniert der bisherige Code. Wenn sie jedoch fehlen, zeigt der Browser einen Platzhalter für das Bild an, wie er bei normalen fehlerhaften Bildverknüpfungen auch erscheint. Das hinterlässt natürlich einen schlechten Eindruck. Besser wäre es, wenn bei Anzeige der Grafik im Admin-Bereich eine Fehlermeldung erscheinen würde, aus der ersichtlich ist, welche Datei nicht vorhanden ist, und im Benutzerbereich in diesem Fall ein eigener Platzhalter angezeigt wird. Außerdem sollten Sie eine Variable vorsehen, die steuert, ob um die Grafik ein Rahmen eingefügt wird und welche Stärke er hat.

Um das zu realisieren, brauchen Sie zunächst einmal eine Grafik, die Sie als Platzhalter verwenden. Hier wird eine Grafik mit dem Namen *coverleer.jpg* benutzt, die die gleichen Maße hat, in der die Covergrafiken eingefügt werden, also 66 x 90. Nun müssen Sie am Anfang der Datei *ausgabe.inc* noch zwei Variablen definieren, eine, die die Platzhaltergrafik definiert, und eine zweite, die die Rahmenstärke vorgibt.

```
<?PHP
    //ausgabe.inc
...
    $strCoverleer="coverleer.jpg";
    $strCoverborder="1";
    $strBlindTab="<table cellspacing=\"0\" " .
      "cellpadding=\"0\" border=\"0\" " .
      "width=\"100%\">";
...
```

Jetzt müssen Sie noch die Funktion `getBild` abändern und dort zunächst die beiden Variablen mit dem Schlüsselwort `global` für die Funktion verfügbar machen. Auch die Variable `Rechte` benötigen Sie natürlich, weil ja im Admin-Bereich eine Fehlermeldung erscheinen soll. Anschließend müssen Sie prüfen, ob die Bilddatei funktioniert. Dazu können Sie die file_exists-Funktion verwenden. Ihr übergeben Sie den absoluten oder relativen Pfad zur Datei und den Dateinamen als eine Zeichenkette. Sie gibt TRUE zurück, wenn die Datei vorhanden ist, ansonsten FALSE. Für den Fall, dass die Datei vorhanden ist, müssen Sie nur die Variable strCoverborder in den <img>-Tag einbauen, indem Sie sie als Wert für das border-Attribut zuweisen.

```
function getBild($strURL, $strAlt)
{
    global $strBildPfad;
    global $Rechte;
    global $strCoverleer;
    global $strCoverborder;
    //Prüfen, ob Datei vorhanden ist.
    if (file_exists("$strBildPfad$strURL"
        )==TRUE)
    {
        return "<img border=\""  .
            "$strCoverborder\" src=\"" .
            "$strBildPfad$strURL\" alt=\"" .
            "$strAlt\" width=\"66\" height=\"" .
            "90\" align=\"right\">";
    }
...
```

Falls die Datei aber nicht vorhanden ist, müssen Sie prüfen, welchen Wert die Variable Rechte hat. Wenn sie den Wert "admin" hat, geben Sie den Namen und Pfad der Datei als Alt-Text für die Grafik aus und fügen außerdem das style-Attribut dem Tag hinzu, mit dem Sie die Schriftfarbe auf Rot setzen. Das führt dann dazu, dass der Name und Pfad der fehlenden Datei in roter Schrift auf dem Platzhalter für die Grafik angezeigt werden.

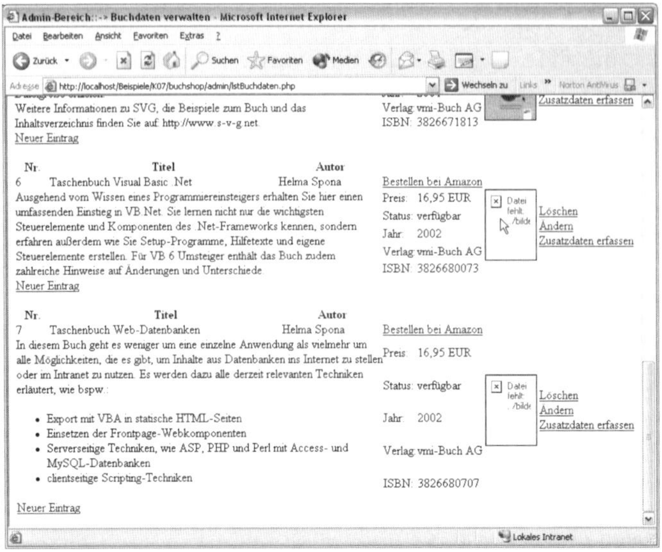

Abb. 7.10: Die erzeugten Fehlermeldungen im Admin-Bereich

```
...
        else
        {
            if ($Rechte=="admin")
            {
                return "<img border=\"" .
                    "$strCoverborder\"  src=\"" .
                    "$strBildPfad$strURL\" " .
                    "style=\"color:red\" " .
                    "alt=\"Datei fehlt: " .
                    "$strBildPfad$strURL\"" .
                    " width=\"66\" height=\"90\"" .
                    " align=\"right\">";
            }
...
```

Wenn die Seite im Benutzerbereich ausgeführt wird, soll statt einer Fehlermeldung natürlich eine ordentliche Grafik angezeigt werden. Sie müssen also anstelle des Bildnamens die Variable `strCoverleer` angeben.

```
...
            else
            {
                return "<img border=\"" .
                    "$strCoverborder\"  " .
                    "src=\"$strBildPfad" .
                    "$strCoverleer\" " .
                    "alt=\"$strAlt\"" .
                    " width=\"66\" height=\"90\"" .
                    " align=\"right\">";
            }
        }
    }
```

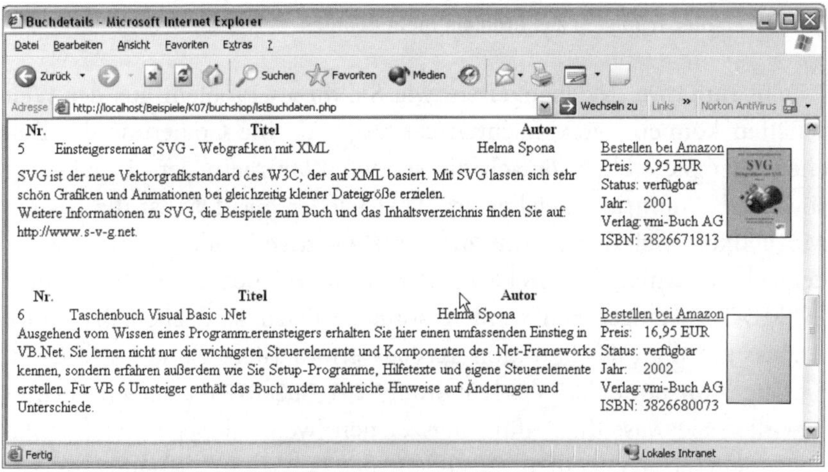

Abb. 7.11: Im Benutzerbereich wird anstelle der nicht vorhandenen Datei der definierte Platzhalter angezeigt

Eine weitere problematische Funktion ist `strConv`. Sie wandelt zwar wie gewünscht die Sonderzeichen in HTML-Code um, das hat jedoch den unangenehmen Nebeneffekt, dass bei Eingaben von HTML-Tags in die Texte diese natürlich mit ausgegeben werden. Zur Gliederung von Texten sind HTML-Tags aber manchmal erforderlich.

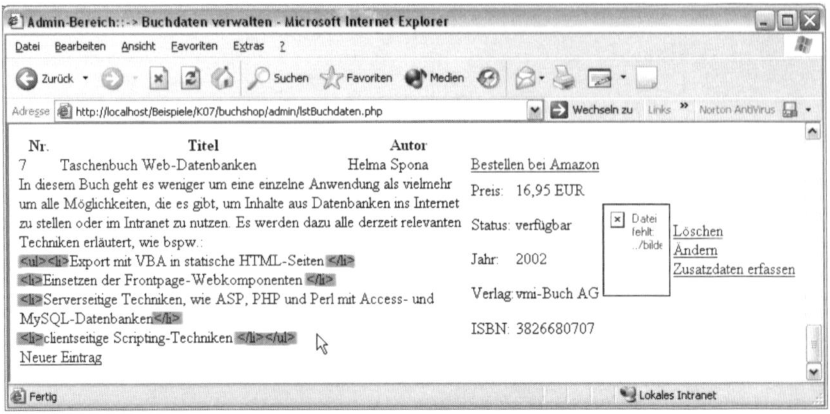

Abb. 7.12: Hier zeigt sich das Problem recht deutlich

Es gibt nun zwei Möglichkeiten, wie Sie dieses Problem aus der Welt schaffen können. Sie verzichten generell auf eine Codierung der Zeichen oder Sie stellen danach die spitzen Klammern der HTML-Tags sowie die Anführungszeichen im Text wieder her. Das ist die bessere Möglichkeit, weil damit zwar einerseits wichtige Sonderzeichen wie die deutschen Umlaute korrekt codiert werden, andererseits aber auch HTML-Tags eingegeben werden können. Dazu sind ebenfalls einige Anpassungen an der Funktion `strConv` erforderlich. Zunächst müssen Sie die Konstante `ENT_QUOTES` durch `ENT_NOQUOTES` ersetzen. Damit bewirken Sie, dass die Anführungszeichen (weder doppelte noch einfache) nicht ersetzt werden. Nachdem die Funktion `htmlentities` alle anderen Sonderzeichen durch HTML-Code ersetzt hat, müssen Sie nun noch die Codierungen für die Zeichen "<" und ">" wieder durch diese Zeichen ersetzen, um die HTML-Tags in den Texten wieder herzustellen.

Dazu können Sie die `str_replace`-Funktion verwenden. Sie erwartet drei Parameter. Der erste bestimmt die Zeichenfolge, die gesucht werden soll, der zweite die Ersatzzeichenfolge und der dritte den zu durchsuchenden Text. Die Funktion gibt dann die geänderte Zeichenfolge zurück.

Wenn Sie möchten, dass an den Stellen im Text, an denen ein Zeilenumbruch vorhanden ist, ein `<br>`-Tag ausgegeben wird, können Sie auch das mit der `str_replace`-Funktion erreichen, indem Sie nach `"\n"` suchen und dieses Zeichen durch `"<br>"` ersetzen.

```
function strConv($strText)
{
    $strTemp=htmlentities($strText,
      ENT_NOQUOTES,"ISO-8859-15");
    // &lt; durch < ersetzen
    $strTemp=str_replace('&lt;', "<", $strTemp);
    // &gt; durch > ersetzen
    $strTemp=str_replace('&gt;', ">", $strTemp);
    //Absatzendemarken durch <br> ersetzen
    //$strTemp=$strText;
    $strTemp=str_replace("\n", "<br>", $strTemp);
    return $strTemp;
}
```

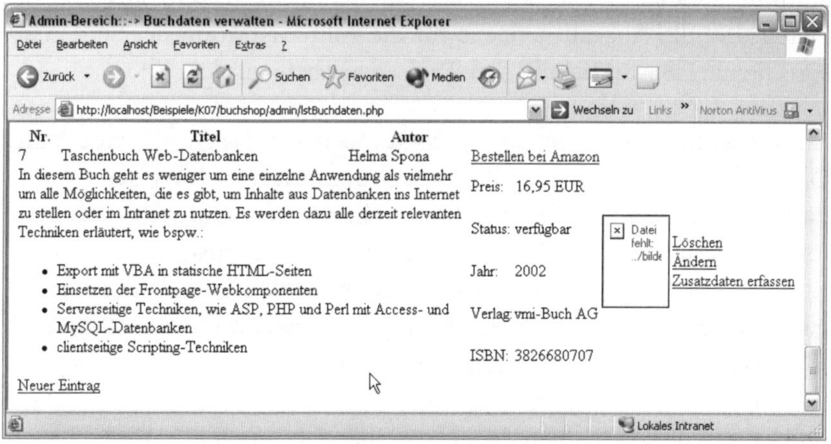

Abb. 7.13: Das Ergebnis dieser Änderungen ist korrekte HTML-Code und dennoch korrekt codierte Sonderzeichen im Text

HINWEIS

Wenn Sie nur selbst die Daten eingeben, ist diese Umwandlung sinnvoll, nicht jedoch, wenn unbearbeitete und unkontrollierte Benutzereingaben von Besuchern bearbeitet werden sollen, wie bspw. bei Formularen für Gästebucheinträge und Foren. Hier sollten Sie den Einsatz von HTML unterbinden, indem Sie eine Funktion wie die ursprüngliche Funktion `strConv` einsetzen, da Sie damit Links auf strafbare Inhalte unterbinden und außerdem auch vermeiden, dass findige Besucher Code einfügen, der bspw. illegale Dialer beim Betrachten Ihres Gästebuchs auf dem Rechner des Besuchers installiert.

Formatierung

Die Formatierung der Anwendung ist zu 100 % mit CSS (Cascading Style Sheets) möglich. Das liegt daran, dass von vornherein für bestimmte Elemente der Seite, wie Spaltenüberschriften, ausgegebene Daten und die Ausgabebereiche für die Administration der Seite, entsprechende CSS-Klassen in den Tags angegeben wurden.

Alles, was Sie zur Formatierung noch machen müssen, ist, eine Datei *formate.css* zu erstellen und diese im Stammverzeichnis der Anwendung zu speichern. In dieser Datei erstellen Sie dann die CSS-Elemente für die verwendeten HTML-Elemente und die zugewiesenen CSS-Klassen. Da die CSS-Klassennamen in Variablen gespeichert wurden (siehe *ausgabe.inc*), die im Code nur verwendet werden, ist es auch jederzeit möglich, die CSS-Klassen umzubenennen. Dazu wählen Sie dann einen Namen Ihrer Wahl für die CSS-Klasse in der CSS-Datei und weisen diesen Namen der entsprechenden Variablen zu.

Gleichzeitig heißt das auch, dass Sie für alle in der Datei *ausgabe.inc* definierten CSS-Klassen Formate in der CSS-Datei erstellen müssen. Das soll nachfolgend geschehen. Dazu sind folgende CSS-Klassen zu erstellen.

- buchtitel
- buchinhalt
- buchdaten1
- buchdaten2
- buchdatentitel1
- buchdatentitel2
- ZIZeile1
- ZIAdmin1
- ZIAdmin2
- ZIZeile2
- BuchAdmin1
- BuchAdmin2
- Amazonlink
- Titel

Außerdem müssen Sie noch Formatierungen für die Elemente `<a>`, `<td>`, `<th>`, `<body>`, `<ul>`, `<li>`, `<hr>`, `<p>`, `<div>`, `<span>` und die Überschriften `<h1>` bis `<h6>` festelgen. Damit sollten Sie beginnen. Erstellen Sie zunächst die Elementstile für die Elemente und weisen Sie diesen die Schriftart, Schriftgröße und Schriftfarbe zu.

HINWEIS

Nachfolgend werden relative Schriftgrößen in % verwendet. Das hat für den Besucher den Vorteil, dass er bei einer Sehschwäche die Standardschriftgrößen seines Browsers ändern kann und dann auch die Schriftgrößen der Anwendung entsprechend vergrößert werden. Wenn er bspw. als Standardschriftgröße 16 Pixel einstellt, werden alle Elemente der Seite, die mit einer Schriftgröße von 100 % formatiert sind, entsprechend mit 16 Pixel dargestellt.

```
body,p,td,th,ul,li,div,a,h1,h2,h3,h4,h5,h6,h7 {
  font-family: "Palatino Linotype","Palatino",
  Garamond,Georgia,"Times New Roman", Times, serif;
  font-size: 100%;
  color: #663366;
}
h1 {font-size: 250%}
h2 {font-size: 220%}
h3 {font-size: 200%}
h4 {font-size: 150%}
h5 {font-size: 130%}
h6 {font-size: 120%}
```

Abb. 7.14: Das Ergebnis: Schriften und Schriftgrößen werden zugewiesen

Die CSS-Klassen erstellen

Zunächst sollten Sie sich jetzt den CSS-Klassen widmen, damit Sie einen grundlegenden Eindruck der formatierten Seite bekommen, bevor Sie sich an die Detailformatierungen für die HTML-Elemente machen.

Das Format *buchtitel* soll die Titelzeile der Buchdaten formatieren. Das könnte bspw. folgendermaßen aussehen. Die Angabe von `text-align:left` ist notwendig, um den Text linksbündig auszurichten. Lassen Sie die Angabe weg, würden die Texte zentriert ausgerichtet werden, weil sie innerhalb eines `th`-Elements stehen.

```
.buchtitel{
    font-style: normal;
    font-weight: bold;
    color: #CCCCCC;
    background-color: #663366;
    text-align:left;
}
```

Abb. 7.15: Das Zwischenergebnis der Formatierungen

Die Formate `buchinhalt`, `buchdaten1`, `buchdaten2`, `buchdatentitel1` und `buchdatentitel2` legen die wesentlichen Formatierungen der Buchliste und der Seite mit den Buchdetails fest. Wenn Sie die Buchdaten als Preis, ISBN, Verlag etc. so formatieren möchten, dass die Titel hervorgehoben werden und dass jede zweite Zeile heller ist als die dazwischen liegenden, müssen Sie über die `background-color`-Eigenschaft unterschiedliche Hintergrundfarben festlegen. Im Beispiel wird für `buchdatentitel1` ein etwas dunklerer Ton verwendet als für `buchdaten1`. Für die Formate `buchdaten2` und `buchdatentitel2` gilt das Gleiche. Sie werden im Beispiel etwas heller formatiert.

Das Format buchinhalt bestimmt die Formatierung für die Zellen, die das Cover, die Beschreibung, den Autor, Titel und die ID beinhalten. Die Angabe text-align: justify legt Blocksatz für diese Zellen fest. Dies ist allerdings eine Formatierung, die noch nicht alle Browser unterstützen. In allen Formatierungen werden die CSS-Eigenschaften padding, margin-left und margin-right verwendet. Sie bestimmen die Abstände der formatierten Elemente nach innen (padding) und nach außen (margin). padding: 8px heißt also, dass die Inhalte der Zellen einen Abstand von 8 Pixel von jedem Zellrand einhalten. Mit margin-left: 5px legen Sie hingegen fest, dass die Zelle links einen Abstand von 5 Pixel zur benachbarten Zelle hat. Die Angabe white-space: nowrap; legt fest, ob ein Zeilenumbruch innerhalb der Zelle erfolgen darf. Mit nowrap wird er ausgeschaltet. Das kann allerdings dazu führen, dass Inhalte bei zu kleinem Fenster nicht mehr ohne horizontales Scrollen sichtbar sind.

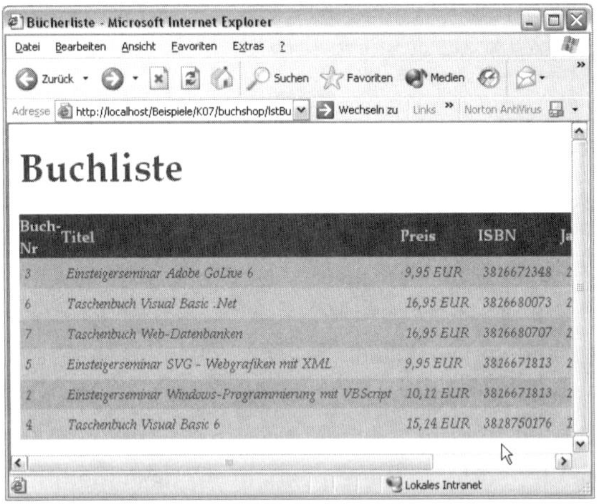

Abb. 7.16: Nur mit vertikalem Scrollen ist nun der rechte Teil der Tabelle sichtbar

```
.buchinhalt{
    font-size: 90%;
    font-style: italic;
    background-color: #E2C6FF;
    text-align: justify;
```

```
    vertical-align: middle;
    padding: 8px;
    margin-left:5px;
    margin-right:5px;
}
.buchdaten1{
    background-color: #CC99FF;
    font-size: 90%;
    font-style: italic;
    padding: 5px;
    margin-left:5px;
    margin-right:5px;
    white-space: nowrap;
}
.buchdaten2{
    background-color: #D9B3D9;
    font-size: 90%;
    font-style: italic;
    padding: 5px;
    margin-left:5px;
    margin-right:5px;
    white-space: nowrap;
}
.buchdatentitel1{
    background-color: #BF80FF;
    font-size: 90%;
    font-style: italic;
    font-weight: bold;
    padding: 5px;
    margin-left:5px;
    margin-right:5px;
    white-space: nowrap;
}
.buchdatentitel2{
    background-color: #D1A5D1;
    font-size: 90%;
    font-style: italic;
    font-weight: bold;
    padding: 5px;
    margin-left:5px;
    margin-right:5px;
    white-space: nowrap;
}
```

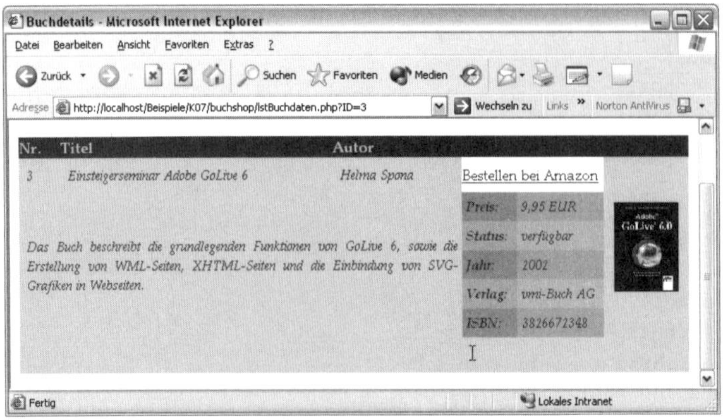

Abb. 7.17: Der neue Zwischenstand

Für die Formatierung des Amazon-Links ist ein weiteres Format erforderlich, das Format *Amazonlink*. Es formatiert die Zelle mit dem Link hier in Pink mit weißer Schrift.

```
.Amazonlink{
    font-weight: bold;
    background-color: #FF00FF;
    color:white;
    padding:3px;
}
```

Auch die Links im Admin-Bereich müssen nun natürlich noch formatiert werden, indem Sie die Formatierungen für die CSS-Klassen `BuchAdmin1` und `BuchAdmin2` definieren. Die formatierten Links haben unterschiedliche Farben: abwechselnd Gelb und Orange.

HINWEIS

Damit die horizontalen Linien zwischen den Buttons nicht doppelt so dick wirken, sollten Sie für eines der Formate nur einen rechten und linken Rand mit `border-left` und `border-right` definieren und die horizontalen Rahmenlinien weglassen.

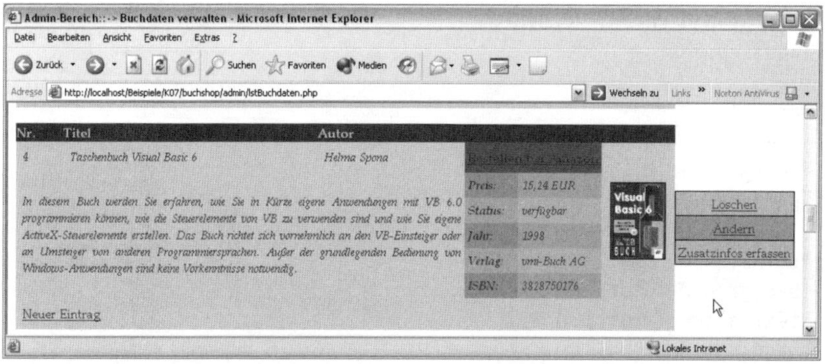

Abb. 7.18: Die formatierten Links zum Verwalten der Buchdaten

```
.BuchAdmin1{
    background-color: #FFCC00;
    text-align: center;
    vertical-align: middle;
    border: 1px solid #000000;
    margin:5px;
    padding:3px;
}
.BuchAdmin2{
    background-color: #FF9900;
    text-align: center;
    vertical-align: middle;
    border-left: 1px solid #000000;
    border-right: 1px solid #000000;
    margin:5px;
    padding:3px;}
```

Nun müssen noch die Zusatzinfos formatiert werden. Die Kurztexte, die als Überschriften verwendet werden, sind dazu mit der CSS-Klasse `Titel` versehen und können darüber sehr einfach formatiert werden. Für die Daten innerhalb der Rubriken gibt es dann zwei Formate `ZIZeile1` und `ZIZeile2`, die bei unterschiedlicher Definition für eine abwechselnde Formatierung der Zeilen sorgen.

```
.ZIZeile1{
    font-size: 90%;
    font-style: italic;
```

```
    background-color: #CC99FF;
    padding:3px;
}
.ZIAdmin1{
    background-color: #FFCC00;
    text-align: right;
    padding: 3px;
}
.ZIAdmin2{
    background-color: #FF9900;
    text-align: right;
    padding: 3px;
}
.ZIZeile2{
    font-size: 90%;
    font-style: italic;
    background-color: #CC66FF;
    padding:3px;
}
.Titel{
    background-color:#663366;
    font-size: 110%;
    font-style: italic;
    color: #FFFFFF;
}
```

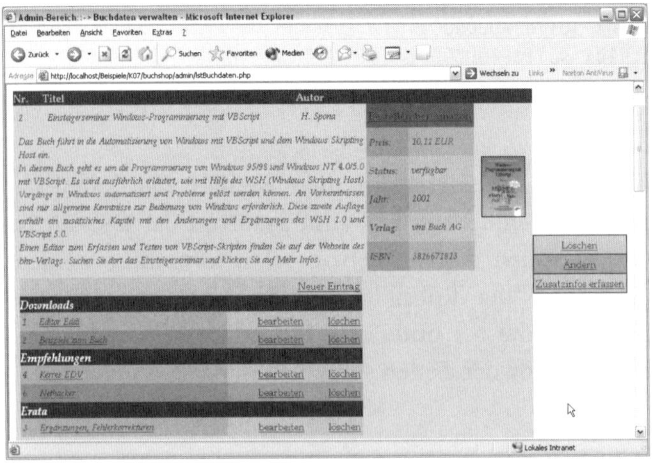

Abb. 7.19: Die fertig formatierte Seite im Admin-Bereich

Details festlegen

Einige Details wie bspw. die Formatierung von Aufzählungen und die Ausrichtung der Inhalte in Tabellenzellen, für die nichts anderes bestimmt ist, können Sie mit Formatierungen für die Elemente `td` und `ul` bestimmen. Wenn Sie die Inhalte in Tabellenzellen mit `vertical-align:top` nach oben ausrichten, erscheinen vor allem kurze Texte nicht so auseinander gezogen. Für Listen können Sie bspw. festlegen, dass statt der standardmäßig angezeigten Punkte Quadrate als Aufzählungszeichen verwendet werden.

Dazu geben Sie `list-style-type:square` an. Die Formatierungen für waagerechte Linien definieren Sie für den `<hr>`-Tag. Hier wird dazu eine untere Linie von einem Pixel Höhe definiert, die durchgezogen ist und in Dunkellila formatiert ist.

```
td {
    vertical-align: top;
}
ul {
    list-style-type: square;
}
hr {
    border-top-width: 1px;
    border-top-style: solid;
    border-top-color: #330033;

}
```

Viel wichtiger als diese Kleinigkeiten ist aber die Formatierung der Hyperlinks. Die legen Sie über den Elementstil für den `<a>`-Tag und die Pseudoklassen `a:hover`, `a:link`, `a:visited`, `a:active` fest. Sie definieren die Formatierungen für gehoverte Links, normale Links, bereits besuchte Links und aktive Links.

> **HINWEIS**
>
> Die Eigenschaft `text-decoration:none` bestimmt, dass Links nicht unterstrichen dargestellt werden. Das ist zwar augenblicklich groß in Mode, Sie sollten aber dennoch darauf achten, dass die Links auch irgendwie als solche erkennbar sind. Hier werden Links fett formatiert und gepunktet unterstrichen. Dazu müssen Sie folgende Style-Sheets erstellen.

```
a
{
    border-bottom-width:1px;
    border-bottom-style:dotted;
    border-bottom-color:black;
    text-decoration:none;
    font-weight: bold;
}
a:link{color:white}
a:visited{color:silver}
a:hover{color:#FFCCFF}
a:active{color:#FF00CC}
```

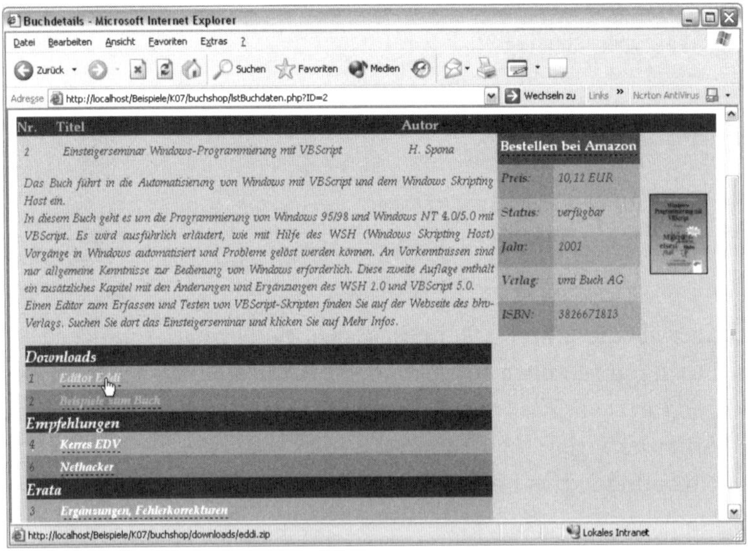

Abb. 7.20: Die fertig formatierte Seite

7.2 Foren programmieren

Alle Foren funktionieren im Prinzip nach dem gleichen Schema. Es werden Fragen gestellt und auf diese geantwortet. Alle Fragen und Antworten, die sich auf eine Ursprungsfrage beziehen, bilden einen Thread und werden in der Regel der Übersicht wegen baumartig untereinander angezeigt.

Das größte Problem bei Foren ist aber nicht die Verwaltung der Threads, sondern vielmehr, eine sichere Eingabe der Daten zu gewährleisten. Sie müssen verhindern, dass die Benutzer des Forums

- HTML-Code eingeben können, der ungefiltert in der Webseite angezeigt wird. Damit könnten nämlich mit Hilfe von iFrames und iLayern Sicherheitslücken von Browsern genutzt werden, um Viren, Würmer und Trojaner über Ihr Forum zu verbreiten.
- Webadressen eingeben können, die auf illegale Seiten oder auf Seiten Ihrer Konkurrenz führen.

Sie können natürlich an die Vernunft und Ehrlichkeit Ihrer Besucher appellieren und ihnen mitteilen, dass sie bestimmte Formalien einhalten sollen. Ob sie das aber tun, ist eine andere Sache. Besser ist es in jedem Fall, die Eingaben zu kontrollieren und sicherzustellen, dass keine HTML-Codes enthalten sind. Wenn Sie das schon bei der Eingabe machen, haben Sie sogar die Möglichkeit, im Admin-Bereich des Forums als Administrator HTML-Code einzugeben. Wie das funktioniert, zeigt das hier vorgestellte Beispiel.

Dabei wird ein sehr einfaches Forum realisiert, das dazu genutzt wird, zu jedem Buch des zuvor realisierten Buchshops Fragen zu stellen, die dann vom Administrator der Seite beantwortet werden können. Fragen und Antworten sollen dann neben den Zusatzinfos zu den Buchdetails angezeigt werden. Die Antworten des Administrators sollen optisch hervorgehoben werden.

HINWEIS

Da das Forum die vorher erstellte Anwendung ergänzt, werden einige Funktionen genutzt, die bereits hierfür erstellt wurden. Dies gilt vor allem für die Funktionen in der Datei *ausgabe.inc*.

Aufbau des Forums

Das Forum nutzt als Basis die bereits in den vorangegangenen Kapiteln verwendete Tabelle *faq* der Datenbank. Sie besteht aus den Feldern *ID, Buchnr, Name, Frage* und *Antwort* und das Feld *Zeit* vom Typ *Timestamp*. Mit Hilfe dieses Feldes können Zeit und Datum von Fragen und Antworten nachvollzogen werden. Stellt ein Benutzer eine Frage, wird ein neuer Datensatz in dieser Tabelle erstellt. Im Admin-Bereich der Seite, der wie im vorher gezeigten Buchshop realisiert wird, erhält der Administrator dann die Möglichkeit, darauf zu antworten. Sind zu einem Buch noch keine Fragen und Antworten erfasst, soll neben dem obligatorischen Link "Frage stellen" auch ein Text mit einer kurzen Erläuterung angezeigt werden.

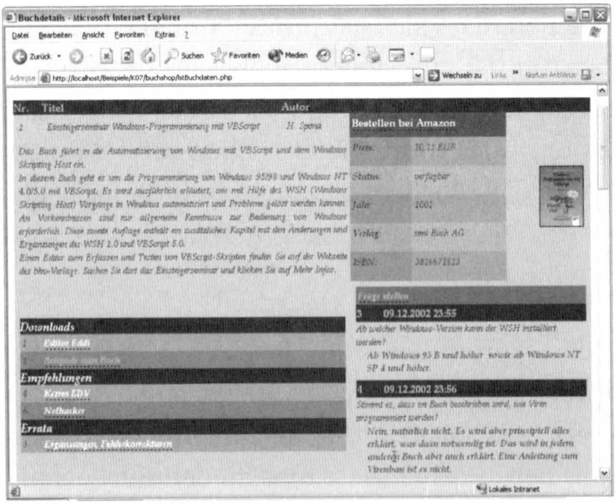

Abb. 7.21: Rechts neben den Zusatzinfos können die Fragen und Antworten angezeigt werden

Admin-Bereich für das Forum programmieren

Der Admin-Bereich des Forums besteht wieder aus Dateien, die im Unterverzeichnis *admin* der Anwendung liegen und die die Datei *admin.inc* importieren. Die gleichen Seiten, nur ohne die Datei *admin.inc* und im Stammverzeichnis der Anwendung, kann dann der Benutzer verwenden, so dass die Seiten nicht doppelt programmiert werden müssen. Sie sollten also zunächst damit beginnen, die Anzeige der Fragen und Antworten zu programmieren, und danach das Formular zur Eingabe.

Die Anzeige soll über die Funktion `getFAQ` in der Datei *ausgabe.inc* erfolgen, die bisher nur ein Leerzeichen zurückgibt, aber bereits bei Anzeige der Buchdaten aufgerufen wird. Sie müssen also nicht anderes tun, als die Funktion so zu ändern, dass sie eine komplette Tabelle mit den Fragen und Antworten zum Buch zurückgibt. Das ist im Prinzip ganz einfach. Es gibt nur zwei erwähnenswerte Besonderheiten. Die eine ist die SQL-Abfrage.

Wenn Sie das TIMESTAMP-Feld als Datum anzeigen lassen möchten, haben Sie ein kleines Problem. TIMESTAMP-Felder in MySQL-Datenbanken speichern die Datumswerte in einem anderen Format, als PHP sie erwartet, wenn von Timestamps die Rede ist. Sie können daher nicht einfach den Feldwert mit der `date`-Funktion von PHP in ein gültiges Datum konvertieren. Das müssen Sie schon in der Abfrage machen. Mit der MySQL-Funktion `DATE_FORMAT` können Sie den Wert des Timestamp-Feldes jedoch problemlos in eine gültige formatierte Datumsangabe umwandeln. Hier wird daher diese Funktion verwendet und das Ergebnis unter dem Namen *Datum* im Abfrageergebnis geführt. Der Funktion übergeben Sie als ersten Parameter den zu formatierenden Datumswert oder wie hier das TIMESTAMP-Feld und als zweiten Wert eine Zeichenfolge mit den Angaben zur Formatierung.

Da bei Fehlen von Fragen zu einem Buch stattdessen ein Hinweistext angezeigt werden soll, müssen Sie nach dem Ausführen der SQL-

Abfrage auch noch prüfen, wie viele Datensätze zurückgegeben wurden. Dazu wird hier die Funktion mysql_num_rows verwendet. Ihr übergeben Sie das Abfrageergebnis und sie gibt die Anzahl Datensätze zurück, die im Ergebnis enthalten sind.

```
function getFAQ($ID)
{
  global $cssFAQDaten;
  global $cssFAQFrage;
  global $cssFAQAntwort;
  global $cssFAQLinks;
  global $cssFAQAdmin;
  global $Rechte;
  global $strBlindTab;
  //Gibt die FAQ zum Buch zurück
  $strTab=$strBlindTab;
  //Datenbankverbindung herstellen
  //und Daten abrufen
  Conn();
  $RS=mysql_query("SELECT ID,Name," .
    "DATE_FORMAT(Zeit, '%d.%m.%Y %H:%i') " .
    "AS Datum," .
    "Frage,Antwort,Buchnr FROM faq WHERE" .
    " Buchnr=$ID ORDER BY Zeit");
  fehler();
  //Link ausgeben
  $strTab .="<tr><td class=\"" .
    $cssFAQLinks . "\" colspan=" .
    "\"3\">" . getLink("frmFAQ.php?Buchnr=" .
    $ID,"Frage stellen","_self") .
    "</td></tr>";
  if (mysql_num_rows($RS)==0)
  {
    $Text="Sie haben hier die Möglichkeit, " .
      "Fragen zum Buch zu stellen. Diese" .
      " werden dann an dieser Stelle " .
      "angezeigt und in den nächsten " .
      "Tagen hier beantwortet werden!";
    $strTab .="<tr><td class=\"" .
        $cssFAQLinks . "\" colspan=" .
        "\"3\">" . strConv($Text) .
        "</td></tr>";
```

```
    }
    else
    {
      //Daten ausgeben
      while ($Daten=mysql_fetch_assoc($RS))
      {
        //erste Zeile
        $strTab .="<tr>" . getZelle(
          $Daten["ID"],$cssFAQDaten) .
          getZelle($Daten["Name"],
          $cssFAQDaten) . getZelle(
          $Daten["Datum"]
          ,$cssFAQDaten) .
          "</tr>";
        //zweite Zeile
...
    //vierte Zeile
           if ($Rechte=="admin")
           {
           $strTab .="<tr><td class=\"" .
              $cssFAQAdmin . "\" " .
              ">" . getLink("frmFAQ.php?ID=" .
              $Daten["ID"],"beantworten","_self") .
              "</td><td class=" .
              "\"$cssFAQAdmin\"> </td>" .
              "<td class=\"$cssFAQAdmin\" >" .
              getLink("aktFAQdaten.php?ID=" .
              $Daten["ID"] . "&amp;Aktion=D",
              "löschen","_self") .
              "</td></tr>";
           }
      } //while
    } //if
    DisConn();
    $strTab .="</table>";
    return $strTab;
  }
```

Die Daten der Tabelle werden in vier Tabellenzeilen ausgegeben. Die ersten drei enthalten die Daten, die letzte enthält im Admin-Bereich einen Link auf das Formular für die Eingabe der Antwort.

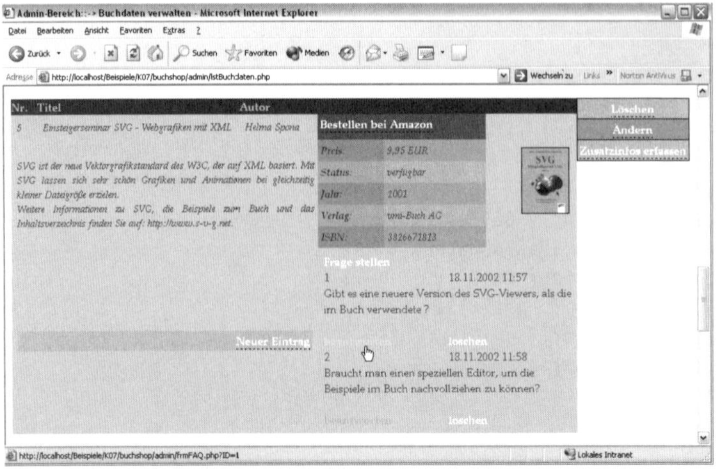

Abb. 7.22: Die Anzeige der Fragen und Antworten funktioniert, noch fehlt aber die Formatierung

Das Eingabeformular realisieren

Das Eingabeformular für die Fragen und Antworten wird auf die gleiche Weise erstellt, wie das Eingabeformular für die Zusatzinfos zu den Büchern aus dem vorherigen Beispiel. Es ergeben sich allerdings ein paar kleine Unterschiede, weil dieses Formular ja sowohl zur Administration als auch von den Benutzern genutzt werden soll. Diese sollen nur Fragen stellen können, brauchen also nur ihren Namen und die Frage einzugeben. Der Administrator soll jedoch alle Daten anpassen und ändern können. Dazu müssen im Admin-Bereich also alle Felder angezeigt werden, bis auf das TIMESTAMP-Feld. Das lässt sich mit Hilfe der Arrays recht einfach bewerkstelligen, Sie müssen ja nur, abhängig vom Wert der Variablen `Rechte`, unterschiedliche Werte in die Arrays einfügen.

```
function ausgabeFAQFormular($ID,$Aktion)
    {
    //Bei Aktion="F" ist ID die Buchnr,
    //Bei Aktion="A" ist ID die Datensatz-ID.
    //Gibt ein Formular zur Eingabe bzw.
```

```
    //Änderung der Fragen und Antworten
    //zum Buch zurück.
      global $DB;
      global $Conn;
      global $strBlindTab;
      //$arrFelder="";
      //$arrFeldbeschriftungen="";
      $strTemp="<form action=\"aktFAQ" .
            "daten.php\" method=\"post\">" .
            $strBlindTab;
      if ($Aktion=="F")
      {
          $arrFelder=array("Name","Frage");
          $arrFeldbeschriftungen=array("Ihr Name",
          "Bitte tragen Sie hier Ihre Frage ein");
      }
      if($Aktion=="A")
      {
          $arrFelder=
           array("ID","Name","Frage","Antwort");
          $arrFeldbeschriftungen=
           array("ID","Name","Frage","Antwort");
      }
      //Verbindung zur mysql-Datenbank aufbauen
...
```

Die Buchnummer, über die der Datensatz einem bestimmten Buch zugeordnet wird, muss natürlich auch an die Folgeseite übermittelt werden. Damit aber keine Änderung daran möglich ist, wird sie als verstecktes Feld am Ende des Formulars eingefügt. Die befindet sich im Parameter ID der Funktion, falls als Aktion der Wert "F" (für Frage eingeben) übergeben wurden. Wenn der Parameter *Aktion* den Wert "A" (für Antwort) hat, speichert der Parameter die *ID* des Datensatzes in der Tabelle *faq*.

```
...
    //Ausgabe des versteckten Feldes mit der Buch-Nr:
        if ($Aktion=="F")
        {
            $Wert=$ID;
        }
```

```
        else
        {
            $Wert=@$Daten["Buchnr"];
        }
        $strTemp .="<tr><td colspan=\"2\">" .
            "<input type=\"hidden\" " .
            "value=\"$Wert\" id=\"Buchnr\"" .
            " name=\"Buchnr\"></td></tr>";
        mysql_free_result($Felder);
...
```

Auch auf der Folgeseite des Formulars *aktFAQdaten.php* gibt es eine Besonderheit. Sie müssen sicherstellen, dass bei der Eingabe einer Frage durch einen Besucher eventuell eingefügter HTML-Code entfernt wird, ohne aber den Inhalt zwischen Anfangs- und Endtag zu löschen. Bevor Sie also die SQL-Anweisungen bilden, die ausgeführt werden sollen, müssen Sie nach HTML-Tags in den Eingaben suchen und diese durch leere Zeichenfolgen ersetzen. Dazu wird hier die Funktion `eregi_replace` eingesetzt, die einen regulären Ausdruck sucht und durch eine leere Zeichenfolge "" ersetzt. Der bearbeitete Text wird dann wieder der ursprünglichen Variablen zugewiesen, die den Formularwert enthält.

HINWEIS

Näheres zu dieser Funktion und dem Aufbau regulärer Ausdrücke finden Sie im Kapitel 2 "*PHP-Grundlagen*".

Hier wurde außerdem darauf verzichtet, die Anforderung zum Löschen eines Datensatzes über das Eingabeformular zu realisieren. Stattdessen verweist der Link direkt auf die Seite *aktFAQdaten.php* und übergibt als URL-Parameter die Datensatznummer und die auszuführende Aktion "L" (löschen). Aus diesem Grund ist es wichtig, dass Sie mit der `import_request_variables`-Funktion nicht nur die per `POST` gesendeten Daten importieren, sondern auch die mit `GET` übermittelten. Sie müssen daher als ersten Parameter "pg" übergeben.

```
...
<?
    import_request_variables("pg","frm_");
    if ($frm_Aktion=="F")
    { //Aktion="F"
        //HTMLCode entfernen
        $strWert=$frm_Frage;
        $strWert=eregi_replace (
            "<[^>]*(>){1}", "", $strWert);
        $frm_Frage=$strWert;
        $strWert=$frm_Name;
        $strWert=eregi_replace (
            "<[^>]*(>){1}", "", $strWert);
        $frm_Name=$strWert;
...
```

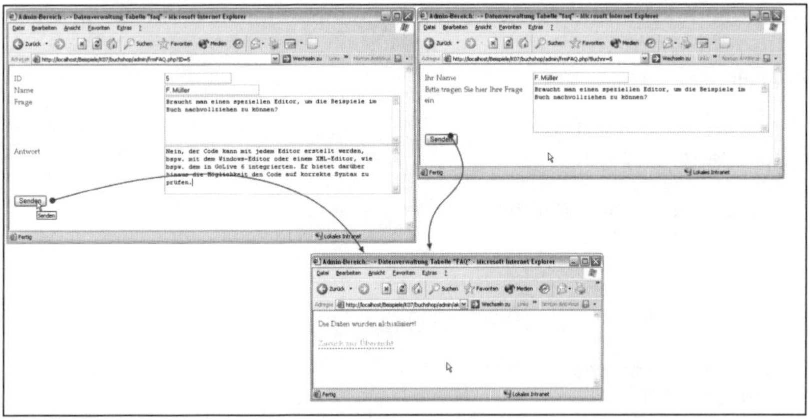

Abb. 7.23: Mit einer Seite kann sowohl das Formular für die Benutzer als auch das für die Administration erstellt werden

Den Benutzerbereich ergänzen

Um den Benutzerbereich zu erstellen, brauchen Sie nun nichts weiter zu machen, als die Dateien *frmFAQ.php*, *frmFAQdaten.php* und *ausgabe.inc* aus dem *admin*-Verzeichnis in das Stammverzeichnis der Anwendung zu kopieren. Anschließend passen Sie den Pfad zur CSS-Datei an und löschen die `include`-Anweisung zum Import der Datei *admin.inc*.

```
<?
include "DBConnect.inc";
include "ausgabe.inc";
//include "admin.inc";
?>

<html>
<head>
<title>Verarbeiten Ihrer Daten ...</title>
<link href="formate.css" rel="stylesheet" type="text/css">
...
```

Formatierungen zuweisen

Zum Schluss fehlt noch die Formatierung. Dazu müssen Sie die CSS-Datei um folgende CSS-Klassen erweitern. Das reicht aus, und schon werden die Fragen und Antworten ansprechend formatiert.

```
.Faqdaten
{
    font-style: normal;
    font-weight: bold;
    color: #CCCCCC;
    background-color: #663366;
    text-align:left;
    padding:2px;
}
.Faqfrage
{
    font-style:italic;
    font-size:90%;
    text-align:block;
}
.Faqantwort
{
    font-style:italic;
    font-size:90%;
    text-align:block;
    color: #CC00FF;
    font-weight:bold;
    padding-bottom:10px;
}
.Faqlinks{
    font-style:italic;
    font-size:90%;
    text-align:justify;
```

```
    font-weight:bold;
    background-color: #9966CC;
    padding:4px;
}
.FaqAdminlinks
{
    font-style:italic;
    font-size:90%;
    text-align:center;
    font-weight:bold;
    background-color: #FFCC00;
    padding:4px;
}
```

7.3 Zusammenfassung, Fragen und Übungen

Zusammenfassung

- Durch Ausgliedern von Code in Funktionen lässt sich Code problemlos wieder verwenden.
- Werden Formulare für die Dateneingabe benötigt, können sie recht flexibel halbautomatisch aus Arrays für eine bestimmte Tabelle erzeugt werden.
- Versteckte Formularfelder verhindern Manipulationen durch den Benutzer.
- Bei Benutzereingaben, die unkontrolliert auf der Seite angezeigt werden, ist es wichtig, HTML-Code auszufiltern, weil dies ein Sicherheitsrisiko darstellt.
- Das lässt sich recht einfach durch die Suche nach regulären Ausdrücken bewerkstelligen.
- Namen von zu verwendenden CSS-Klassen sollten in einer INC-Datei als Variablen definiert werden. Das ermöglicht eine einfache Verwendung im Code und eine problemlose nachträgliche Änderung der CSS-Klassennamen.

Zusammenfassung

- Eine Seite kann für mehrere Aktionen, wie Einfügen, Aktualisieren und Löschen von Datensätze verwendet werden, wenn dazu eine Kennung für die durchzuführende Aktion an die Seite übermittelt wird.
- Mit Parametern lassen sich auch universell einsetzbare Funktionen zum Löschen von Daten erstellen.

Fragen und Übungen

1. Wie müssen Sie die Seiten ändern, damit der Titel der Seiten auch abhängig vom Wert der Variablen `Rechte` automatisch gesetzt wird? Ändern Sie die Seite *lstBuchdaten.php* im Admin-Bereich so, dass abhängig vom Variablenwert entweder "Administration Buchdetails" oder "Anzeige Buchdetails" als Titel verwendet wird.
2. Passen Sie den Code der Seite *lstBuchdaten.php* so an, dass Name und Pfad zur CSS-Datei ebenfalls automatisch abhängig von der Einbindung der Datei *admin.inc* gesetzt wird.
3. Ergänzen Sie die Seite so, dass nur dann die Datei *admin.inc* importiert wird, wenn das übergeordnete Verzeichnis der Seite *admin* heißt. Den Namen des Verzeichnisses können Sie mit der Funktion `getcwd` ermitteln. Deren Rückgabewert können Sie an die Funktion `pathinfo` zurückgeben, die ein assoziatives Array zurückgibt, dessen Element "basename" den Namen des übergeordneten Verzeichnisses, also *admin*, liefert.
4. Gibt es eine einfachere Möglichkeit, das gleiche Ergebnis wie in Aufgabe 3 zu erreichen, ohne dass der Admin-Bereich ein Verzeichnis mit einem bestimmten Namen sein muss? Wenn ja, wie?

Lösungen

Hier finden Sie die Lösungen für die Übungen am Kapitelende. Bitte beachten Sie, dass vor allem Programmieraufgaben in der Regel mehr als eine Lösung haben. Ihre ist nicht falsch, nur weil hier eine andere beschrieben wird. Richtig ist jede Lösung, die das gewünschte Ergebnis erreicht.

Kapitel 1:

1. Ein Webserver ist ein Programm, das HTTP- und HTTPS-Anforderungen des Browsers bearbeitet und die vom Browser angeforderten Seiten an diesen überträgt. Ausgestattet mit verschiedenen Add-Ons kann ein Webserver auch serverseitige Skripte ausführen und liefert dann nur deren Ergebnisse an den Browser.
2. Der PHP-Interpreter dient dazu, in den Webseiten enthaltene PHP-Skripte auszuführen.
3. Das Stammverzeichnis des Webservers ist das Standardverzeichnis des Webservers, dem alle anderen Verzeichnisse und virtuelle Verzeichnisse untergeordnet sind. Beim IIS ist dies das Verzeichnis *\INETPUB\WWWRoot*, beim Apache Server das Verzeichnis *\Apache\htdocs*.
4. Ein Unterverzeichnis ist zwingend dem Stammverzeichnis untergeordnet, das physische Verzeichnis, das dem virtuellen Verzeichnis zugeordnet ist, kann irgendwo auf einer beliebigen Festplatte oder einem Netzwerklaufwerk liegen, das vom Webserver aus erreichbar ist.
5. Die URL lautet: *http://localhost/Beispiele*.

Kapitel 2:

1. Die Anweisung gibt den Text "*Die Variable hat den Wert $Wert1!*" aus. Es wird nicht der Wert der Variablen ausgegeben, weil der Text, in dem die Variable enthalten ist, in Hochkommata eingeschlossen ist.

2. Bei der ersten Zuweisung wird der Variablen `Zahl1` der Wert der Variablen `Zahl2` zugewiesen. Spätere Änderungen der Variablen `Zahl2` wirken sich nicht auf die Variable `Zahl1` aus. Die zweite Zuweisung weist der Variablen `Zahl3` einen Zeiger auf die Variable `Zahl2` zu. Wenn anschließend der Wert der Variablen `Zahl2` geändert wird, ändert sich damit auch der Wert der Variablen `Zahl3`.
3. Eine abweisende Schleife ist eine Schleife, die vor dem Schleifendurchlauf eine Eintrittsbedingung prüft. Nur wenn die erfüllt ist, wird die Schleife betreten. Ansonsten wird die Schleife gar nicht ausgeführt.
4. Eine Zahl ist gerade, wenn sie durch zwei teilbar ist. Das ist dann der Fall, wenn die ganzzahlige Division (Modulo) durch 2 keinen Rest liefert. Sie brauchen also nur zu prüfen, ob der Ausdruck `$Wert%2==0` wahr ist. In diesem Fall ist die Zahl, die in der Variablen `Wert` gespeichert ist, gerade.
5. Der reguläre Ausdruck `"<[^>]*(>){1}"` stellt jeden HTML-Tag dar. Um speziell den `<br>`-Tag zu definieren, würde auch folgender Ausdruck genügen: `"<(br|br /){1}(>){1}"`.

Kapitel 3:

1. Es gibt keinen Unterschied. Beide Anweisungen geben alle Felder der Tabelle *buecher* zurück und sortieren sie aufsteigend nach dem Feld *ID*. Die aufsteigende Sortierung ist Standard und wird auch verwendet, wenn Sie das Schlüsselwort `ASC` nicht angeben.
2. Das Zeichen * ist ein Platzhalter, der alle Felder der Tabelle darstellt.
3. Ein TIMESTAMP-Feld ist ein Feld, das einen Zeitstempel enthält. Das ist eine Datums- und Zeitangabe, die automatisch in das Feld eingefügt wird, wenn der Datensatz erzeugt wird. Mit solchen Feldern lässt sich somit exakt nachvollziehen, wann die Daten gespeichert wurden, ohne dass Sie selbst das Datum in die Zelle schreiben müssen.

4. Der niedrigste Wert wird über die MIN-Funktion oder wahlweise durch aufsteigende Sortierung und die Ausgabe von maximal einem Datensatz ermittelt. Die dazu notwendigen SQL-Anweisungen lauten:

```
SELECT MIN(ID) FROM buecher;
SELECT ID FROM buecher ORDER BY ID ASC LIMIT 0,1;
```

5. Die WHERE-Bedingung könnte lauten: WHERE Preis < 10.

Kapitel 4:

1. DieFunktion mysql_connect stellt eine Verbindung zum MySQL-Server her.
2. Bei einigen MySQL-Funktionen von PHP ist es möglich, die Datenbank anzugeben, die verwendet werden soll. In diesem Fall muss die Datenbank nicht extra selektiert werden. Vor der Anwendung anderer MySQL-Funktionen muss die Datenbank jedoch zunächst mit mysql_select_db ausgewählt werden?
3. Der Code führt eine SQL-Anweisung aus, die in der Variablen strSQL gespeichert ist. Das Ergebnis dieser Abfrage wird in der Variablen RS gespeichert. Die while-Schleife dient nun dazu, die einzelnen Datensätze auszulesen. Dazu wird die Funktion mysql_fetch row verwendet, die jeweils eine Zeile aus der Datensatzgruppe zurückgibt und dann den Datensatzzeiger auf den nächsten Datensatz vorrückt. Der Datensatz wird in der Variablen zeile gespeichert und die Schleife abgebrochen, falls kein Datensatz abgerufen werden konnte. Innerhalb der Schleife wird jeweils eine Tabellenzeile ausgegeben. Die foreach-Schleife durchläuft die Felder des Datensatzes und gibt diese als Tabellenzellen innerhalb eines td-Elements aus.
4. Der Aufruf der Funktion mysql_free_result sorgt dafür, dass der Speicher, der von der Variablen RS belegt wird, wieder freigegeben wird.
5. Durch eine Fehlermeldung in einer INC-Datei wird standardmäßig der Name und Pfad der Datei ausgegeben. Das ermöglicht es Hackern, die INC-Datei herunterzuladen. Wenn in dieser Datei dann

Kennwörter bspw. für den Zugriff auf die Datenbank gespeichert sind, werden diese dadurch dem Hacker bekannt. Wenn Sie wichtige Kennwörter speichern möchten, sollten Sie eine INC-Datei erstellen, die nichts weiter als dieses Kennwort definiert. Diese Datei kann dann keine Fehler verursachen und somit ist das Kennwort weitgehend sicher.

Kapitel 5:

1. Daten, die mit der Methode `GET` gesendet werden, sind als URL-Parameter in der Adresszeile des Browsers sichtbar. Damit kann nur eine begrenzte Menge Daten übertragen werden. Wie viele Zeichen zulässig sind, hängt vom Browser ab. Daten, die mit `POST` gesendet werden, werden unsichtbar übertragen. Damit können auch sehr große Datenmengen übertragen werden.
2. Mit dem ersten Parameter der Funktion `import_request_variables` bestimmen Sie, welche Art Daten importiert werden müssen. Geben Sie "p" an, werden nur mit `POST` gesendete Daten importiert, bei "g" werden Daten importiert, die mit `GET` übertragen wurden. "gp" überträgt beide Datentypen. Der zweite Parameter bestimmt das Präfix, das vor die Feldnamen der gesendeten Formulardaten gesetzt wird. Geben Sie hier "`frm_`" an und heißt das Formularfeld, auf das Sie zugreifen möchten, *ID*, lautet die Variable mit dem Formularfeld `frm_ID`.
3. Über das `name`-Attribut eines Formularfeldes legen Sie den Namen des Feldes fest, über den Sie dann nach dem Senden der Daten auf die Feldwerte zugreifen können. Viele Browser senden aber auch den Wert des `id`-Attributs als Feldnamen, wenn Sie nur das Attribut `id`, aber nicht `name` angeben.
4. Bei Auswahllisten kann durch Angabe des Attributs `selected` im `<option>`-Tag angegeben werden, dass dieser Listeneintrag vorausgewählt sein soll.
5. Die Folgeseite eines Formulars definieren Sie über das `action`-Attribut des `<form>`-Tags. Die Seite, die Sie dort angeben, erhält die gesendeten Daten und muss diese folglich auswerten können.

6. Am einfachsten lassen sich Steuerelemente zu ihren Beschriftungen oder zueinander ausrichten, indem Sie eine Tabelle verwenden. Dort fügen Sie dann Steuerelemente und Beschriftungen neben- oder untereinander in separate Zellen ein.

Kapitel 6:

1. Bei der integrierten Windows-Authentifizierung werden die Kennwörter verschlüsselt an den Server gesendet. Das unterstützt aber nur der Internet Explorer. Bei der Standardauthentifizierung erfolgt eine unverschlüsselte Sendung.
2. Eine *.htaccess*-Datei legt bestimmte Einstellungen für den Apache-Webserver fest wie bspw. Zugriffsrechte auf das Verzeichnis, in dem sich die Datei befindet. Für jedes Verzeichnis kann eine eigene *.htaccess*-Datei erstellt werden.
3. Die Verzeichnissicherheit der Webserver ist sehr hoch. Bei einem korrekt konfigurierten Webserver, bei dem regelmäßig Sicherheitslücken durch Service-Packs geschlossen werden, ist es so gut wie unmöglich, unberechtigt an Dateien in geschützten Verzeichnissen zu gelangen.

Kapitel 7:

1. Erstellen Sie in der Datei *ausgabe.inc* eine Funktion wie die folgende und rufen Sie diese mit `<title><? echo getTitel('Buchdetails') ?></title>` in der PHP-Datei auf.

```
function getTitel($strTitel)
{
    global $Rechte;
    if ($Rechte=="admin")
    {
        return "Administration " . $strTitel;
    }
    else
    {
        return "Anzeige " . $strTitel;
    }
}
```

2. Wenn Sie die Möglichkeit haben möchten, jederzeit für die Administration eine andere CSS-Datei zu verwenden als für die öffentlichen Seiten, sollten Sie in der Datei *ausgabe.inc* und in der Datei *admin.inc* jeweils die gleiche Variable verwenden, die den Namen und Pfad der CSS-Datei definiert. Diese geben Sie dann einfach mit `echo` an der richtigen Stelle aus.

   Definition in der Datei *ausgabe.inc*:

   ```
   $strCSS="formate.css";
   ```

   Definition in der Datei *admin.inc*:

   ```
   $strCSS="../formate.css";
   ```

   Ausgabe in der PHP-Seite:

   ```
   <link href="<? echo $strCSS ?>" rel="stylesheet" type="text/css">
   ```

3. Löschen Sie dazu die `include`-Anweisung für die Datei *admin.inc* und fügen Sie stattdessen folgenden Code ein.

   ```
   $Pfad=pathinfo(getcwd());
   if ($Pfad["basename"]=="admin")
   {
       include "admin.inc";
   }
   ```

4. Es gibt eine andere Möglichkeit. Fügen Sie vor das Schlüsselwort `include` den Operator `@` ein, der die Fehlermeldung unterdrückt, wenn die Datei nicht vorhanden ist, und stellen Sie dann sicher, dass nur in dem Verzeichnis, das als Admin-Bereich dient, die Datei *admin.inc* vorhanden ist. Die `include`-Anweisung sollte also lauten: `@include "admin.inc";`.

Anhang

Nachfolgend finden Sie ein paar wichtige Auflistungen, die Sie bei der Programmierung mit PHP und MySQL sicherlich gut brauchen können.

A.1 Wichtige Zeichen für reguläre Ausdrücke

<table>
<tr><th>Zeichen/Beispiel</th><th>Beschreibung</th></tr>
<tr><td>a+</td><td>Ein oder mehrere Vorkommen des Zeichens "a".</td></tr>
<tr><td>a*</td><td>Null oder mehrere Vorkommen des Zeichens "a".</td></tr>
<tr><td>a?</td><td>Null oder ein Vorkommen des Zeichens "a".</td></tr>
<tr><td>a{n}</td><td>Genau n Vorkommen des Zeichens "a".</td></tr>
<tr><td>a{n,}</td><td>n oder mehr Vorkommen von "a".</td></tr>
<tr><td>a{,m}</td><td>Null oder maximal m Vorkommen von "a".</td></tr>
<tr><td>a{n,m}</td><td>Mindestens n aber maximal m Vorkommen von "a".</td></tr>
<tr><td>a|b</td><td>Entweder "a" oder "b".</td></tr>
<tr><td>a||b</td><td>Entweder "a" oder "b" oder beide, in beliebiger Reihenfolge.</td></tr>
<tr><td>abc</td><td>Eine Folge der Zeichen "a","b" und "c" in der hier angegebenen Reihenfolge.</td></tr>
<tr><td>[abc]</td><td>Eines der Zeichen "a", "b" oder "c".</td></tr>
<tr><td>[a-c]</td><td>Ein einzelnes Zeichen im Bereich von "a" bis "c", wobei die Grenzwerte "a" und "c" ebenfalls gültig sind.</td></tr>
<tr><td>[^abc]</td><td>Ein einzelnes Zeichen, außer den angegebenen Zeichen "a", "b" und "c".</td></tr>
<tr><td>(abc)</td><td>Eine Folge der Zeichen "a","b" und "c" in der hier angegebenen Reihenfolge.</td></tr>
</table>

Zeichen/Beispiel	Beschreibung
.	Ein beliebiges Zeichen, außer ein Zeilenumbruchzeichen.
\t	Das Tab-Zeichen
\n	Ein Zeilenumbruch
\r	Eine Absatzmarke
\f	Das FormFeed-Zeichen
\b	Ein Rückschritt
\xNN	Das hexadezimale Zeichen mit dem Code NN
\0ooo	Das Zeichen, das durch die Oktalzal ooo dargestellt wird.
\w	Ein einzelnes Zeichen von a—z, A—Z oder 0—9 oder der Unterstrich.
\W	Jedes andere Zeichen, außer den durch `\w` definierten Zeichen.
\d	Eine Ziffer von 0 bis 9.
\D	Jedes Zeichen, außer den durch `\d` repräsentierten.
\s	Ein Leerzeichen bzw. nichtdruckbares Zeichen aus `[\t\r\n\f\b\]`
\S	Jedes andere Zeichen als die durch `\s` repräsentierten.

Tab. A.1: Wichtige Syntax-Elemente für reguläre Ausdrücke

`n` und `m` müssen ganze Zahlen sein. `NN` muss eine hexadezimale Zahl sein. Ooo ist eine Oktalzahl. Zeichen und Mengenangaben können beliebig kombiniert werden und auch zu Gruppen zusammengefasst werden, indem Sie eingeklammert werden. Der Ausdruck `("abc"|"ABC"){2}` Findet bspw. Vorkommen von "abcABC", "abcabc", "ABCABC" oder "ABCabc".

A.2 Schlüsselnamen der getdate-Funktion

Die Funktion `getdate` gibt ein assoziatives Array mit Datums- und Zeitangaben des angegebenen Timestamp zurück. Wird kein Timestamp angegeben, wird die lokal gültige Zeit berücksichtigt. Die Funktion unterstützt folgende Array-Elemente.

Elementname	Beschreibung
seconds	Sekunden
minutes	Minuten
hours	Stunden
mday	Tag des Monats
wday	numerischer Tag der Woche: von 0 (Sonntag) bis 6 (Samstag)
mon	Monat als Zahl
year	Jahr als Zahl
yday	Tag des Jahres als Zahlwert, z.B. 299
weekday	ausgeschriebener Wochentag, z.B. `Friday`
month	ausgeschriebener Monatsname, z.B. `January`

Tab. A.2: Elemente des von `getdate` zurückgegebenen assoziativen Arrays

A.3 PHP-Schlüsselwörter

PHP definiert verschiedene Schlüsselwörter, die als Variablennamen ausscheiden. Diese finden Sie in folgender Tabelle.

`and`	`E_PARSE`	`old_function`
`$argv`	`E_ERROR`	`or`
`as`	`E_WARNING`	`parent`

$argc	eval	PHP_OS
break	exit()	$PHP_SELF
case	extends	PHP_VERSION
cfunction	FALSE	print()
class	for	require()
continue	foreach	require_once()
declare	function	return()
default	$HTTP_COOKIE_VARS	static
do	$HTTP_GET_VARS	switch
die()	$HTTP_POST_VARS	stdClass
echo()	$HTTP_POST_FILES	$this
else	$HTTP_ENV_VARS	TRUE
elseif	$HTTP_SERVER_VARS	var
empty()	if	xor
enddeclare	include()	virtual()
endfor	include_once()	while
endforeach	global	__FILE__
endif	list()	__LINE__
endswitch	new	__sleep
endwhile	not	__wakeup
E_ALL	NULL	

Tab. A.3: PHP-Schlüsselwörter

A.4 Wichtige Webadressen

Adresse	Beschreibung
http://www.php.net	Hier finden Sie die offizielle PHP-Seite mit Downloadmöglichkeiten für die neuesten PHP-Versionen und die PHP-Dokumentation.

Adresse	Beschreibung
http://www.php-resource.de/	Diverse Informationen, Links und Beispiele rund um PHP.
http://www.phpwelt.de	Online-Magazin rund um PHP.
http://www.php-mag.de/	Die Webseite des PHP-Magazins (Software & Support-Verlag)
http://www.php-center.de	Beispiele, Tutorials und Dokumentationen rund um PHP.
http://www.dclp-faq.de/	PHP-FAQ
http://www.php-archiv.de/index2.html	Infos, FAQ und Tutorials rund um PHP.
http://www.mysql.de/	Die offizielle deutsche MySQL-Seite, Downloads und Dokumentationen.
http://mysql-faq.sourceforge.net/	MySQL-FAQ
http://www.php-mysql.de/	Beispiele und Skripte zu MySQL und PHP
http://www.helma-spona.de	Hier finden Sie die Beispiele zum Buch.

Tab. A.4: Wichtige Webadressen in Zusammenhang mit PHP und MySQL

A.5 Wichtige MySQL-Datentypen

Datentyp	Beschreibung	Wertebereich
`CHAR(`*n*`)`	Speichert Zeichenketten mit einer festen Länge von maximal 255 Zeichen. Dabei gibt `n` die Feldlänge, also die Anzahl speicherbarer Zeichen zuzüglich 1 an. Die Zahl `n` muss also immer um eins höher sein als die zu speichernden Zeichen. Wenn Sie zehn Zeichen speichern möchten, müssen Sie also `CHAR(11)` angeben.	Beliebige Zeichen

Datentyp	Beschreibung	Wertebereich
DATE	Speichert Datumsangaben	Datumswerte vom 01.01.1000 bis einschließlich 31.12.9999.
DECIMAL(m,n)	Speichert Dezimalzahlen mit oder ohne Vorzeichen. m legt dabei die Anzahl Stellen vor dem Dezimaltrennzeichen und n die Anzahl nach dem Dezimaltrennzeichen fest.	
FLOAT(*m*,*n*)	Speichert Fließkommazahlen mit oder ohne Vorzeichen. m legt dabei die Anzahl Stellen vor dem Dezimaltrennzeichen und n die Anzahl nach dem Dezimaltrennzeichen fest.	Fließkommazahlen von -1,17549E-38 bis 3,4028E+38
INTEGER(*n*)	Kann ganze Zahlen mit oder ohne Vorzeichen speichern. Mit n können Sie die Länge der Zahl für die Ausgabe bestimmen.	Ganze Zahlen von -2147483648 bis +2147483647
TEXT	Kann Zeichenketten variabler Länge mit bis zu 65353 Zeichen speichern.	Beliebige Zeichen
TIMESTAMP	Erzeugt einen Zeitstempel und speichert ihn. Dabei handelt es sich um die aktuelle Zeit und das aktuelle Datum. Sehr nützlich ist ein solches Feld, um den Zeitpunkt der Speicherung der Daten festzuhalten.	
VARCHAR(*n*)	Ermöglicht die Speicherung von Zeichenketten mit variabler Länge. Dabei gibt n die Anzahl der maximal speicherbaren Zeichen zuzüglich 1 an. Kürzere Zeichenketten	Beliebige Zeichen

Datentyp	Beschreibung	Wertebereich
	als n-1 werden anders als beim Datentyp CHAR nicht mit Leerzeichen aufgefüllt.	
YEAR	Ermöglicht die Speicherung von Jahreszahlen aus vier Ziffern	Jahreszahlen von 1901 bis 2155

Tab. A.5: Wichtige Felddatentypen für MySQL-Datenbanken

A.6 MySQL-Schlüsselwörter

Auch in MySQL gibt es reservierte Wörter, die möglichst nicht als Feld- und Tabellennamen verwendet werden sollten.

ADD	ALL	ALTER
ANALYZE	AND	AS
ASC	AUTO_INCREMENT	BDB
BERKELEYDB	BETWEEN	BIGINT
BINARY	BLOB	BOTH
BY	CASCADE	CASE
CHANGE	CHAR	CHARACTER
COLUMN	COLUMNS	CONSTRAINT
CREATE	CROSS	CURRENT_DATE
CURRENT_TIME	CURRENT_TIMESTAMP	DATABASE
DATABASES	DAY_HOUR	DAY_MINUTE
DAY_SECOND	DEC	DECIMAL
DEFAULT	DELAYED	DELETE
DESC	DESCRIBE	DISTINCT
DISTINCTROW	DOUBLE	DROP
ELSE	ENCLOSED	ESCAPED
EXISTS	EXPLAIN	FIELDS
FLOAT	FOR	FOREIGN
FROM	FULLTEXT	FUNCTION
GRANT	GROUP	HAVING
HIGH_PRIORITY	HOUR_MINUTE	HOUR_SECOND
IF	IGNORE	IN

INDEX	INFILE	INNER
INNODB	INSERT	INT
INTEGER	INTERVAL	INTO
IS	JOIN	KEY
KEYS	KILL	LEADING
LEFT	LIKE	LIMIT
LINES	LOAD	LOCK
LONG	LONGBLOB	LONGTEXT
LOW_PRIORITY	MASTER_SERVER_ID	MATCH
MEDIUMBLOB	MEDIUMINT	MEDIUMTEXT
MIDDLEINT	MINUTE_SECOND	MRG_MYISAM
NATURAL	NOT	NULL
NUMERIC	ON	OPTIMIZE
OPTION	OPTIONALLY	OR
ORDER	OUTER	OUTFILE
PARTIAL	PRECISION	PRIMARY
PRIVILEGES	PROCEDURE	PURGE
READ	REAL	REFERENCES
REGEXP	RENAME	REPLACE
REQUIRE	RESTRICT	RETURNS
REVOKE	RIGHT	RLIKE
SELECT	SET	SHOW
SMALLINT	SONAME	SQL_BIG_RESULT
SQL_CALC_FOUND_ROWS	SQL_SMALL_RESULT	SSL
STARTING	STRAIGHT_JOIN	STRIPED
TABLE	TABLES	TERMINATED
THEN	TINYBLOB	TINYINT
TINYTEXT	TO	TRAILING
UNION	UNIQUE	UNLOCK
UNSIGNED	UPDATE	USAGE
USE	USER_RESOURCES	USING
VALUES	VARBINARY	VARCHAR
VARYING	WHEN	WHERE
WITH	WRITE	XOR
YEAR_MONTH	ZEROFILL	

Tab. A.6: MySQL-Schlüsselwörter

Glossar

Alias

siehe virtuelles Verzeichnis

Apache

Apache ist ein Webserver, der für verschiedene Betriebssysteme zur Verfügung steht und unter Linux zu den meistgenutzten Webservern gehört. Er lässt sich relativ einfach konfigurieren und ermöglicht auch die Nutzung serverseitiger Techniken wie SSI, Perl, PHP oder ASP. Die ASP-Unterstützung ist allerdings nicht optimal.

Array

Ein Array ist ein Datenfeld, also eine virtuelle Tabelle, die eine begrenzte Anzahl gleichartiger Daten aufnehmen kann. Der Zugriff auf die einzelnen Arrayfelder erfolgt in der Regel über Indizes.

ASP

ASP ist die Abkürzung für Active Server Pages und stelle eine Skripting-Technologie von Microsoft dar. Sie erfordert einen Webserver mit ASP-Erweiterung.

Boolesche Werte

Ein boolescher Wert ist eine Variable oder Konstante, die nur zwei Zustände, *true* oder *false* haben kann. Diese Werte werden abhängig von der Programmier- und Skriptsprache durch die Werte 1 und 0 bzw. -1 und 0 repräsentiert und können mit nur einem Bit im Speicher dargestellt werden.

Datenbankmanagement-programme

Datenbankmanagementprogramme dienen dazu, Datenbanken zu verwalten. Beispielsweise ist Access ein solches Datenbankmanagementprogramm.

DBMS

DBMS ist die Abkürzung für Database Management System und damit die englische Bezeichnung für Datenbankmanagementprogramm.

Eigenschaft

Eine Eigenschaft beschreibt ein Objekt. Jedes Objekt kann beliebig viele Eigenschaften haben. Jede Eigenschaft hat einen Wert, der über die Eigenschaft abgerufen und meist auch gesetzt werden kann.

Funktion

Eine Funktion ist ein Codeblock, der einen Namen hat und so jederzeit über seinen Namen aufgerufen werden kann. Funktionen können Werte zurückgeben und Sie können Werte an die Funktion in Form von Parametern übergeben.

IIS

IIS ist die Abkürzung für Internet Information Services bzw. Internet Information Server und ist der Webserver von Microsoft.

Interpreter

Ein Interpreter ist ein Programm, das Quellcode Anweisung für Anweisung durchläuft und diese Anweisungen ausführt. Es entsteht dabei keine EXE-Datei, die direkt ausgeführt werden kann. Die Ausführung erfordert jedes Mal die Übersetzung des Quellcodes unmittelbar vor der Ausführung.

Intranet

Im Gegensatz zum Internet ist ein Intranet nicht öffentlich zugänglich. Eine Einwahl per Modem oder ISDN-Karte ist, wenn überhaupt, nur mit einer Anmeldung, möglich. Intranets werden oft innerhalb einer Firma eingesetzt und stellen den Mitarbeitern Dienste wie Telefonbücher, Online-Formulare, Notizbücher oder Kalender zur Verfügung. Sie funktionieren ansonsten aber wie das Internet und erfordern einen Webserver, auf dem HTML-Seiten ausgeführt werden.

Konstante

Im Gegensatz zu einer Variablen ist eine Konstante ein benannter Wert, der sich während des Programmablaufs nicht ändern kann.

Linux

Linux ist ein mit Unix verwandtes Betriebssystem, das sehr preiswert und leistungsfähig ist und daher sehr oft als Serverbetriebssystem bei den Massenprovidern eingesetzt wird.

Methode

Als Methode wird ein benannter Codeblock bezeichnet, der auf ein Objekt angewendet wird. Sie kann das Objekt oder dessen Eigenschaften bearbeiten oder Nachrichten an andere Objekte senden.

MySQL

Bei MySQL handelt es sich um einen Datenbankserver, der ähnlich wie der Microsoft SQL-Server funktioniert. Allerdings handelt es sich dabei um Open-Source-Software, die daher sehr kostengünstig ist. Das hat zur weiten Verbreitung im Internet gesorgt, weil der MySQL-Server so auch von preiswerten Providern angeboten werden kann.

Objekt

Als Objekt wird in der Programmierung eine Einheit aus Daten und darauf anwendbaren Methoden bezeichnet. Wie ein Objekt aussieht, wird durch die Klasse bestimmt, aus der es erzeugt wird.

Parameter

Parameter sind Werte, die beim Aufruf an eine Prozedur oder Funktion übergeben werden können. Diese müssen bei der Prozedurdefinition in der Reihenfolge, in der sie angegeben werden sollen, namentlich genannt werden.

PHP

PHP liegt derzeit in der Version 4.x vor und ermöglicht neben Formularauswertung vor allem komfortable Datenbankzugriffe auf ODBC- und MySQL-Datenbanken.

Primärschlüssel

Ein Primärschlüssel ist ein eindeutiger Wert in einem Feld oder einer Feldkombination einer Tabelle, über den ein Datensatz eindeutig identifiziert werden kann.

Referenz

Eine Referenz ist ein Verweis auf eine Speicherstelle im Hauptspeicher des Rechners. Damit kann auf die Daten zugegriffen werden, die an dieser Stelle gespeichert werden. Daneben gibt es auch noch Referenzen auf Objekte. In diesem Fall handelt es sich um einen Verweis auf die Speicherstelle, an der das Objekt gespeichert ist.

Rückgabewert

Der Rückgabewert ist der Wert, den eine Funktion zurückgibt. Diesen Wert können Sie bspw. nach dem Aufruf der Funktion einer Variablen zuweisen.

Schlüsselwörter

Ein Schlüsselwort ist ein Wort einer Programmiersprache, das eine besondere Bedeutung hat und bei dem es sich nicht um ein Objekt, eine Methode oder Eigenschaft handelt. Die Eingabe von fehlerhaften Schlüsselwörtern führt zu Laufzeitfehlern. In SQL werden Schlüsselwörter in Großbuchstaben geschrieben und jede SQL-Anweisung wird durch ein Semikolon abgeschlossen.

Serverseitige Technik

Eine serverseitige Technik ist eine Programmiersprache oder sonstige Technik, wie beispielsweise SSI (Server Side Includes) oder PHP, die von einem Webserver oder Application-Server ausgeführt wird, und für die der Benutzer keinerlei oder nur geringe Systemanforderungen erfüllen muss, da sie browserunabhängig sind.

SQL

SQL ist die Abkürzung für Structured Query Language und ermöglicht die Anpassung, Erstellung und Abfrage von SQL-Datenbanken. SQL ist die Basis jeder Internet-Datenbankanwendung.

Variable

Eine Variable ist ein benannter Wert, der innerhalb des Programmablaufs beliebig oft geändert werden kann. Zum Zugriff auf den Wert wird der Name der Variablen verwendet.

Virtuelles Verzeichnis

Ein virtuelles Verzeichnis ist eine Verknüpfung zwischen einem Verzeichnis des Webservers und einem Verzeichnis auf einem anderen Rechner oder Laufwerk. Das Verzeichnis kann aber auch einfach nur außerhalb der Verzeichnisstruktur des Webservers liegen. Virtuelle Verzeichnisse haben den Vorteil, dass Sie bspw. eine bestehende Web-Anwendung weiterentwickeln und ändern können, indem Sie die neue Version in einem anderen Verzeichnis speichern. Die Benutzer können in der Zwischenzeit mit der aktuellen Version weiterarbeiten. Nach Abschluss der Tests weisen Sie dem virtuellen Verzeichnis das Verzeichnis mit der neuen Version zu und schon haben Sie die neue Version veröffentlicht, ohne dass Sie Dateien kopieren müssen. Zudem verbirgt ein virtuelles Verzeichnis die tatsächliche Ordnerstruktur auf dem Server vor potenziellen Hackern.

Webserver

Ein Webserver ist ein Programm, das den Browsern Dateien über das http- bzw. https-Protokoll zur Verfügung stellt.

Index

E

F

M

N

O

P

R

S

T